"十二五"国家重点图书出版规划项目/国家优秀教学团队建设成果
化学化工精品系列图书·工科基础化学系列

大学化学专题

（文管类专业）

（第2版）

强亮生　主　编

哈尔滨工业大学出版社

内 容 提 要

本书是为高等院校文管类专业编写的公共必修课化学教材。内容包括：绪论、化学反应的基本原理、大气与化学、水资源与化学、能源与化学、材料与化学、食品与化学、生命与化学八章及附录。为便于学生自学和自测，除绪论外，每章均附有思考题与习题。书中内容的安排以必需和够用为度，内容的阐述力求简明扼要、深入浅出，并在联系实际的基础上，注重突出趣味性、新颖性和先进性。

本书既可作为高等院校文管类专业提高化学文化素质的教材，亦可作为中专学校大多数非化工类专业提高化学文化素质的教材，还可供广大化学爱好者学习参考。

工科基础化学系列教材编审委员会
（委员以姓氏笔画为序）

主任 强亮生

委员 邓启刚　王　锐　付宏刚　刘振琦
　　　 宋兆成　邵光杰　李秋荣　陈振宁
　　　 周保学　孟令辉　胡立江　顾大明
　　　 郭亚军　徐崇泉　韩喜江　黎　刚

图书在版编目(CIP)数据

大学化学专题/强亮生主编. —2 版. —哈尔滨：哈尔滨工业大学出版社,2011.8(2023.9 重印)
(工科基础化学系列　文管类专业)
ISBN 978-7-5603-2023-6

Ⅰ.大… Ⅱ.强… Ⅲ.化学–高等学校–教材 Ⅳ.06

中国版本图书馆 CIP 数据核字(2011)第 134849 号

责任编辑　王桂芝　黄菊英
出版发行　哈尔滨工业大学出版社
社　　址　哈尔滨市南岗区复华四道街 10 号　邮编 150006
传　　真　0451–86414749
网　　址　http://hitpress.hit.edu.cn
印　　刷　哈尔滨圣铂印刷有限公司
开　　本　787mm×1092mm　1/16　印张 12　字数 292 千字
版　　次　2004 年 8 月第 1 版　2011 年 8 月第 2 版
　　　　　2023 年 9 月第 4 次印刷
定　　价　28.00 元

（如因印装质量问题影响阅读，我社负责调换）

前　言

　　化学是研究物质的组成、结构、性能及相互关系、变化规律和变化过程中能量转换关系的学科。普通化学作为高等工科院校非化学、化工类专业的必修基础课，曾在培养高素质人才的过程中起到了积极的作用，但有很长一段时间却围绕着要与不要的问题争论不休。可谓之几上几下、饱经沧桑。然而走了一段弯路后，广大教育工作者和学生已清醒地认识到：普通化学简明地反映了化学学科的一般原理，是培养全面发展的工程技术人员知识结构和能力的重要组成部分，在化学和工程技术之间一定程度地起着"桥梁"作用。非但如此，而且随着社会的化学化和化学的社会化趋势广泛而深入的发展，现代化学已成为一门满足社会需要的中心科学，创造着现代物质文明和精神文明，深刻地影响着学生的全面发展。随着化学学科的发展和人们生活水平的提高，化学已不以人们意志为转移地深入到生活的各个层次和领域，化学知识亦已成为人类赖以生存和发展进步的必备知识。这样，对于高等院校文管类专业的学生也同样要求具有必要的化学知识，并大体了解大气、水资源、能源、材料、食品、生命等热门领域与化学的关系，从而完善知识结构，高效率地工作，高质量地生活。为此，1996 年以来，国内多数高校都为文管类专业的学生开设了化学素质教育课，并陆续有一些教材出版，但这些教材一般都按 30～40 学时组织教学。而国内还有许多高校只开设 20～30 学时的化学课。为满足少学时教学之急需，作者结合各自的科研方向，共同编写了《大学化学专题》一书，并作为哈尔滨工业大学校内教材使用 6 次。为避免枯燥乏味，调动学生的学习积极性，在教学方法上采取专题讲座、分段考核的做法。

　　本书由哈尔滨工业大学强亮生（第一章、第二章、附录）、杨春晖（第三章）、唐冬雁（第四章）、金婵（第五章）、徐崇泉（第六章）、郝素娥（第七章）、韩喜江（第八章）编写，强亮生主编。

　　本书在编写过程中参考了王明华、周咏秋、王彦广等编著的《化学与现代文明》和唐有琪、王夔编的《化学与社会》等专著和教材（均列入参考文献中），在此对参考文献的各位作者表示衷心的感谢。

　　本书既可作为高等院校文管类专业学生实施化学素质教育的教材，亦可作为大、中专学校大多数非化工类专业学生提高化学文化素质的教材（按 20～30 学时组织教学），还可供广大化学爱好者学习参考。

　　本书是为解决教学之急需编写的。由于编者水平所限，加之时间仓促，书中不足之处一定难免，恳请读者批评指正。

编　者

2004 年 6 月

第 2 版前言

随着科学的发展和人类的进步,化学已不以人们意志为转移地深入到多个学科、各个层次和人类生活的方方面面,目前高等学校多数非化类专业都开设了大学化学课。考虑到高等学校文、管、法、艺类专业学生的知识结构和化学基础,哈尔滨工业大学化学课课程组开出了大学化学专题课程,并于 2004 年编写出版了相应的教材。经过近 7 年的教学实践,尤其是结合国家精品课程大学化学的改革和建设,以及大学化学与应用化学系列课程国家优秀教学团队既定任务的实施,我们认为有必要对《大学化学专题》一书进行修订完善推出第 2 版。

本次修订是在保留原教材基本体系和主要特点之基础上,广泛征求兄弟院校的使用意见、结合作者的教学体会完成的,主要工作是:

(1) 对第 3、4、5 章进行了重新编写,对其余各章进行修改,使教材内容在保证其科学性的同时,进一步体现其新颖性和趣味性;

(2) 按有关国家标准和规范统一了单位符号和表述方式,并对全书的层次和文字进行了修正,使本书的逻辑关系更加明晰、合理,表述更加通畅,增加了可读性。

本次修订,强亮生编写第 1、2 章和附录,张立珠、唐冬雁编写第 3、4 章,刘志刚编写第 5 章,徐崇泉编写第 6 章,郝素娥编写第 7 章,韩喜江编写第 8 章。全书由强亮生主编。

本书可按 20~40 学时组织教学。一般第 1、2、6 章为必讲部分,其余各章为选讲部分,其中第 7、8 章中安排了较多的自学内容,教师可根据本校的情况安排教学。

尽管作者在修订过程中力求完善,但限于水平,仍难免有不足和疏漏,恳请广大师生和其他读者提出宝贵意见。

编 者
2011 年 1 月

序　　言

"九五"期间，教育部组织全国几百所高等院校的教师对几乎所有基础学科"课程体系和教学内容的改革"进行了立项研究，规模之大，范围之广，实属空前。空前的投入，赢得了空前的产出，"九五"期间我国的高等教育取得了一系列重要的改革成果。工科基础化学也不例外，在课程体系、教学内容、教学方法等诸多方面都取得了较大的进展和可喜的改革成果。如何将这些改革成果及时地推广到实际教学中去，是国家教育部领导十分关心的问题，也是每个教指委委员"十五"期间工作的一大重点，本人作为教育部工科基础化学教指委委员，自然义不容辞。

2002年元旦期间，哈尔滨工业大学出版社张秀华副社长、黄菊英编审和燕山大学环境与化学工程系邵光杰副主任建议本人根据教育部工科基础化学教改的精神，融入"九五"期间的教改成果，并结合哈尔滨工业大学、哈尔滨工程大学、哈尔滨理工大学、燕山大学、大庆石油学院、齐齐哈尔大学等校基础化学教改的实际，编写一套工科基础化学系列教材。此建议与本人的考虑不谋而合，欣然接受。本人一向认为：教材既是教学的重要依据，亦是教学的主要媒体，课程改革的方向、原则、思路和成果首先应该体现于教材。基于此种指导思想，并考虑教材编写的必要性和可行性，初步拟定编写有机化学、无机及分析化学、仪器分析、物理化学、结构化学、基础化学实验、工科大学化学实验、工科大学化学专题等工科基础化学教材。

本系列教材的编写思想是：遵照课程大纲和目标要求，考虑历史沿革，反映改革成果，突出时代特色，以优化整合的课程体系和教学内容为"骨架"，以基础理论、基本概念、基本原理和基本操作为"血肉"，以实际应用和学科前沿为"脉络"，将科学性、适用性、先进性、新颖性融为一体。内容以必需和够用为度，表述注意深入浅出、简明扼要、突出重点，既便于教学，又便于自学。

为使教材的编写能够统一思想、统一要求、统一风格，并减少不必要的重复，成立了系列教材编审委员会，主要由参编各校的院系领导、有丰富教学经验的老教师和各册主编参加。

需要指出的是：

（1）教学改革是一项长期而艰巨的任务，不可能一蹴而就。教材改革与教学改革相伴而生，自然也需要长期的工作，不断完善，很难无可挑剔。本系列教材一定会有诸多不足,恳请同行体谅。

（2）编写教材需要博采众长,自然要参考较多的同类教材和其他相关文献资料,希望得到各参考文献作者的支持和理解。

（3）虽然本系列教材各册的编写大纲均由编审委员会讨论决定,但书稿的具体内容是责成各册主编把关的,读者若有询问之处,可与各册主编或各章节的作者联系,文责自负。

欢迎广大师生多提宝贵意见。

强亮生

2003 年 1 月 28 日于哈尔滨

目 录

第一章 绪论 (1)
  1.1 化学的研究对象和研究的主要内容 (1)
  1.2 学习化学课程的重要性 (2)

第二章 化学反应的基本原理 (5)
  2.1 基本概念 (5)
  2.2 化学反应中的能量转换关系 (6)
  2.3 化学反应的方向 (10)
  2.4 化学反应的限度 (15)
  2.5 化学反应速率 (16)
  思考题与习题 (21)

第三章 大气与化学 (23)
  3.1 大气组成及其分布 (23)
  3.2 大气污染及主要污染物 (24)
  3.3 大气污染源的化学过程 (27)
  3.4 环境保护与可持续发展 (35)
  思考题与习题 (36)

第四章 水资源与化学 (37)
  4.1 水的物理化学特性 (37)
  4.2 天然水的组成及性质 (38)
  4.3 水体污染 (41)
  4.4 水体污染的防治 (47)
  4.5 水资源的合理利用与开发 (52)
  思考题与习题 (53)

第五章 能源与化学 (54)
  5.1 概述 (54)
  5.2 能源现状与发展趋势 (56)
  5.3 电极电势与化学电源 (63)
  5.4 核能 (69)
  5.5 现代新型能源 (82)
  思考题与习题 (78)

第六章 材料与化学 (84)
  6.1 概述 (84)
  6.2 原子结构 (85)
  6.3 化学键、分子间力和氢键 (91)

  6.4 材料与化学 ……………………………………………………………………… (94)
  思考题与习题 ……………………………………………………………………… (104)
第七章 食品与化学 ……………………………………………………………………… (106)
  7.1 食品营养学 ……………………………………………………………………… (106)
  7.2 常见食物的化学特征与平衡膳食 ……………………………………………… (128)
  7.3 食品的色香味化学 ……………………………………………………………… (136)
  7.4 食品添加剂 ……………………………………………………………………… (143)
  7.5 食品中的致癌物质 ……………………………………………………………… (148)
  思考题与习题 ……………………………………………………………………… (150)
第八章 生命与化学 ……………………………………………………………………… (151)
  8.1 组成生命的基石——元素 ……………………………………………………… (151)
  8.2 DNA与遗传、进化及生命起源 ………………………………………………… (159)
  8.3 关于生命的化学——生物化学 ………………………………………………… (167)
  8.4 生物工程 ………………………………………………………………………… (171)
  8.5 参考选读 ………………………………………………………………………… (174)
  思考题与习题 ……………………………………………………………………… (175)
附 录 ……………………………………………………………………………………… (176)
  附录1 一些物质在298.15 K时的标准摩尔生成焓、标准摩尔生成吉布斯函数和
     标准摩尔熵的数据 ……………………………………………………… (176)
  附录2 标准电极电势(298.15 K) ……………………………………………… (178)
  附录3 四位有效数字相对原子质量表 ………………………………………… (180)
  附录4 大气环境质量标准 ………………………………………………………… (182)
  附录5 元素周期表 ………………………………………………………………… (183)
参考文献 ………………………………………………………………………………… (184)

第一章 绪 论

1.1 化学的研究对象和研究的主要内容

一、化学的研究对象

简单说,化学是研究化学反应(变化)的学科。而要研究化学反应,必须在原子、分子水平上研究参与反应的物质的组成、结构、性能、变化规律以及变化过程中的能量关系等。故目前一般认为化学的研究对象是:物质,物质的组成、结构、性能,相互关系,变化规律以及在变化过程中的能量转换关系。

例如,汽车尾气 NO 是大气的主要污染源之一。它是内燃机工作时,来自空气的 N_2 和 O_2 在气缸中反应生成的。治理的方法之一就是使生成的 NO 变成无害的物质。那么,NO 变成什么物质才是无害的呢?当然变成 O_2 和 N_2 是最合适的,相当于回归自然。这样,我们就要研究 $2NO \rightleftharpoons N_2 + O_2$ 这一化学反应在给定的条件下能否自发进行,此需要化学的重要理论——化学热力学知识。通过化学热力学的理论分析可知(同学们学完了这一部分知识以后就可以判断了),该反应可以自发进行,而且可以进行得很完全。但实际上并没有看到这一反应进行(如能很快进行就不用治理了)。这是为什么呢?

这是因为化学反应速度太慢。有关化学反应速度问题是化学的另一重要理论——化学动力学的研究内容。为什么这一反应速度太慢呢?化学动力学研究表明,是因为该反应的活化能太高。那么如何降低活化能、提高这一反应的速度呢?或是升温,或是加催化剂。采用升温的方法,一是不方便,二是对反应不利(原因学完后就可知道)。因此最好采用催化剂。那选用什么做催化剂呢?这就要了解为什么该反应的活化能非常高,采用什么物质能降低该反应的活化能。要解决这一问题,则要用到化学的第三个重要理论——物质结构的知识,了解 NO、O_2、N_2 等分子的结构特点。

二、化学研究的主要内容

上例表明,解决一个具体的实际问题(化学反应)需要多种化学知识。上面提到的三个重要理论:化学热力学、化学动力学和物质结构是理论化学的主要组成部分。化学还包括应用化学和实验化学。

(1)理论化学:主要包括化学热力学、化学动力学和物质结构。

(2)应用化学:主要包括元素和化合物,以及化学与能源、材料、生命、环境以及化学与信息等。112 种元素组成的化合物,1990 年统计大于 1 000 万种。2000 年统计大于 3 000 万种。

(3)实验化学:主要包括验证、合成、分析检测、设计的实验等。

实际上,这三部分内容不是孤立讲解的。在讲理论化学时要结合具体事例,在讲应用化学时也要用理论来进行分析,在进行化学实验时更离不开上述两方面的内容。对于文管类专业,由于学时较少,只讲第一、二方面的部分内容,而且是简要地介绍。

1.2 学习化学课程的重要性

化学作为一门重要的基础学科,同人类的现代文明有着十分密切的关系。它过去在改变人类的物质文明和精神文明的面貌中起过重要的、不可替代的作用。在今后迎接新世纪的机遇和挑战中将会起到更加重要的作用。实际上我们每一个人的衣、食、住、行都离不开化学,此不赘述。下面仅就现代科技的四大支柱(材料、能源、信息和生命科学)与化学的关系简要介绍学习化学的重要性。

一、材料与化学

材料被称为发明之母。一种新材料的问世,往往带来科技的飞速发展,具有划时代的意义。而新材料的制备绝对离不开化学,新材料的选用也同样离不开化学知识,如高纯硅、锗等半导体材料的出现,产生了晶体管、集成电路、大规模集成电路以及超大规模集成电路等,从而带来了计算机的革命。今天电脑不但广泛地用于各种领域,也进入了家庭。网上通信的实现,带来了信息的革命。

又如超导现象在 20 世纪初就已经发现,但由于使用温度太低,一直没有实用价值。但自从 20 世纪 80 年代 Y–Ba–Cu–O 体系出现以后,带来了高温超导热,并已经开始实用,这也将带来一场革命。如用超导体储存电能,将使发电厂的运转效率从现在的 50% 提高到 80%~90%,大大节省了能源,而现在大规模集成电路的芯片面积 2/3 为配线占有。随着微细化技术的发展,配线电阻将进一步提高,这将严重影响计算机的小型化和高速化,而用超导导线,配线电阻为 0,可望实现"一片一机"的理想。

20 世纪 90 年代,出现了 C_{60}。这一发现被称为化学领域的重大突破,开辟了 C 化学新的里程碑。C_{60} 有多个双键,可以形成更多的化合物,仅 $C_{60}H_m$ 就有 10^{16} 种。C_{60} 分子的直径是 1 nm,球中心有 0.36 nm 的空腔,可以容纳其他原子或离子,又可以形成新的物质。现在 C_{60} 在超导、电化学、非线性光学以及高温润滑等方面已经有所应用。

还有纳米材料,它是由尺寸为纳米级的小晶粒聚集而成的块状或薄膜状的人工固体材料。这是不同于晶态、非晶态的结构状态,新的结构形态将带来许多新的性质。如 Ag 的熔点是 670℃,但其纳米晶的熔点可低于 100℃。又如近年来出现的一种新型纳米级多孔碳素材料,其颗粒尺寸在 3~20 nm,孔隙尺寸为 50 nm,比表面积可达 600~1 000 $m^2 \cdot g^{-1}$,是一种具有许多优异性能和广阔应用前景的新型材料。可用做催化剂的载体,也是高效高能电池的理想电极材料之一。用它制成的电池,不但价格低,而且充放电 4 000 次仍性能良好(现在的可充电电池充放电次数一般小于 1 000 次)。这种材料还可以用于气体的分离和净化等。

纳米材料的许多新的优异性质已经引起各国材料学者的普遍关注,它将是 21 世纪材料科学研究的热点之一。

二、能源与化学

无论是寻找新能源,还是节能都离不开化学。例如化学电源,它将是 21 世纪的重要能源之一。而其中的 Ni–H 电池更被誉为绿色电池,不像 Cd–Ni 等电池那样给环境造成污染。但是 H 直接作为电极是不行的,必须将其固定在一个极板上,通常是用储氢合金。储氢合金可以和 H_2 形成氢化物,从而固定 H_2,加热后又可以把 H_2 放出来,其储氢的密度可以大于氢气瓶。$LaNi_5$、$TiFe$ 是其典型代表。如以 $kg \cdot m^{-3}$ 来表示储氢量,则液态 H_2 为 71;$LaNi_5$ 为 104.3;$TiFe$ 为 102.2。合金的组成和结构是决定其吸氢量的主要因素,而研究物质的组成和结构正是化学的主要任务。解决了氢气的储存问题,就为理想的无污染氢能源的形成奠定了基础。氢作为能源可以发电、供热、提供动力(汽车、飞机、轮船和火车等)。它几乎可以取代现有的全部能源,而且具有这些能源所没有的高效、清洁等优势。

在节能方面,化学也起着重要作用。如燃油乳化、煤的合理使用(气化、液化、加节煤添加剂)等。

三、信息与化学

21 世纪是信息时代。前面已经提到一些化学与信息的关系。如将超导体用于雷达,可以使其灵敏度大大提高,有效作用距离增加 3~4 倍。光导通信使信息通信达到一个新的水平,而光导通信离不开光导纤维。下面以哈尔滨工业大学化学教研室的一项科研为例,说明化学与信息的关系。为了国防建设的需要,哈尔滨工业大学接受了研制新型相控阵雷达的研制任务。而其中的一个关键器件是声表面波延迟线,它是用一种单晶材料 $LiNbO_3$ 制成的。哈尔滨工业大学雷达专业接受这一任务以后,将研制 $LiNbO_3$ 单晶的任务交给了本校的化学教研室。最后,该室的科研人员不仅生长出合格的单晶体,还与雷达专业共同制出了声面波延迟线,满足了国防建设的需要,这说明信息材料的研制离不开化学。

四、生命与化学

生命过程总是伴随着各种各样的化学反应,因此生命科学离不开化学。下面仅以一个简单例子加以说明。动物的血是红色的,因为含有血红素;植物的叶子是绿色的,因为含有叶绿素。而从分子结构来看,两者都有一个卟啉环(卟啉是一种多杂环化合物),只是中心原子不同。血红素的中心原子是 Fe,叶绿素的中心原子是 Mg。动物缺 Fe 会患贫血病,植物缺 Mg 会患枯黄病。一个中心原子的差别,会带来性质的巨大变化,可见研究组成与性能关系的重要性。了解了贫血的原因(指缺铁性贫血),对贫血者就应该补铁。新药红桃 K 就是一种很好的补血剂。它是以天然食物中提取的卟啉铁为主要部分,配合适量滋补中药配制而成的。

最近被炒作得很厉害的一种营养品——脑白金,就是化学与生命科学结合的实例。脑白金体(又称松果腺)是人脑中央的一个器官,中国古代称之为"天目",2000 年前印度称之为"第三只眼"。近年来科学家发现,它是人体衰老的根源,是人体的生物钟。这一发现被有人称之为本世纪末生命科学的两大突破之一(另一突破是克隆技术)。

人脑占人体的质量不足 3%,却消耗人体 40% 的养分,其消耗的能量可使 60 W 电灯泡连续不断地发光。大脑是人体的司令部,大脑最中央的脑白金体是司令部的总司令,它分泌的物质是脑白金(松果腺素),通过分泌脑白金体的多少主宰着人体的衰老程度。1953 年,美国耶鲁大学的科学家勒那花了 4 a 的时间,用了 25 万头牛的松果腺提取了 0.3 g 的纯净物质,因它能退去青蛙皮肤中的黑色,所以勒那将它命名为"退黑激素"。勒那当时主要是为了寻找白癜风的病源。但这样提取出来的松果腺素成本太高。1958 年,勒那检测出了"退黑激素"的化学组成和结构,正式将它命名为 N-乙酰-5-甲氧色胺,并进一步设计出它的合成方法,从而使其成本大大降低。据说松果腺素的主要功能是:保证高质量睡眠、延缓衰老、强化免疫力、防止癌症以及调控血压和胆固醇等。虽然现在市场上已经有脑白金出售,但由于脑白金(松果腺素)稳定性差,易于变质,因此在食用时要注意纯度,以免带来副作用。

随着电子技术和计算机技术的发展,化学的检测水平不断提高,被检样品的质量可降至 10^{-13} g,这对兴奋剂、毒品的检查非常重要。当吸毒者吸入 10^{-3} g·kg^{-1} 的四氢大麻醇(一种毒品),经过一星期的体内代谢,血浆中的含量降至 10^{-11} g·ml^{-1} 时,仍然能被检测出来。

通过以上介绍可以看出,人类生活、社会进步和各个学科领域的发展确实与化学有着密切的关系。不言而喻,现代化学正不以人们意志为转移地成为一门满足社会需要的中心科学,创造着人类社会的物质文明和精神文明。需要特别指出的是,本课程的目的并不在于系统地介绍化学知识,而更多地在于使学生了解化学,增强学生的化学意识,培养学生的化学观点。

第二章 化学反应的基本原理

用化学的观点讨论问题,自然要联系到化学反应,而对于一个化学反应,首先要考虑的就是在给定的条件下是否可以进行?进行到什么限度?速率如何?有哪些影响因素?以及在反应过程中的能量转换关系。所以本章要解决的主要问题是:

① 化学反应中的能量转换关系;
② 化学反应进行的方向;
③ 化学反应进行的限度;
④ 化学反应速率及其影响因素。

2.1 基本概念

一、系统与环境

1. 系统

自然界的物质很多,且有一定的联系,我们不能同时讨论自然界的全部物质。具体讨论时,为了方便,总是人为地将一部分物质与其他物质分开,作为研究的对象,这种被划定的研究对象即为系统。

2. 环境

由于系统是人为地从周围物质中划分出来的,那么,系统之外,必然还有与系统密切相关的周围部分,而这些周围部分往往会对系统产生这样或那样的影响,亦需要重点讨论,故将与系统密切相关的周围部分谓之环境。

按照系统和环境之间物质和能量的交换情况,可以将系统分为三种类型:

(1) 敞开系统。敞开系统是指与环境之间既有物质交换又有能量交换的系统。
(2) 封闭系统。封闭系统是指与环境之间只有能量交换而无物质交换的系统。
(3) 孤立系统。孤立系统是指与环境之间既无物质交换亦无能量交换的系统。孤立系统又称隔离系统。显然孤立系统只能近似实现,很难百分之百地达到。

例如,烧杯中 Zn 粒与稀 H_2SO_4 的反应,若把 Zn 粒作为研究对象,则 Zn 粒是系统,稀 H_2SO_4 是环境;若把 Zn 粒 + 稀 H_2SO_4 作为系统,则烧杯和周围的空气就是环境。另外,若同样把 Zn 粒和稀 H_2SO_4 及反应容器作为系统,若是在敞口容器内反应,则为敞开系统;若是在不绝热的密闭容器中进行,则为封闭系统;若是在绝热容器中进行,则为孤立系统。由于多数化工过程涉及的系统大多为封闭系统,故若不加特殊说明,一般都按封闭系统来处理。

需要指出的是,系统与环境的划分完全是人为的,二者之间并没有客观存在的明确的界限。

二、状态与状态函数

1. 状态

状态是系统性质的综合表现,系统性质是指决定系统状态的参变量(如温度、压力、体积、能量、密度、组成等)。状态和状态性质之间有一一对应的关系,即状态性质一定,状态就一定,反过来,状态一定,状态性质也就有确定的值与之对应。但由于状态性质间往往有联系,不一定全部状态性质确定后状态才能确定,只要把那些最主要的状态性质确定后,状态便确定了。

2. 状态函数

状态函数是指决定系统状态的参变量,即决定状态的性质或决定系统状态的物理量。原则上所有状态性质都是状态函数,但习惯上通常把那些不易直接测量的状态性质作为状态函数,而把那些容易直接测量的状态性质作为状态参变数。如一般把内能(又称热力学能 U)、焓(H)、熵(S)、吉布斯函数(G)(H、S、G 在本章 2.2、2.3 中将要介绍)等作为状态函数,而把温度(T)、压力(p)、体积(V)等作为状态参变数。状态一定,状态函数就有确定的值与状态对应。状态函数是状态的单值函数,状态发生变化,状态函数的改变量只决定于系统的始态和末态,而与变化过程无关。如一杯水的始态是 20℃、100 kPa、50 g,加热后的终态是 80℃、100 kPa、50 g,无论是一次加热到 80℃,还是先加热到 50℃,再加热到 80℃,其内能的改变量(ΔU)都是相同的。

2.2 化学反应中的能量转换关系

一、热力学第一定律

在任何过程(当然也包括化学反应)中,能量都不会自生自灭,只能从一种形式转化为另一种形式,从一部分物质传递给另一部分物质,在转化和传递过程中能量的总值不变,这就是能量守恒定律。将能量守恒定律应用于热力学,就是热力学第一定律。在化学热力学中,研究的是宏观静止系统,不考虑系统整体运动的动能和系统在外力场(如电磁场、离心力场等)中的势能,只着眼于系统的热力学能。热力学能包括了系统中分子的平动能、转动能、振动能、电子运动及原子核内的动能,以及系统内部分子与分子间相互作用的势能等。

假设一封闭系统由始态(热力学能为 U_1)变为终态(热力学能为 U_2),若在此过程中,系统从环境吸热为 Q,环境对系统做功为 W,则系统的热力学能变化为

$$\Delta U = U_2 - U_1 = Q + W \tag{2.1}$$

式(2.1)就是热力学第一定律的数学表达式。它表明变化过程中系统热力学能的增量等于系统所吸收的热加上环境对系统所做的功。这也是能量守恒定律。既然热力学能是系统内部能量的总和,是系统自身的性质,只与系统的状态有关,因此热力学能是系统的状态函数。

功和热是系统和环境间能量的交换形式,它们都不是状态函数,其数值与途径有关。热力学中规定,系统吸热 Q 为正值;系统放热 Q 为负值。系统对环境做功,W 为负值;环境对系统做功,W 为正值(某些书中则规定系统对环境做功为正,环境对系统做功为负,这时热力学第一定律的数学表达式为 $\Delta U = Q - W$)。

热力学中将功分为体积功(膨胀功)和非体积功(过去有些书中称有用功),即 $W =$

$W_{体} + W_{非}$。$W_{非}$ 是除体积功以外的所有功的统称,如电功、表面功等。热力学系统体积变化时对环境所做的功称为体积功。因为许多化学反应是在敞口容器中进行的,如果外压 p 不变,这时的体积功为 $W_{体} = -p\Delta V$。

上面已经提到,热和功是与过程有关的量,是系统和环境交换能量的两种不同形式。而化学反应的过程是化学键的改组过程,在这个改组过程中要伴有能量的变化,这种能量通常是以热的形式表现出来的,即化学反应一般都伴有反应热,因此化学反应热的测量和计算对于了解化学反应的能量变化和研究反应的方向很有意义。

二、反应热

化学反应的热效应(简称反应热)是指等温过程、不做非体积功时的反应热。通常又分等容反应热和等压反应热两种。现应用热力学第一定律进行分析。

1. 等容反应热

在等温、等容、不做非体积功的条件下,热力学第一定律中的 $W_{体} + W_{非} = 0$,所以

$$\Delta U = Q_V \tag{2.2}$$

式中,Q_V 就是等容反应热,右下角标字母 V 表示等容过程。式(2.2)表明,等容反应热全部用于改变系统的热力学能,故 Q_V 只与系统的始态和终态有关,而与过程无关。

2. 等压反应热

在等温、等压、不做非体积功的条件下,热力学第一定律中的 $W = W_{体} = -p\Delta V = -p(V_2 - V_1)$,故有

$$\Delta U = U_2 - U_1 = Q_p - p(V_2 - V_1)$$

即
$$Q_p = (U_2 + p_2 V_2) - (U_1 + p_1 V_1)$$

如令
$$H = U + pV \tag{2.3}$$

则
$$Q_p = H_2 - H_1 = \Delta H \tag{2.4}$$

式中,Q_p 就是等压反应热。式(2.3)是焓的定义式,H 是状态函数 U、p、V 的组合,所以 H 也是状态函数。式(2.4)中 ΔH 是焓的改变量,称为焓变。由式(2.4)还可以看出,等压反应热也与途径无关,在数值上等于焓变。由于我们遇到的化学反应,大部分是在等压(通常为 100 kPa)下进行的,而且许多反应都伴有明显的体积变化。所以,我们遇到的反应热大都是等压反应热,且刚好和焓变(ΔH)数值相同,所以用 ΔH 表示等压反应热。

由于等压反应热 ΔH 与途径无关,所以我们可以用易测的反应热来求算难测的反应热。例如,在恒定温度 T、压力 p 及 $W_{非} = 0$ 的条件下,碳完全燃烧生成 CO_2 可有两条途径,具体如下:

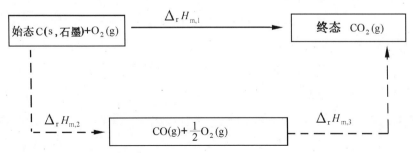

由于 ΔH 与过程无关,故有

$$\Delta_r H_{m,1} = \Delta_r H_{m,2} + \Delta_r H_{m,3}$$

式中的下角标 r 表示是化学反应，m 表示是 1 mol 反应(1 mol 反应可以简单看成按所给的反应方程式进行的完全反应)。在 100 kPa 和 298.15 K 下，已经测得反应(1)和反应(3)的等压反应热分别为

(1) $C(s, 石墨) + O_2(g) = CO_2(g)$ $\Delta_r H_{m,1} = -393.5$ kJ·mol^{-1}

(3) $CO(g) + \frac{1}{2}O_2(g) = CO_2(g)$ $\Delta_r H_{m,3} = -283.0$ kJ·mol^{-1}

所以反应

(2) $C(s, 石墨) + \frac{1}{2}O_2(g) = CO(g)$ 的等压反应热

$$\Delta_r H_{m,2} = \Delta_r H_{m,1} - \Delta_r H_{m,3} = -393.5 \text{ kJ·mol}^{-1} - (-283.0 \text{ kJ·mol}^{-1}) =$$
$$-110.5 \text{ kJ·mol}^{-1}$$

实际上，反应(2)的热效应 $\Delta_r H_{m,2}$ 是很难通过实验测得的，因为碳和氧之间进行反应只生成 CO 而无 CO_2 生成几乎是不可能的。

三、热力学标准态

由于化学反应中的能量变化受许多条件(如温度、压力、集聚态、浓度等)的影响，因此为了比较的方便，国际上规定了物质的标准条件。处于标准条件下的状态称为热力学标准状态，简称标准态。通常都在标准态下进行比较。标准态对不同状态的物质有不同的规定：对于纯固体、液体和气体，压力为 100 kPa 的状态为标准态。由于温度没有给定，因此每一个温度都存在标准态。对溶液则规定其浓度为 1 mol·L^{-1} 的状态为标准态。在标准态下的化学反应热(严格讲应是等压反应热)用 $\Delta_r H_m^{\ominus}(T)$ 表示，"$\ominus$"表示标准态。本书所用的数据如不加注明，一般都是 $T = 298.15$ K 时的数据，此时温度就不标明了。标准态下的化学反应热(即反应的标准焓变)既可通过实验测得，也可以利用单质和化合物的标准摩尔生成焓来计算。

四、标准摩尔生成焓

标准摩尔生成焓是指在标准态下由最稳定单质生成单位物质的量(1 mol)的纯物质时反应的焓变，以符号 $\Delta_f H_m^{\ominus}$ 表示，常用单位是 kJ·mol^{-1}。

如果某种单质有几种不同的同素异形体，当它本身结构改变时，也会产生热效应。例如在标准条件下石墨和金刚石，石墨是最稳定单质。当 1 mol 石墨转化为 1 mol 金刚石时需要吸收 1.91 kJ 的热量，即

$$C(石墨) = C(金刚石) \quad\quad \Delta_f H_m^{\ominus}(金刚石) = 1.9 \text{ kJ·mol}^{-1}$$

书末的附录表 1 中列出了一些单质和化合物的标准摩尔生成焓的数据。

五、化学反应标准焓变的计算

有了标准摩尔生成焓，就可以计算标准焓变了。假定有反应 AB + CD ⟶ AC + BD，其标准焓变为 $\Delta_r H_{m,1}^{\ominus}$。这一反应也可以分两步进行：AB + CD $\xrightarrow{(2)}$ A + B + C + D $\xrightarrow{(3)}$ AC + BD，反应(2)的标准焓变为 $\Delta_r H_{m,2}^{\ominus}$；反应(3)的标准焓变为 $\Delta_r H_{m,3}^{\ominus}$。因焓变与途径无关，故有

$$\Delta_r H_{m,1}^{\ominus} = \Delta_r H_{m,2}^{\ominus} + \Delta_r H_{m,3}^{\ominus}$$

而

第二章 化学反应的基本原理

$$\Delta_r H_{m,2}^\ominus = -\Delta_f H_{m,AB}^\ominus - \Delta_f H_{m,CD}^\ominus \qquad \Delta_r H_{m,3}^\ominus = \Delta_f H_{m,AC}^\ominus + \Delta_f H_{m,BD}^\ominus$$

所以

$$\Delta_r H_{m,1}^\ominus = \Delta_f H_{m,AC}^\ominus + \Delta_f H_{m,BD}^\ominus - \Delta_f H_{m,AB}^\ominus - \Delta_f H_{m,CD}^\ominus$$

即对一个化学反应,其化学反应热可按下式计算

$$\Delta_r H_m^\ominus = \sum \Delta_f H_{m,\text{生成物}}^\ominus - \sum \Delta_f H_{m,\text{反应物}}^\ominus \tag{2.5}$$

计算时要注意反应方程式中的化学计量数(即每一个分子式前的系数)。如对任一化学反应

$$a\text{A} + f\text{F} \rightleftharpoons g\text{G} + d\text{D}$$

则有

$$\Delta_r H_m^\ominus = g\Delta_f H_{m,G}^\ominus + d\Delta_f H_{m,D}^\ominus - f\Delta_f H_{m,F}^\ominus - a\Delta_f H_{m,A}^\ominus = \sum_B \nu_B \Delta_f H_{m,B}^\ominus \tag{2.6}$$

式(2.6)中 ν_B 为反应方程式中任一物质的化学计量数,对反应物取负值,对产物取正值。利用上述关系式即可计算任一化学反应的反应热。

【例 2.1】 试计算反应 $2\text{Al}(s) + \text{Fe}_2\text{O}_3(s) \rightleftharpoons \text{Al}_2\text{O}_3(s) + 2\text{Fe}(s)$ 的标准焓变。

[解] 对于题给反应,查表可得

$$2\text{Al}(s) + \text{Fe}_2\text{O}_3(s) \rightleftharpoons \text{Al}_2\text{O}_3(s) + 2\text{Fe}(s)$$

$\Delta_f H_m^\ominus/(\text{kJ}\cdot\text{mol}^{-1})$ 0 -824.2 $-1\,675.7$ 0

则有

$$\Delta_r H_m^\ominus = [(-1\,675.7) - (-824.2)]\,\text{kJ}\cdot\text{mol}^{-1} = -851.5\,\text{kJ}\cdot\text{mol}^{-1}$$

上述反应就是著名的铝热剂反应,其反应温度可达 2 000 ℃ 以上,能使铁融化,故用于钢轨等的焊接。

【例 2.2】 试计算反应 $\text{SO}_3(g) + \text{CaO}(s) \rightleftharpoons \text{CaSO}_4(s)$ 的标准焓变。

[解] 对于题给反应,查表可得

$$\text{SO}_3(g) + \text{CaO}(s) \rightleftharpoons \text{CaSO}_4(s)$$

$\Delta_f H_m^\ominus/(\text{kJ}\cdot\text{mol}^{-1})$ -395.7 -635.1 $-1\,434.1$

则有

$$\Delta_r H_m^\ominus = (-1\,434.1 + 395.7 + 635.1)\,\text{kJ}\cdot\text{mol}^{-1} = -403.3\,\text{kJ}\cdot\text{mol}^{-1}$$

【例 2.3】 试计算反应 $2\text{NO}(g) \rightleftharpoons \text{N}_2(g) + \text{O}_2(g)$ 的标准焓变。

[解] 对于题给反应,查表可得

$$2\text{NO}(g) \rightleftharpoons \text{N}_2(g) + \text{O}_2(g)$$

$\Delta_f H_m^\ominus/(\text{kJ}\cdot\text{mol}^{-1})$ 90.25   0   0

则有
$$\Delta_r H_m^\ominus = (0 + 0 - 90.25 \times 2)\,\text{kJ}\cdot\text{mol}^{-1} = -180.5\,\text{kJ}\cdot\text{mol}^{-1}$$

这一反应就是在绪论中提到的治理汽车尾气的反应,后面在讨论该反应进行的方向时,还要用到这一数据。

需要特别指出的是,如果系统温度不是 298.15 K,反应的焓变会有所不同。但在一定温度范围内,差别不大,可以认为 $\Delta_r H_m^\ominus(T) \approx \Delta_r H_m^\ominus(298.15\,\text{K})$。为了简化书写,对于热力学量(如 ΔH 及后面要讲到的 ΔS 和 ΔG),如不标明温度,均指温度为 298.15 K。

有了热力学第一定律,又掌握了化学反应热的计算,就可以进一步讨论化学反应的方向了。

2.3 化学反应的方向

自然界发生的宏观过程(指不靠外力自然发生的过程——自发过程)都有确定的方向和限度,如水从高处向低处流,热从高温物体传向低温物体等。对于化学反应也是如此。能否找到一个统一的标准,用来判断一个变化(物理变化或化学变化)的方向呢?

一、焓变与变化方向

起初人们曾试图用能量来判断变化的方向。认为一切变化总是从能量高到能量低的方向自发进行。照此,放热反应应该是自发的。反之是非自发的,即 $\Delta H < 0$ 自发,$\Delta H > 0$ 非自发。

有些反应确是如此,只要是放热反应(即 $\Delta_r H_m^\ominus < 0$),即可以自发进行(注意,以后讨论的化学反应,若不加特殊说明,都是在等温、等压下进行的)。

【例 2.4】 试计算反应 $CH_4(g) + 2O_2(g) = CO_2(g) + 2H_2O(l)$ 的标准摩尔焓变。

[解] 对于题给反应,查表可得

$$CH_4(g) + 2O_2(g) = CO_2(g) + 2H_2O(l)$$

$\Delta_f H_m^\ominus /(kJ \cdot mol^{-1})$　　-74.8　　0　　-393.5　-285.8

$\Delta_r H_m^\ominus = -890.3 \text{ kJ} \cdot mol^{-1} < 0$　　可以自发进行

【例 2.5】 试计算反应 $H_2(g) + \frac{1}{2}O_2(g) = H_2O(l)$ 的标准摩尔焓变。

[解] 对于题给反应,查表可得

$$H_2(g) + \frac{1}{2}O_2(g) = H_2O(l)$$

$\Delta_f H_m^\ominus /(kJ \cdot mol^{-1})$　　0　　0　　-285.8

$\Delta_r H_m^\ominus = -285.8 \text{ kJ} \cdot mol^{-1} < 0$　　可以自发进行

【例 2.6】 (即例 2.3) 试计算反应 $2NO(g) = N_2(g) + O_2(g)$ 的标准摩尔焓变。

[解] 前面已经算出其 $\Delta_r H_m^\ominus = -180.5 \text{ kJ} \cdot mol^{-1} < 0$,该反应亦可以自发进行。

上述三个反应都是放热反应($\Delta_r H_m^\ominus < 0$),也都是可以自发进行的。但有些反应(或变化)却不是这样。

【例 2.7】 试计算 $H_2O(s) = H_2O(l)$ 的标准摩尔焓变。

[解] 对于题给反应,查表可得

$$H_2O(s) = H_2O(l)$$

$\Delta_f H_m^\ominus /(kJ \cdot mol^{-1})$　　-293.0　　-285.3

$\Delta_r H_m^\ominus = 7.7 \text{ kJ} \cdot mol^{-1} > 0$　　实际上这一反应亦可以自发进行

【例 2.8】 试计算反应 $CaCO_3(s) = CaO(s) + CO_2(g)$ 的标准摩尔焓变。

[解] 对于题给反应,查表可得

$$CaCO_3(s) = CaO(s) + CO_2(g)$$

$\Delta_f H_m^\ominus /(kJ \cdot mol^{-1})$　　$-1\,206.9$　　-635.1　-393.5

$\Delta_r H_m^\ominus = 178.3 \text{ kJ} \cdot mol^{-1} > 0$

这一反应在 298.15 K、100 kPa 条件下不能自发进行。但当温度大于 1 111 K 时,该反应就可以自发进行了。从前面的讨论可知,此时仍是 $\Delta_r H_m^{\ominus} > 0$。

从以上的例子可以说明,在等温、等压条件下,仅用 $\Delta_r H_m^{\ominus}$ 是否小于零来判断化学反应(也包括物理变化)的方向是不全面的。那么变化方向还与什么有关呢?

二、熵变与变化方向

首先来看上述两个 $\Delta_r H_m^{\ominus} > 0$,但却能自发进行的反应(或变化)有什么特点。可以发现这两个反应(或变化)都是混乱度(无序度)增加的:例 2.7 是固态变成液态,混乱度当然增加;例 2.8 是由一种固态物质变成一种固态物质和一种气态物质,混乱度必然增加。又如,在一个有隔板的箱内,一边是氧气,另一边是氮气,当将隔板抽出时,氮气和氧气一定均匀混合,亦为混乱度增加,是自发进行的。再如,室内空气的分布以及热从高温到低温(注意:一定要把高温物体和低温物体放在一起作为系统)都是按混乱度小到混乱度大的方向进行。这些都说明,变化方向与混乱度有关。但为了比较混乱度的大小,引入一个新的物理量(熵)来量度。

1. 熵与熵变

(1) 熵。熵是体系混乱度的量度。体系的混乱度越大,其熵值越大。熵是状态函数,用符号 S 来表示。物质的熵值与其聚集态和温度有关。在 0 K 温度下,任何纯物质完美晶体的熵等于 0(这就是热力学第三定律。实际是一个假设,不能用实验方法加以证明,因为无法达到 0 K)。以此为基准可以求出给定物质其他温度时的熵值,称为该物质的规定熵或绝对熵(这与焓是不同的,焓的绝对值无法得到)。单位物质的量(1 mol)的纯物质在标准状态下的规定熵,称为该物质的标准摩尔熵,用符号 $S_m^{\ominus}$ 表示,其单位为 $J \cdot mol^{-1} \cdot K^{-1}$。

附录 1 中列出一些单质和化合物在 298.15 K 时的标准摩尔熵值。要注意的是,物质的熵是绝对值。只要温度不是 0 K,或者是不完整的晶体物质,其熵值就不会是零。即使是稳定单质,它在 298.15 K 时标准熵也不为零。

(2) 熵变。当体系由状态 1 变到状态 2 时,其熵值的改变量为 $\Delta S = S_2 - S_1$,ΔS 就是熵变。与反应的标准焓变类似,对于任一化学反应 $aA + fF \rightleftharpoons gG + dD$ 的标准熵变,可按下式来计算

$$\Delta_r S_m^{\ominus} = g S_{m,G}^{\ominus} + d S_{m,D}^{\ominus} - a S_{m,A}^{\ominus} - f S_{m,F}^{\ominus} = \sum_B \nu_B S_{m,B}^{\ominus} \tag{2.7}$$

2. 熵变与变化方向

从以上讨论可知,熵变也和变化的方向有关,$\Delta_r S > 0$ 时,变化应该可以自发进行;$\Delta_r S < 0$ 时,变化不能自发进行。

【例 2.9】 (即例 2.3) 计算反应 $2NO(g) \rightleftharpoons N_2(g) + O_2(g)$ 的标准摩尔熵变。

[解] 对于题给反应,查表可得

$$2NO(g) \rightleftharpoons N_2(g) + O_2(g)$$

$S_m^{\ominus}/(J \cdot mol^{-1} \cdot K^{-1})$ 210.7   191.5   205.0

则有 $\Delta_r S_m^{\ominus} = -24.9$ kJ·mol$^{-1} \cdot$ K$^{-1} < 0$

这一反应的标准熵变虽然小于零,但在标准态、298.15 K 下仍可以自发进行。这是因为该反应的标准焓变小于零(即是放热反应,从能量角度来看,该反应可以自发进行)。由这一个例子可以看出,在等温、等压条件下,应该从能量和混乱度两方面综合考虑一个化学反应

的方向。

【例 2.10】 计算反应 $N_2(g) + 3H_2(g) \rightleftharpoons 2NH_3(g)$ 的标准摩尔熵变和焓变。

[解] 对于题给反应,查表可得

$$N_2(g) + 3H_2(g) \rightleftharpoons 2NH_3(g)$$

$S_m^\ominus / (J \cdot mol^{-1} \cdot K^{-1})$	191.5	130.6	192.3
$\Delta_f H_m^\ominus / (kJ \cdot mol^{-1})$	0	0	−46.1

则 $\Delta_r S_m^\ominus = (192.3 \times 2 - 130.6 \times 3 - 191.5)\ J \cdot mol^{-1} \cdot K^{-1} = -198.7\ J \cdot mol^{-1} \cdot K^{-1} < 0$

$\Delta_r H_m^\ominus = (-46.1 \times 2 - 0 - 0)\ kJ \cdot mol^{-1} = -92.2\ kJ \cdot mol^{-1} < 0$

这一反应,从能量角度看是放热反应,应可以自发进行;但从混乱度的变化(熵变)来看,是熵减小的,应不能自发进行,判断结果发生矛盾。实际该反应是可以自发进行的。

从例 2.9 可以看出,虽然该反应的熵变是减小的,但由于其是放热反应,还是可以自发进行的。因此,在等温、等压条件下,单独用 $\Delta_r H$ 或 $\Delta_r S$ 来判断变化的方向都是不行的,必须将两者结合起来。应当注意的是,虽然物质的熵 S 和温度有关,但 ΔS 与 ΔH 相似,可以忽略 ΔS 与温度的关系,即 $\Delta_r S_m^\ominus(T) \approx \Delta_r S_m^\ominus(298.15\ K)$。

三、吉布斯函数变与变化方向

1. 吉布斯函数变

由上面的讨论可知,在等温、等压条件下,判断一个变化的方向,必须同时考虑焓变和熵变。吉布斯给出了重要的关系式

$$\Delta G = \Delta H - T\Delta S \tag{2.8}$$

这一公式称为吉布斯方程式,是化学上最重要、最有用的公式之一。ΔG 就是吉布斯函数变,G 称为吉布斯函数,其定义式为

$$G = H - TS$$

可以证明,吉布斯函数的降低等于体系可做的最大有用功(即非体积功),即 $\Delta G = W_{有,max}$,ΔG 代表了体系做功的能力(变化的推动力)。同时,ΔG 又可以作为等温、等压条件下变化进行方向的判断标准。

2. 吉布斯函数变与变化方向

由吉布斯方程可以明显看出,ΔG 和温度有关(这与 ΔH、ΔS 不同)。对于等温、等压、不做非体积功的变化,自发进行方向的判据是

$\Delta G < 0$ 自发进行
$\Delta G = 0$ 平衡状态
$\Delta G > 0$ 不能自发进行

这一判据又称为最小吉布斯函数原理。

3. 标准吉布斯函数变的计算

(1) 通过吉布斯方程计算。吉布斯方程在任意状态下都适用,即原则上我们可以通过吉布斯方程求得任意状态下的 ΔG,但由于我们目前只能求得标态下的 $\Delta_r S_m^\ominus$ 和 $\Delta_r H_m^\ominus$,故也只能求得标态下的 $\Delta_r G_m^\ominus$,即

$$\Delta_r G_m^\ominus = \Delta_r H_m^\ominus - T\Delta_r S_m^\ominus$$

通过吉布斯方程可以求得标准态任意温度下的 $\Delta_r G_m^\ominus(T)$,但计算相对比较麻烦。

(2) 通过标准摩尔生成吉布斯函数计算。在标准状态下,由稳定单质生成单位物质的量(1 mol)的纯物质时,反应的吉布斯函数变叫做该物质的标准摩尔生成吉布斯函数,用符号 $\Delta_f G_m^{\ominus}$ 表示,常用单位为 kJ·mol^{-1}。附表 1 中给出了一些物质在 298.15 K 时的标准摩尔生成吉布斯函数的数据。

反应的标准吉布斯函数变 $\Delta_r G_m^{\ominus}$ 还可以通过物质的标准摩尔生成吉布斯函数($\Delta_f G_m^{\ominus}$)来计算。对于任一反应 $aA + fF = gG + dD$ 而言,也有

$$\Delta_r G_m^{\ominus} = g\Delta_f G_{m,G}^{\ominus} + d\Delta_f G_{m,D}^{\ominus} - a\Delta_f G_{m,A}^{\ominus} - f\Delta_f G_{m,F}^{\ominus} = \sum_B \nu_B \Delta_f G_{m,B}^{\ominus} \qquad (2.9)$$

综上所述,反应的 $\Delta_r G_m^{\ominus}$ 可以利用标准摩尔生成吉布斯函数计算,也可以利用吉布斯方程计算。应当注意,由标准摩尔生成吉布斯函数 $\Delta_f G_m^{\ominus}$ 只能求得反应在 298.15 K 下的 $\Delta_r G_m^{\ominus}$,若求其他温度下反应的标准摩尔吉布斯函数变,就要利用吉布斯方程。其中的 ΔH 和 ΔS 因与温度关系不大,计算时可以近似认为与温度无关。下面我们对前面举的几个只用 ΔH 或 ΔS 不能准确判断反应方向的例子(例 2.8、2.9、2.10),用 $\Delta_r G_m^{\ominus}$ 来加以判断。

【例 2.11】 (即例 2.8) 计算反应 $CaCO_3(s) = CaO(s) + CO_2(g)$ 在 298.15 K 下的 $\Delta_r G_m^{\ominus}$,并判断该反应在给定条件下能否自发进行。若不能,问在多高温度下才能自发进行?

[解] 对于题给反应,查表可得

$$CaCO_3(s) = CaO(s) + CO_2(g)$$

$\Delta_f G_m^{\ominus}/(kJ·mol^{-1})$ -1 128.8   -604.0   -394.4

则有

$$\Delta_r G_m^{\ominus} = 130.4 \text{ kJ·mol}^{-1} > 0$$

所以该反应在给定条件下不能自发进行。

该反应要自发进行,必须满足 $\Delta_r G_m^{\ominus} < 0$。我们可算出 $\Delta_r G_m^{\ominus} = 0$ 时的温度,因为 $\Delta_r H_m^{\ominus} - T\Delta_r S_m^{\ominus} = 0$,所以有

$$T = \frac{\Delta_r H_m^{\ominus}}{\Delta_r S_m^{\ominus}} \qquad (2.10)$$

要求得 T,必须知道 $\Delta_r H_m^{\ominus}$ 和 $\Delta_r S_m^{\ominus}$,前面已经求得 $\Delta_r H_m^{\ominus} = 178.3$ kJ·mol^{-1},而 $\Delta_r S_m^{\ominus}$ 可由各物质的标准熵来计算,即

$$CaCO_3(s) = CaO(s) + CO_2(g)$$

查表可得

$S_m^{\ominus}/(J·mol^{-1}·K^{-1})$ 92.9   39.8   213.6

则有

$$\Delta_r S_m^{\ominus} = 160.5 \text{ J·mol}^{-1}·K^{-1} = 0.160\ 5 \text{ kJ·mol}^{-1}·K^{-1}$$

所以,$T = \dfrac{178.3 \text{ kJ·mol}^{-1}}{0.160\ 5 \text{ kJ·mol}^{-1}·K^{-1}} = 1\ 110.9$ K,故只要温度大于 1 111 K 时,该反应就可以自发进行。

【例 2.12】 (即例 2.3) 计算反应 $2NO(g) = N_2(g) + O_2(g)$ 在 298.15 K 下的 $\Delta_r G_m^{\ominus}$,并判断该反应在给定条件下能否自发进行。

[解] 对于题给反应,查表可得

$$2NO(g) = N_2(g) + O_2(g)$$

$\Delta_f G_m^\ominus/(kJ \cdot mol^{-1})$ 86.6 0 0

则有 $\Delta_r G_m^\ominus = -173.2 \text{ kJ} \cdot \text{mol}^{-1} < 0$

故该反应是可以自发进行的,而且推动力很大。事实也确是如此。

当然我们也可以用吉布斯方程来计算,前面已经求得

$$\Delta_r H_m^\ominus = -180.5 \text{ kJ} \cdot \text{mol}^{-1} < 0$$

$$\Delta_r S_m^\ominus = -24.9 \text{ J} \cdot \text{mol}^{-1} \cdot \text{K}^{-1} < 0$$

$\Delta_r G_m^\ominus = \Delta_r G_m^\ominus - T\Delta_r S_m^\ominus = [-180.5 - 298.15 \times (-0.0249)] \text{ kJ} \cdot \text{mol}^{-1} =$
$-173.1 \text{ kJ} \cdot \text{mol}^{-1} < 0$

显然与通过 $\Delta_f G_m^\ominus$ 求得的结果是一样的。实际上有了吉布斯方程 $\Delta G = \Delta H - T\Delta S$,当知道 T 时,ΔG、ΔH 和 ΔS 中,知道任意两者,即可求出第三者。

【例 2.13】 (即例 2.9) 计算反应 $N_2(g) + 2H_2(g) = 2NH_3(g)$ 在 298.15 K 的 $\Delta_r G_m^\ominus$,并判断该反应在给定条件下能否自发进行。

[解] 对于题给反应,查表可得

$$N_2(g) + 2H_2(g) = 2NH_3(g)$$

$\Delta_f G_m^\ominus/(kJ \cdot mol^{-1})$ 0 0 -16.5

则有 $\Delta_r G_m^\ominus = -33.0 \text{ kJ} \cdot \text{mol}^{-1} < 0$

此反应虽然混乱度是减小的(因反应后分子数目减少),$\Delta_r S_m^\ominus < 0$,但其是放热反应,即 $\Delta_r H_m^\ominus < 0$,因此总的结果还是 $\Delta_r G_m^\ominus < 0$,可以自发进行。

上述三个例子中,例 2.12 的 $\Delta_r H_m^\ominus < 0$,$\Delta_r S_m^\ominus < 0$,二者对 $\Delta_r G_m^\ominus$ 符号的影响是相反的(这由公式 $\Delta G = \Delta H - T\Delta S$ 很容易看出),当然此时 $\Delta_r G_m^\ominus$ 的符号也与温度有关,低温时,可以自发进行(因为 ΔH 绝对值一般大于 ΔS 的绝对值);但当温度升到一定程度时,$\Delta G > 0$,反应便不能自发进行了。因此像这种 ΔH、ΔS 皆小于零(即 -、- 型)的反应,在低温时自发进行,在高温时不自发,转化温度同学们可以自己计算(答案是 7 249 K)。而例 2.11 的 $\Delta_r H_m^\ominus$、$\Delta_r S_m^\ominus > 0$(属于 +、+ 型),是低温不自发,高温自发,例 2.13 也属于 -、- 型,与例 2.12 一样。

由上面的讨论还可以看出,如果一个反应的 ΔH、ΔS 是 -、+ 型的,则该反应在任何温度下都能自发进行;如是 +、- 型,则该反应在任何温度下都不能自发进行。表 2.1 给出了 ΔH、ΔS 及 T 对反应自发性的影响。

表 2.1 ΔH、ΔS 及 T 对反应自发性的影响

类型	ΔH	ΔS	$\Delta G = \Delta H - T\Delta S$	正反应的自发性	实 例
Ⅰ	-	+	永远是 -	任何温度均自发	$2O_3(g) = 3O_2(g)$
Ⅱ	+	-	永远是 +	任何温度均不自发	$CO(g) = C(s) + \frac{1}{2}O_2(g)$
Ⅲ	+	+	低温为 + 高温为 -	低温不自发 高温自发	$CaCO_3(s) = CaO(s) + CO_2(g)$
Ⅳ	-	-	低温为 - 高温为 +	低温自发 高温不自发	$N_2(g) + 3H_2(g) = 2NH_3(g)$

要研究和利用一个化学反应,仅知道其进行方向还不够,还有必要知道其进行的限度。即当反应达到平衡时,产物能有多少,因此还有必要研究化学反应的限度。

2.4 化学反应的限度

化学反应的限度是化学平衡,平衡状态可以用平衡常数来描述。前已指出,在等温、等压、不做有用功的条件下,当反应的推动力 $\Delta G = 0$ 时,就达到了化学平衡,此时生成物和反应物物质的量之间(用浓度或分压来表示)将保持一定的比例关系,其比例常数称为平衡常数,用 K 表示。平衡常数可由实验测得,也可通过热力学计算求得(这是更常用的方法)。由实验测得的平衡常数叫实验平衡常数(K),由热力学计算得到的平衡常数叫标准平衡常数($K^{\ominus}$)。这里着重介绍标准平衡常数。

一、标准平衡常数

标准平衡常数和标准吉布斯函数变之间满足

$$\ln K^{\ominus} = -\frac{\Delta_r G_m^{\ominus}(T)}{RT} \tag{2.11}$$

式中,$K^{\ominus}$ 是标准平衡常数;R 是摩尔气体常数,$R = 8.314 \text{ J} \cdot \text{mol}^{-1} \cdot \text{K}^{-1}$。

二、标准平衡常数的计算

利用公式(2.11),就可以通过 $\Delta_r G_m^{\ominus}$ 计算 $K^{\ominus}$。

【例 2.14】 求反应 $CaCO_3(s) \Longrightarrow CaO(s) + CO_2(g)$ 在 298.15 K 时的 $K^{\ominus}$。

[解] 前面已经求出此反应的 $\Delta_r G_m^{\ominus} = 130.4 \text{ kJ} \cdot \text{mol}^{-1}$,则利用式(2.11)就可求得该反应的标准平衡常数。

$$\ln K^{\ominus} = -\frac{\Delta_r G_m^{\ominus}}{RT} = -\frac{130.4 \text{ kJ} \cdot \text{mol}^{-1}}{0.008\ 3 \text{ kJ} \cdot \text{mol}^{-1} \cdot \text{K}^{-1} \times 298.15 \text{ K}} = -52.6$$

$$K^{\ominus} = 1.42 \times 10^{-23}$$

可见,在 298.15 K 时,该反应的标准平衡常数很小。

如果一定要用 $\Delta_r G_m^{\ominus}$ 来判断非标态时的反应方向,可粗略地以 $|\Delta_r G_m^{\ominus}| > 41.8 \text{ kJ} \cdot \text{mol}^{-1}$ 来判断,即 $\Delta_r G_m^{\ominus} < 41.8 \text{ kJ} \cdot \text{mol}^{-1}$ 时,反应可以自发进行(此时可以算出其 $K^{\ominus} = 2.2 \times 10^7$,说明反应可以进行得很完全)。当 $\Delta_r G_m^{\ominus} > 41.8 \text{ kJ} \cdot \text{mol}^{-1}$ 时,反应不能自发进行(此时 $K^{\ominus} = 4.7 \times 10^{-8}$,产物很少,实际就相当于不能进行)。

【例 2.15】 求反应 $2NO(g) \Longrightarrow N_2(g) + O_2(g)$ 在 298.15 K 和 1 000 K 时的标准平衡常数 $K^{\ominus}$。

[解] 298.15 K 时的标准平衡常数 $K^{\ominus}(298.15 \text{ K})$:

298.15 K 时的 $\Delta_r G_m^{\ominus}$ 前面已经算出,即 $\Delta_r G_m^{\ominus}(298.15 \text{ K}) = 173.2 \text{ kJ} \cdot \text{mol}^{-1}$

$$\ln K^{\ominus}(298.15 \text{ K}) = -\frac{\Delta_r G_m^{\ominus}(298.15 \text{ K})}{RT} = \frac{173.2 \text{ kJ} \cdot \text{mol}^{-1}}{8.314 \times 10^{-3} \text{kJ} \cdot \text{mol}^{-1} \cdot \text{K}^{-1} \times 298.15 \text{ K}} = 69.87$$

$$K^{\ominus}(298.15 \text{ K}) = 2.2 \times 10^{30}$$

可见该反应推动力很大,进行得很完全,也就是说,采用让 NO 分解成 N_2 和 O_2 的方法治理汽车尾气是有可能的。

1 000 K 时的标准平衡常数 $K^{\ominus}(1\ 000\ \text{K})$：

要求 1 000 K 时的标准平衡常数，必须知道 1 000 K 时的 $\Delta_r G_m^{\ominus}(1\ 000\ \text{K})$，而要求 1 000 K 时的 $\Delta_r G_m^{\ominus}$，可用吉布斯等温方程，即可通过 298.15 K 时的 $\Delta_r H_m^{\ominus}$ 和 $\Delta_r S_m^{\ominus}$ 求 1 000 K 时的 $\Delta_r G_m^{\ominus}$。

$$\Delta_r G_m^{\ominus}(1\ 000\ \text{K}) = \Delta_r H_m^{\ominus}(298.15) - 1\ 000 \times \Delta_r S_m^{\ominus}(298.15) = -180.5\ \text{kJ}\cdot\text{mol}^{-1} -$$
$$1\ 000\ \text{K} \times (-0.024\ 9\ \text{kJ}\cdot\text{mol}^{-1}\cdot\text{K}^{-1}) = -155.6\ \text{kJ}\cdot\text{mol}^{-1}$$

则
$$\ln K^{\ominus}(1\ 000\ \text{K}) = -\frac{155.6\ \text{kJ}\cdot\text{mol}^{-1}}{0.008\ 3\ \text{kJ}\cdot\text{mol}^{-1}\cdot\text{K}^{-1} \times 1\ 000\ \text{K}} = 18.72$$
$$K^{\ominus}(1\ 000\ \text{K}) = 1.3 \times 10^8$$

可见，升高温度对这一反应的产率并没有好处。由吉布斯方程式中 ΔH、ΔS 的符号也可以定性地看出这一点。

通过以上分析可知，在常温下治理汽车尾气的这一反应是可能的，而且推动力很大，进行得很完全，那为什么还要治理呢？这是因为反应速率太慢。有关反应速率的问题是化学动力学研究的对象。此部分内容将在 2.5 节中介绍。

三、化学平衡的移动——影响平衡的因素

化学平衡是在一定条件下建立的，一旦条件改变，化学平衡就可能被破坏，即化学平衡发生移动。升高温度，平衡向吸热方向移动；增加压力，平衡向减小压力的方向移动；增加反应物质的浓度，平衡向减小物质浓度方向移动。例如，生产水煤气的反应

$$\text{C(s)} + \text{H}_2\text{O(g)} \rightleftharpoons \text{CO(g)} + \text{H}_2\text{(g)}$$

其 $\Delta_r H_m^{\ominus} = 131.3\ \text{kJ}\cdot\text{mol}^{-1} > 0$，增加 $\text{H}_2\text{(g)}$ 的浓度，平衡向反方向移动；加大压力，平衡向反方向移动；加热平衡向正方向移动。1884 年，法国化学家吕·查德里从实验中总结一条规律，被称为吕·查德里原理。该原理指出：改变平衡体系的条件之一（如浓度、压力、温度等），平衡就向能减弱这个改变的方向进行。化学平衡的移动很有意义，在化学工业生产中，通常应用化学平衡移动原理，改变反应的条件，使平衡向有利于生产的方向移动。

2.5　化学反应速率

化学反应速率（快慢）千差万别，例如炸药爆炸、水溶液中的酸碱反应、沉淀反应、照相底片的感光反应等几乎瞬间完成。而反应釜中乙烯的聚合过程按小时计，室温下塑料的老化速率按年计，地壳内煤或石油的形成要经过几十万年的时间。我们前面讲的汽车尾气 NO 的治理反应，虽然从热力学角度考虑能自发进行，而且推动力很大，反应可以进行得很完全，但速率慢到几乎觉察不到的程度。反应速率的大小，主要决定于反应的本质，但也受浓度、温度、压力、催化剂以及辐射等因素的影响。

研究反应速率变化规律的目的就在于加速或促进有利的反应，抑制或避免不利的反应（如金属腐蚀、危险品爆炸等）的发生。

一、化学反应速率的定义和表示

化学反应速率一般定义为反应物或产物浓度随时间的变化率，为了避免用反应系统中不同物质表示反应速率所带来的数值和符号的不同，化学反应速率表示为

$$v = \frac{1}{\nu_B}\frac{dc_B}{dt} \tag{2.12}$$

其中 v 是化学反应速率,反应速率的量纲为[(浓度)·(时间)$^{-1}$],单位一般是 $mol \cdot L^{-1} \cdot s^{-1}$;$\nu_B$ 是化学计量数(即反应方程式中,分子式前面的系数),对产物取正值,对反应物取负值;c_B 是 B 物质(反应物或产物)的浓度,单位是 $mol \cdot L^{-1}$;t 是时间。

这样定义的反应速率与基准物的选择无关。例如,对合成氨反应 $N_2 + 3H_2 \Longrightarrow 2NH_3$,其反应速率 $v = \frac{1}{2}\frac{dc(NH_3)}{dt} = -\frac{dc(N_2)}{dt} = -\frac{1}{3}\frac{dc(H_2)}{dt}$。

二、化学反应速率的影响因素

1. 浓度对反应速率的影响

(1) 元反应。直接作用一步完成的反应称为元反应(过去称基元反应)。而一般的化学反应都要经过若干个元反应步骤才能完成。组成总反应的一系列反应的步骤称为反应历程或反应机理。反应机理必须经过实验来确定。

(2) 质量作用定律。实验证明,在给定温度条件下,对于元反应,反应速率与反应物的浓度(以元反应中该物质的化学计量数为指数)的乘积成正比。这个定量关系称为质量作用定律,其相应的方程式称为速率方程式。对于元反应

$$aA + fF \Longrightarrow gG + dD$$

其速率方程式为

$$v = \frac{1}{\nu_B}\frac{dc_B}{dt} = kc_A^a c_F^f \tag{2.13}$$

式中,k 为反应速率常数,简称速率常数。k 与浓度无关,而与反应物的本性、温度、催化剂等其他因素有关。当所有反应物的浓度均为单位浓度时,k 在数值上等于反应速率 v。k 值越大,表明给定条件下该反应速率越大。

速率方程中各反应物浓度项的指数之和 $n = a + f$ 称为该反应的反应级数。元反应的反应级数都是简单的整数(如可为零级、一级或二级等),复杂反应的反应级数可以是整数、分数或负数。

一级反应(反应速率与反应物浓度的一次方成正比)较为常见,也比较简单。如放射性元素的蜕变、一些热分解反应以及分子重排反应等多属于一级反应。其速率方程为

$$v = -\frac{dc}{dt} = kc \tag{2.14}$$

通过数学推导,可得出一级反应的浓度 c 与时间 t 的关系式为

$$\ln\frac{c_0}{c} = kt \tag{2.15}$$

式中,c_0 为反应物的初始浓度(即 $t = 0$ 时的浓度),c 为反应物在 t 时刻的浓度。上式表明 $\ln c$ 与 t 成直线关系,直线的斜率为 $-k$,此正是一级反应的特征之一。其另一特征是半衰期 $t_{1/2}$(反应物消耗一半所需的时间)与反应物的浓度无关,而与速率常数成反比,即

$$t_{1/2} = \frac{0.693}{k} \tag{2.16}$$

放射性元素蜕变掉一半数量(或放射性活度减少到一半)所需时间称为该放射性元素的半衰

期。它是放射性元素的一种特征常数。例如 ^{235}U 的半衰期为 8×10^8 a, ^{223}Fr(钫)的半衰期为 22 min, ^{14}C 的半衰期为 5 730 a 等。某些放射性同位素的蜕变可以作为估算古代化石、矿石、陨石以及地球年龄的基础。如 ^{235}U 通常用于陨石和矿石年龄的估算, ^{14}C 用于确定考古学发现的化石的年龄。1947~1949 年间美国科学家利比提出用 ^{14}C 确定地球年代的概念与方法。为此他获得了 1960 年诺贝尔化学奖。

【例 2.16】 放射性 $^{60}_{27}$Co 所产生的强 γ 辐射广泛用于癌症治疗。放射性物质的强度以"居里"表示。买了一个含 20 居里的钴源,用了较长时间以后发现钴源的剩余量只有 5.3 居里。问这一钴源用了多长时间?已知钴源的半衰期为 5.26 a。

【解】 因为
$$t_{1/2} = \frac{0.693}{k}$$

即
$$5.26 \text{ a} = \frac{0.693}{k}$$

故
$$k = 0.132 \text{ a}^{-1}$$

又因为
$$\ln \frac{c_0}{c} = kt$$

即
$$\ln \frac{20}{5.3} = 0.132 \text{ a}^{-1} t$$

故
$$t = 10.2 \text{ a}$$

说明该钴源已经用了 10 年多了。

估算陨石和矿石的年龄、确定考古学发现物和化石的年龄,也是用类似的方法。

请注意 ^{235}U 符号中,左上角的数字等于原子核的质量数——即组成核的质子数和中子数的总和。将质量数相同的一类原子称为核素,常用化学符号 $^{A}_{Z}$X 表示,其中 X 为元素符号,左上角 A 表示核质量数,左下角 Z 为原子序数。$^{235}_{92}$U 就是铀的一种核素。原子序数相同,质量数不同的核素统称为同位素,它们在元素周期表中占据同一位置。例如氢有三种同位素 ^{1}H、^{2}H、^{3}H。同位素的核外电子数相同,物理化学性质相近,但核性质的差别可能很大。如 ^{3}H 能发射 β 射线,而 ^{1}H 和 ^{2}H 却很稳定。

迄今已发现的核素共 2 000 多种(1992 年我国科学家发现了三种新核素: $^{185}_{72}$Hf、$^{202}_{78}$Pt、$^{208}_{80}$Hg, 1993 年又发现了 $^{237}_{90}$Th)。其中绝大部分是不稳定核素。不稳定的原子核能自发地放射出射线变成另一种原子核,这种过程称为核蜕变。这些核能自发地放射出射线的性质称为放射性。具有这种特性的核素称为放射性核素;不具有这种性质的核素称为稳定核素。核蜕变是放射性核素的特征核性质,在一般情况下,不受外界条件(如温度、压力、电磁场等)的影响。

核蜕变可根据其放射出的射线性质进行分类,常见的有 α 蜕变、β 蜕变和 γ 蜕变。α 蜕变放出 α 粒子(氦核);β 蜕变放出的是电子;γ 蜕变放出的是 γ 光子。

【例 2.17】 化学反应 $2H_2O_2(l) \Longrightarrow 2H_2O(l) + O_2(g)$ 为一级反应,其速率常数 $k = 0.041\ 0 \text{ min}^{-1}$,若 H_2O_2 起始浓度 $c_0 = 0.500 \text{ mol} \cdot L^{-1}$,试求:

(1) 10 min 后 H_2O_2 的浓度;

(2) H_2O_2 溶液分解一半所需时间。

【解】 (1) 根据 $\ln \frac{c_0}{c} = kt$,有 $\ln \frac{0.500 \text{ mol} \cdot L^{-1}}{c} = 0.041\ 0 \text{ min}^{-1} \times 10 \text{ min}$,则

$$c = 0.332 \text{ mol·L}^{-1}$$

根据 $t_{1/2} = \dfrac{0.693}{k}$,有

$$t_{1/2} = \dfrac{0.693}{0.041\ 0} \text{ min}^{-1} = 16.9 \text{ min}$$

H_2O_2(过氧化氢)是一种重要的氧化剂,在医药上($w(H_2O_2) = 3\%$ 的 H_2O_2)用做消毒杀菌剂,在工业上广泛用于漂白织物、纸浆、皮革、油脂等(白猫漂白水中就有过氧化氢)。H_2O_2 还大量用于制造化学药品和化工产品。H_2O_2 很不稳定,易分解为 H_2O 和 O_2(可以通过计算该反应的 $\Delta_r G_m^{\ominus}(298.15 \text{ K})$,确定其反应的方向和推动力,以及平衡常数),反应速率也比较快。

2. 温度对反应速率的影响

温度是影响化学反应速率的重要因素,它是通过温度对速率常数 k 的影响来体现的。一提到温度的影响,人们就有一个固有的看法,认为温度升高,反应速率就加快,其实并不尽然。

(1)温度对反应速率影响的不同类型。总的来说,温度对反应速率的影响关系有图 2.1 所示的五种类型。

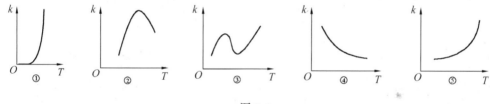

图 2.1

① 爆炸反应。当温度达到燃点时,反应速率突然增大。

② 酶催化反应。温度太高或太低,都不利于生物酶的活性作用;某些受吸附速率控制的多相催化反应,也有类似的情况。

③ 碳的氧化等。可能是由于温度升高时,副反应产生较大影响,而使得温度与速率的关系复杂化。

④ NO 与 O_2 生成 NO_2 的反应。温度升高反应速率反而下降。

⑤ 一般反应。温度升高,反应速率呈指数关系增大。此种情况最为常见,以后讨论温度对反应速率的影响时,均针对此种类型。

(2)温度对反应速率的影响关系(阿仑尼乌斯公式)。阿仑尼乌斯根据实验总结出反应速率与温度的定量关系为

$$k = A e^{-E_a/RT} \tag{2.17}$$

式中的 A 为指前因子;E_a 为反应的活化能,单位是 $kJ·mol^{-1}$。A 与 E_a 都是反应的特性常数,与温度无关,均可由实验求得。实际计算时,常用阿仑尼乌斯公式的对数形式,即

$$\ln \dfrac{k}{A} = -\dfrac{E_a}{RT}$$

由于 A 和 E_a 均与温度无关,故有

$$\ln k_1 = -\dfrac{E_a}{RT_1} + \ln A \qquad \ln k_2 = -\dfrac{E_a}{RT_2} + \ln A$$

$$\ln \frac{k_2}{k_1} = \frac{E_a(T_2 - T_1)}{RT_1T_2} \tag{2.18}$$

$$E_a = \frac{RT_1T_2}{(T_2 - T_1)} \ln \frac{k_2}{k_1} \tag{2.19}$$

【例 2.18】 在 28 ℃,鲜牛奶约 4 h 变酸,但在 5 ℃ 的冰箱里,鲜牛奶可保持 48 h 才变酸。设牛奶变酸的反应速率与变酸时间成反比。试估算牛奶变酸反应的活化能和温度升高牛奶变酸反应速率变化的倍数?

【解】 按题意 $T_1 = 278.15$ K, $T_2 = 301.15$ K

$$\frac{v_2}{v_1} = \frac{k_2}{k_1} = \frac{t_1}{t_2} \approx \frac{48 \text{ h}}{4 \text{ h}}$$

又因为 $\ln \frac{k_2}{k_1} = \frac{E_a(T_2 - T_1)}{RT_1T_2} = \frac{E_a(301.15 \text{ K} - 278.15 \text{ K})}{8.314 \times 10^{-3} \text{ kJ} \cdot \text{mol}^{-1} \cdot \text{K}^{-1} \times 278.15 \text{ K} \times 301.15 \text{ K}} \approx \ln \frac{48}{4} = 2.485$

所以 $E_a = 75$ kJ·mol^{-1}

而 $\ln \frac{v_2}{v_1} = \frac{75\,000 \text{ J} \cdot \text{mol}^{-1}(301.15 \text{ K} - 278.15 \text{ K})}{8.314 \text{ J} \cdot \text{mol}^{-1} \cdot \text{K}^{-1} \times 278.15 \text{ K} \times 301.75 \text{ K}} = 2.485$

故 $\frac{v_2}{v_1} = 12$

所以牛奶变酸反应的活化能为 75 kJ·mol^{-1}(不算太高),28 ℃ 时变酸反应速率是 5 ℃ 的 2.9 倍。

3. 反应的活化能和催化剂对反应速率的影响

(1) 活化能的概念。根据气体分子运动论,进行反应的分子必须发生碰撞,但若是每一次碰撞都引起化学反应的话,几乎任何气体反应都会在瞬间完成。但实际上只有那些具有比平均能量高得多,且以合适方位相互碰撞(这种碰撞称为有效碰撞)的分子才能引起反应。能发生有效碰撞的分子称为活化分子,活化分子所具有的最低能量与反应物分子的平均能量之差称为活化能。活化能越高,活化分子数越少,反应速度越慢。

(2) 催化剂的定义、分类及其特点。催化剂是指能改变反应的速率,而其本身的质量和组成不发生任何改变的一类物质。催化剂分为正催化剂和负催化剂,负催化剂又叫阻化剂,一般所说的催化剂均指正催化剂。作为催化剂,一般具有以下特点:

①用量少,效益高。如反应 $SO_2(g) + \frac{1}{2}O_2(g) \longrightarrow SO_3(g)$,若用少量的 V_2O_5 催化剂,反应速率可增加 1.6×10^8 倍。

②高度的选择性。如尿素酶只能催化尿素[$(NH_2)_2CO$]水解为 NH_3 和 CO_2,但不能催化尿素的取代物水解。

③只能改变达到平衡的时间,不能改变平衡转化率。如要增加单位时间的产物可通过催化剂,但要提高产率却不能通过催化剂,即催化剂不能使一个不自发的反应变为自发。

三、加快反应速率的方法

从活化分子和活化能的观点来看,凡能增加单位体积内活化分子总数的方法都可以使反应速率加快。

1. 增大浓度(或气体压力)

增大浓度或气体压力,即增加单位体积中的活化分子的总数(但活化分子的百分数并没有增加)。用这一种方法加快反应速率的效果通常不显著。

2. 升高温度

增加了活化分子的百分数,从而增大了单位体积中活化分子的总数。此法在一定温度范围内是很有效的。但是高温既耗能又会增加设备投资,有时还会降低产率,而且生成物还可能不稳定,或引发负反应,影响产率和纯度。

3. 加催化剂,降低活化能

常温下反应物分子的能量不高,活化分子百分数通常极小。若能设法降低反应的活化能,则在温度和浓度不变的条件下,就能有效地使更多的分子成为活化分子,从而加快反应速率。通常可通过加催化剂改变反应途径的方法来降低活化能(就像将一个 2 m 高的横栏变为两个 1 m 高的低栏,跨越就容易多了)。

对于多相反应(如煤的燃烧),由于反应主要在界面上进行,所以相间接触面的大小和扩散的快慢,也是影响反应速率的重要因素。相界面越大(或分散度越大),扩散越快,越有利于多相反应。采用多孔物质(如纳米级多孔碳素材料)作为催化剂的载体,就可以大大加快反应的速率。采用鼓风、搅拌或震荡等方法来加速扩散过程,也可以加快多相反应速率。

催化剂的制备和筛选要用到更加专业的化学知识,感兴趣的同学可以阅读专门介绍催化剂的书籍。

思考题与习题

1. 什么是状态函数?它有哪些特点?在 U、W、Q、H、S、G 中,哪些是状态函数?
2. 试述热力学中所说的"标准状态"、"自发反应"、"化学平衡"的含义。
3. 浓度、温度、催化剂对化学反应速率有何影响?有何重要的定量关系?
4. 判断题(对的在括号内填"+",错的在括号内填"-")

(1)已知反应 $\frac{1}{2}N_2(g) + CO_2(g) =\!=\!= NO(g) + CO(g)$,$\Delta_r H_m < 0$。当温度升高时,$v_正$ 增大,$K^\ominus$ 亦增大。 (   )

(2)某反应的标准平衡常数值很大($K^\ominus = 2.4 \times 10^{34}$),表明该反应在此温度下可在极短的时间内完成。 (   )

(3)对于等温等压条件下的化学反应,若其 $\Delta_r G_m^\ominus < 0$,则其绝对值越大,反应速率也越快。 (   )

(4)由于 $\Delta_r G_m^\ominus = -RT\ln K^\ominus$,$\Delta_r G_m^\ominus = \Delta H_m^\ominus - T\Delta S_m^\ominus$,则 $\ln K^\ominus = \frac{-\Delta_r H_m^\ominus}{RT} + \frac{\Delta_r S_m^\ominus}{R}$,故当 $\ln K^\ominus$ 对 $\frac{1}{T}$ 作图时,对于放热反应,必有如图 2.2 所示的关系(设在图示温度区间内 $\Delta_r H_m^\ominus$、$\Delta_r S_m^\ominus$ 不随 T 而变)。 (   )

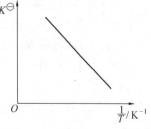

图 2.2 $\ln K^\ominus$ 与 $\frac{1}{T}$ 的关系

(5)催化剂能加快反应达到平衡的速率,是由于改变了反应的历程,降低了活化能。但反应前后催化剂本身的质量和组成并不改变。

(   )

5.填空题

(1)从方括号内的诸名词与术语中,选出一个与以下符号相对应的填空[吸热反应,放热反应,化学反应的吉布斯函数变,自发反应,标准平衡常数,反应速率常数]。

(A)k 为_____；

(B)$\Delta_r H_m > 0$ 为_____；

(C)$\Delta_r G_m$ 为_____；

(D)$K^{\ominus}$ 为_____。

(2)已知反应 $2SO_2(g) + O_2(g) \Longrightarrow 2SO_3(g)$ 的 $\Delta_r H_m^{\ominus} < 0$,若降低反应温度,则下列各项将如何变化(增大、减少、不变或基本不变):

$v(正)$_____；$k(逆)$_____；$K^{\ominus}$_____；

$\Delta_r H_m^{\ominus}$_____；$\Delta_r S_m^{\ominus}$_____；$\Delta_r G_m^{\ominus}$_____。

(3)已知在一定温度范围内,下列反应为元反应

$$2NO(g) + Cl_2(g) \Longrightarrow 2NOCl(g)$$

(A)该反应的速率方程为_____；

(B)该反应的反应级数为_____；

(C)其他条件不变,如果将容器的体积扩大到原来的 2 倍,则反应速率是原来的_____倍。

6.已知工业上制取水煤气的反应为

$$C(s) + H_2O(g) \Longrightarrow CO(g) + H_2(g)$$

查阅(附表1)有关热力学数据,通过计算回答:

(1)$\Delta_r H_m^{\ominus}(298.15 \text{ K}) = ?$ $\Delta_r S_m^{\ominus}(298.15 \text{ K}) = ?$

(2)$\Delta_r G_m^{\ominus}(298.15 \text{ K}) = ?$ 并说明在 298.15 K 的标准条件下该反应是否可以自发进行。

(3)若不自发,问在多高温度下才可以自发进行?

7.新型耐磨高温陶瓷刀具材料 Si_3N_4 可用超细 Si_3N_4 粉高温压制而成。用 CVD(即化学气相沉积)法制备 Si_3N_4 超细粉的反应及有关热力学数据为

$$3SiCl_4(g) + 4NH_3(g) \Longrightarrow Si_3N_4(g) + 12HCl(g)$$

$\Delta_r G_m^{\ominus}(298.15 \text{ K})/(\text{kJ} \cdot \text{mol}^{-1})$	−569.9	−16.64	−64.27	−95.27
$S_m^{\ominus}(298.15 \text{ K})/(\text{J} \cdot \text{mol}^{-1} \cdot \text{K}^{-1})$	531	192.5	101.3	186.7

试回答下列问题:

(1)通过计算说明此反应在 298.15 K 及标准条件下,能否自发进行?

(2)计算此反应在 298.15 K 下的标准平衡常数 $K^{\ominus}$。

(3)说明提高温度是否有利于提高 $SiCl_4$ 的利用率。

8.某病人发烧至 40 ℃,使体内某一酶催化反应的速率常数增大至正常体温(37 ℃)时的 1.23 倍,试求该酶催化反应的活化能 E_a。

第三章 大气与化学

3.1 大气组成及其分布

大气圈是包围在地球表面并随地球旋转的空气层(也称为大气或大气层),它是地球上一切生命赖以生存的气体环境,也是地球系统的物质循环中最重要、最活跃的环节之一。地表大气的平均压力约为 1.013×10^5 Pa,大气的总质量约为 5.1×10^{18} kg。一个成年人每天大约要呼吸 $10 \sim 12$ m³空气,其质量约为每人每天摄取食物量的 10 倍,人在几分钟内不呼吸空气就会有生命危险。大气圈的重要性还在于它吸收了来自太阳和宇宙空间的大部分高能宇宙射线和紫外辐射,是地球的保护伞;同时也是地球维持热量平衡的基础,为生物生存创造了适宜的温度环境。

大气按其成分或浓度亦可分为三类,即:

(1)干燥清洁的空气。其主要成分是氮、氧、氩和二氧化碳气体,其含量占全部干洁空气的 99.996%(体积);氖、氦、氪、甲烷等次要成分只占 0.004% 左右。

(2)水蒸气。由于大气的垂直运动、水平运动、湍流运动及分子扩散,使不同高度、不同地区的大气得以交换和混合。从地面到 90 km 的高度,干洁空气的组成基本保持不变。也就是说,在人类经常活动的范围内,地球上任何地方干洁空气的物理性质是基本相同的。干洁空气的组成见表 3.1。

表 3.1 干洁空气的组成

成 分		体积比/%	成 分		体积比/10^{-6}
主要成分	氮(N_2)	78.084 ± 0.004	次要成分	氖(Ne)	1.8
	氧(O_2)	20.946 ± 0.002		氦(He)	5.2
	氩(Ar)	0.934 ± 0.001		甲烷(CH_4)	1.2
	二氧化碳(CO_2)	0.033 ± 0.001		氪(Kr)	0.5
				氢(H_2)	0.5
				氙(Xe)	0.08
				二氧化氮(NO_2)	0.02
				臭氧(O_3)	0.01 ~ 0.04

其含量平均不到 0.5%,而且随着时间、地点和气象条件等不同而有较大变化,其变化范围可达 0.01% ~ 4%。大气中的水蒸气含量虽然很少,但却导致了各种复杂的天气现象:云、雾、雨、雪、霜、露等。这些现象不仅引起大气中湿度的变化,而且还导致大气中热能的输送和交换。此外,水蒸气吸收太阳辐射的能力较弱,但吸收地面长波辐射的能力却较强,所以对地面的保温起着重要的作用。

(3)各种杂质。大气中的各种杂质是由于自然过程和人类活动排到大气中的各种悬浮微粒和气态物质形成的。大气中的悬浮微粒,除了由水蒸气凝结成的水滴和冰晶外,主要是各种有机的或无机的固体微粒。有机微粒数量较少,主要是植物花粉、微生物、细菌、病毒等。无机微粒数量较多,主要有岩石或土壤风化后的尘粒、流行在大气层中燃烧后产生的灰烬、火山喷发后留在空中的火山灰、海洋中浪花溅起在空中蒸发留下的盐粒,以及地面上燃料燃烧和人类活动产生的烟尘等。

在大气中的各种悬浮微粒和气态物质中,有许多是引起大气污染的物质。它们的分布是随时间、地点和气象条件的变化而变化的,通常是陆地多于海洋,城市多于乡村,冬季多于夏季。它们的存在对辐射的吸收和散射,对云、雾和降水的形成以及对大气中的各种光学现象皆具有重要影响,因而对大气污染也具有重要的影响。

3.2 大气污染及主要污染物

一、大气污染

大气污染是指由于人类活动或自然过程使得某些物质进入大气中,呈现出足够的浓度,达到了足够的时间,并因此危害了人体的舒适、健康和人们的福利,甚至危害了生态环境的状况。所谓人类活动不仅包括生产活动,而且也包括生活活动,如烹饪、取暖、交通等;自然过程包括火山活动、山林火灾、海啸、土壤和岩石的风化及大气圈中空气运动等。一般来说,由于自然环境所具有的物理、化学和生物机能(即自然环境的自净作用),会使自然过程造成的大气污染经过一定时间后自动消除(即使生态平衡自动恢复)。所以可以说,大气污染主要是人类活动造成的。

大气污染对人体的舒适、健康的危害包括:对人体的正常生活环境和生理机能的影响,引起急性病、慢性病以至死亡等;而所谓福利,是指与人类协调共存的生物、自然资源以及财产、器物等给人们带来的福利。

按照大气污染的范围来分,大致可分为四类:①局部地区污染,局限于小范围的大气污染,如受到某些烟囱排气的直接影响;②地区性污染,涉及一个地区的大气污染,如工业区及其附近地区或整个城市大气受到污染;③广域污染,涉及比一个地区或大城市更广泛地区的大气污染;④全球性污染,涉及全球范围(或国际性)的大气污染。

二、大气污染物

大气污染物是指由于人类活动或自然过程排入大气并对任何环境产生有害影响的物质。

大气污染物的种类很多,按其存在状态可概括为两大类:气溶胶状态污染物,气体状态污染物。

1. 气溶胶状态污染物

在大气污染中,气溶胶是指沉降速度可以忽略的小固体粒子、液体离子或它们在气体介质中的悬浮体系。从大气污染控制的角度,按照气溶胶的来源和物理性质,可将其分为粉尘、烟、飞灰、黑烟、雾。

在我国的环境空气质量标准中,还根据粉尘颗粒的大小,将其分为总悬浮颗粒物和可吸入颗粒物。

总悬浮颗粒物(TSP):指能悬浮在空气中,空气动力学当量直径$\leq 100~\mu m$的颗粒物。

可吸入颗粒物(PM_{10}):指悬浮在空气中,空气动力学当量直径$\leq 10~\mu m$的颗粒物。

2. 气体状态污染物

气体状态污染物是以分子状态存在的污染物,简称气态污染物。气态污染物的种类很多,总体上可以分为五大类:以二氧化硫为主的含硫化合物,以氧化氮和二氧化氮为主的含氮化合物、碳氧化物、有机化合物及卤素化合物等,如表3.2所示。

表3.2 气体状态大气污染物的总分类

污染物	一次污染物	二次污染物
含硫化合物	SO_2、H_2S	SO_3、H_2SO_4、MSO_4
含氮化合物	NO、NH_3	NO_2、HNO_3、MNO_3
碳的氧化物	CO、CO_2	无
有机化合物	$C_1 \sim C_{10}$化合物	醛、酮、过氧乙酰硝酸酯、O_3
卤素化合物	HF、HCl	无

注:MSO_4、MNO_3分别为硫酸盐和硝酸盐

对于气态污染物,又可分为一次污染物和二次污染物。一次污染物是指直接从污染源排到大气中的原始污染物质;二次污染物是指由一次污染物与大气中已有组分或几种一次污染物之间经过一系列化学或光化学反应而生成的与一次污染物性质不同的新污染物质。其中受到普遍重视的一次污染物主要有硫氧化物(SO_x)、氮氧化物(NO_x)、碳氧化物(CO、CO_2)及有机化合物($C_1 \sim C_{10}$化合物)等;二次污染物主要有硫酸烟雾和光化学烟雾。

对上述主要气态污染物的特征、来源等简单介绍如下:

(1)硫氧化物(SO_x)。硫氧化物中主要有SO_2,它是目前大气污染物中数量较大、影响范围广的一种气态污染物。大气中SO_2的来源很广,几乎所有工业企业都可能产生。它主要来自化石燃料的燃烧过程,以及硫化物矿石的焙烧、冶炼等热过程。火力发电厂、有色金属冶炼厂、硫酸厂、炼油厂以及所有烧煤或油的工业炉窑等都排放SO_2烟气。自20世纪70年代以来,全球SO_2排放量每年递增5%,1980年达2×10^9 t。SO_2较易生成SO_3,从热力学上看,反应

$$SO_2(g) + \frac{1}{2}O(g) \xrightarrow{催化剂} SO_3(g)$$

的$K^{\ominus}(298.15\ K) = 2.7 \times 10^{12}$,$SO_2$平均转化率很高。从动力学上看,在悬浮于大气中的铁盐、镁盐的催化作用下,SO_2生成SO_3的速率较快。另外,在波长300~400 nm紫外线作用下,它也较易发生光化学反应,生成SO_3,SO_3极易与水气生成硫酸雾或硫酸雨。反应方程式可表示为

(1) $SO_3 + H_2O = H_2SO_4$

(2) $2SO_2 + O_2 + 2H_2O = 2H_2SO_4$

若有NH_3的存在,则形成$(NH_4)_2SO_4$颗粒。

SO_2对人体的结膜和上呼吸道粘膜有强烈的刺激性,可损伤呼吸器官,导致支气管炎、肺炎(至肺水肿)、呼吸麻痹。短期接触SO_2浓度为$0.5\ mg \cdot m^{-3}$空气的老年人或慢性病人,死亡率会增高;浓度高于$0.25\ mg \cdot m^{-3}$,可使呼吸道疾病患者病情恶化。长期接触其浓度为$0.1\ mg \cdot m^{-3}$空气的人群,呼吸系统病症增加。另外,SO_2对金属材料、房屋建筑、棉纺化纤制品、皮革纸张等制品容易引起腐蚀、剥落、褪色而损坏。还可以使植物叶片变黄,甚至枯死。国家环境质量标准规定:居住区SO_2日平均浓度低于$0.15\ mg \cdot m^{-3}$,年平均浓度低于

$0.06\ \text{mg}\cdot\text{m}^{-3}$。

(2)氮氧化物(NO_x)。空气中含氮的氧化物有一氧化氮(NO)、一氧化二氮(N_2O)、二氧化氮(NO_2)、三氧化二氮(N_2O_3)、五氧化二氮(N_2O_5)等,其中占主要成分的是 NO 和 NO_2,以氮氧化物(NO_x)来表示。人类活动产生的 NO_x,主要来自各种炉窑、机动车和柴油机的排气,其次是来自生产或使用硝酸的工厂排放的尾气。反应方程式表示为

(1) $N_2(g) + O_2(g) \rightleftharpoons 2NO(g)$

(2) $NO(g) + O_2(g) \rightleftharpoons 2NO_2(g)$

从反应(1)的标准平衡常数 $K^{\ominus}(2\ 273\text{K}) = 0.037$ 看,即使在 2 000℃ 以上的高温下,其平衡转化率也不高。但温度升高,NO 的转化率呈指数性增加。反应(2)是元反应,可按质量作用定律写出其反应速率方程 $v = k[NO]^2[O_2]$。通常条件下,此反应的速率常数较小,NO 转化成 NO_2 的速率很慢。但如果空气中有碳氢化合物时,在紫外线作用下,NO 会发生光化学反应,迅速生成 NO_2。

NO 毒性不太大,但吸入过量的 NO,可引起变性血红蛋白的形成,并对中枢神经系统产生影响。NO_2 毒性比 NO 的毒性高 4 倍,可引起肺损伤,甚至造成肺水肿,慢性中毒可导致气管、肺病变。当 NO_2 参与大气中的光化学反应,形成光化学烟雾后,其毒性更强。NO_x 对动物的影响浓度大致为 $0.1\ \text{mg}\cdot\text{m}^{-3}$,对患者的影响浓度大致为 $0.2\ \text{mg}\cdot\text{m}^{-3}$。国家环境质量标准规定:居住区 NO_x 日平均浓度低于 $0.05\ \text{mg}\cdot\text{m}^{-3}$。

(3)碳的氧化物(CO 和 CO_2)。CO 和 CO_2 是各种大气污染物中发生量最大的一类污染物,主要来自燃料燃烧和机动车排气。CO 是一种窒息性气体,人体吸入 CO 易于与血红蛋白结合生成碳氧血红蛋白,而降低血流载氧能力,导致中枢神经系统、心脏和肺呼吸功能减弱。病人感到头昏、头痛、恶心、乏力、甚至昏迷死亡。CO_2 与 CO 不同,它本身没有毒性,因此,过去都不把 CO_2 列为污染物,但近一个多世纪以来,随着工业、交通业的迅速发展,排入大气中的 CO_2 日益增多,超过了植物的光合作用等自然界消除 CO_2 的能力。CO_2 是一种温室气体,其含量的增加会引起全球气候变暖。原则上 CO 会转化成 CO_2,即

$$CO(g) + \frac{1}{2}O_2(g) \rightleftharpoons CO_2(g)$$

此反应的 $K^{\ominus}(298.15\ \text{K}) = 1.22 \times 10^{45}$,但此反应一般进行得十分缓慢。近期研究表明,某些土壤微生物的代谢过程能使 CO 转化成 CO_2。国家环境质量标准规定:居住区 CO 日平均浓度低于 $4.00\ \text{mg}\cdot\text{m}^{-3}$。

(4)有机污染物。有机化合物种类很多,从甲烷到长链聚合物的烃类。大气中的挥发性有机化合物(VOC),一般是 $C_1 \sim C_{10}$ 化合物,它不完全相同于严格意义上的碳氢化合物,因为它除含有碳和氢原子外,还常含有氧、氮和硫的原子。甲烷被认为是一种非活性烃,而多环芳烃类(PAH)中的苯丙[a]芘(B[a]p)是强致癌物质,因此作为大气受 PAH 污染的依据。VOC 是光化学氧化剂臭氧和过氧乙酰硝酸酯(PAN)的主要贡献者,也是温室效应的贡献者之一,所以必须加以控制。VOC 主要来自机动车和燃料燃烧排气,以及石油炼制和有机化工生产等。除此之外,还有氟化物,主要来源于含氟产品的生产,以及磷肥厂、钢铁厂、冶铝厂等工业生产过程。氟化物对眼睛及呼吸器官有强烈刺激,吸入高浓度的氟化物气体时,可以引起肺水肿和支气管炎。长期吸入低浓度的氟化物气体,会引起慢性中毒或氟骨症,是骨骼中的钙质减少,导致骨质硬化和骨质疏松。我国环境空气质量标准规定城市地区氟的日

平均浓度为 7 $\mu g \cdot m^{-3}$。

三、我国大气污染现状与特征

由于我国以煤炭为主的能源结构在一个很长时间内不会改变,燃煤设备燃烧的效率过低,主要工业产品单位能耗过高,形成了我国空气污染的以下主要特征:

(1)空气污染物主要来源于固定的燃料燃烧和工业排放的废气。如我国 1988～1994 年统计,固定排放的烟尘、SO_2、NO_x,前两者分别占 99%以上,后者占 80%～85%。

(2)大气污染属于煤烟型污染,主要污染物为烟尘和 SO_2,大中城市大于小城镇,冬春季大于夏秋季。随着能源需求的不断增加,煤污染仍呈发展趋势。

(3)随工业和交通运输业的发展,机动车的社会持有量不断增加,而大部分城市和地区还未对汽车尾气进行监控,致使一些大中城市汽车尾气污染日趋严重。

3.3 大气污染的化学过程

一、臭氧层空洞

1. 大气臭氧层的主要特征和臭氧层破坏现象

大气中的臭氧含量仅为 $1/10^8$(体积比),但在离地面 20～30 km 的平流层中,存在着臭氧层,其中臭氧的含量占这一高度空气总量的 $1/10^5$。臭氧层具有较强的吸收紫外线的功能,可以吸收太阳光紫外线中对生物有害的部分 UV—B。因此,有效地阻挡了来自太阳紫外线的侵袭,使得人类和地球上各种生命能够存在、繁衍和发展。

在标准状态下,全球臭氧层的平均厚度约为 300 DU(Dobson 单位(DU)是表征平流层 O_3 总量的最常用单位)。臭氧总量在地理分布上是不均匀的,其最低值出现在赤道附近,约为 260 DU,随着纬度的增大,臭氧厚度也逐渐增大。南半球臭氧总量最大值约为 340 DU,位于南纬 55°～65°附近;北半球臭氧总量最大值为 390 DU,位于北纬 65°～75°附近。靠近两极的地区臭氧厚度开始减少。大气中臭氧总量还呈现规律性的季节变化,其最大值出现在两半球的春季,最小值出现在秋季。

20 世纪 70 年代中期,美国科学家发现南极洲上空的臭氧层有变薄现象。80 年代观测发现,自每年 9 月份下旬开始,南极洲上空的臭氧总量迅速减少 1/2 左右,极地上空臭氧层中心地带,近 90%臭氧被破坏,若从地面向上观测,高空臭氧层已极其稀薄,与周围相比像是形成了 1 个直径上千千米的"臭氧洞"。从 70 年代中期至 90 年代中期,南极 O_3 气柱总量从 300 DU 左右下降到 120 DU。近几年,南极臭氧空洞的深度、面积和持续时间在继续扩展。1998 年南极上空臭氧洞平均面积首次超过 2 400 km^2,持续时间超过了 100 天。

在北极上空也存在臭氧层损耗现象。科学研究发现,北极地区在 1～2 月的时间,16～20 km 高度的臭氧损耗约为正常浓度的 10%,北纬 60°～70°范围的臭氧柱浓度的破坏约为 5%～8%。与南极的臭氧破坏相比,北极的臭氧损耗程度要轻得多,而且持续时间相对较短,然而近几年臭氧在北极有急剧减少的趋势。据"第三次欧洲臭氧同温层试验"发表的新闻公报,2000 年 1～3 月期间,北极上空 18 km 处臭氧层损耗累计达到 60%,是历史上该地区臭氧层耗损的最高水平。

2. 平流层臭氧形成及破坏机理

平流层中臭氧含量的减少一方面与其本身在光照条件下分解有关,而主要还是人为因素的影响,如核爆炸、卫星发射、喷气式飞机的飞行、工农业生产、人们生活及车辆等排放的大量废气、氟氯烃等都可以致使大气中 O_3 大量被分解成 O_2。这些因素所引发臭氧的分解反应可用方程式来表示。

1930年,英国人普曼(S.Chapman)提出了纯氧体系生成 O_3 的光化学机理。在平流层中,一部分氧气分子可以吸收小于242 nm 波长的太阳光中的紫外线,并分解形成氧原子。这些氧原子和氧分子相结合生成臭氧,生成的臭氧可以吸收太阳光而被分解掉,也可与氧原子相结合,再度变成氧分子。其过程可用下面的化学反应方程式表示

$$O_2 + h\nu \longrightarrow O + O$$

$$2O + 2O_2 + M \longrightarrow 2O_3$$

M 为反应第三体,它们是氮气和氧气分子,其作用是与生成的臭氧相碰撞,接受过剩的能量以使臭氧稳定。

上式中生成的 O_3 可以吸收波长为 240~320 nm 的紫外线,分解成为 O_2 和 O,分解出的 O 和 O_3 可以形成两分子的 O_2。反应式为

$$O_3 + h\nu \longrightarrow O_2 + O$$

$$O + O_3 \longrightarrow 2O_2$$

总消耗反应为 $\qquad 2O_3 + h\nu \longrightarrow 3O_2$

由上式可以看出,平流层中的臭氧的存在能够吸收来自太阳的短波辐射(100 nm < λ < 320 nm)的吸收,使波长低于300 nm 的太阳辐射很难穿过大气层,从而保护了地表生物和人。

1964年以前,Chapman 机理一直被认为是控制平流层内臭氧生成和消除的主要方式。平流层臭氧的浓度取决于生成反应和消除反应的理论平衡状态,然而由这一理论得出的平流层臭氧浓度是实际臭氧浓度的2倍左右。纯氧理论出现的问题,主要是没有考虑到大气中的微量成分的催化作用。20世纪70年代相继有人阐述了氮氧化物和氯化物等在平流层中的化学作用,从而揭示出人类活动对全球臭氧层的巨大影响。

平流层大气中的活性催化物质通过链式反应消除臭氧。其链式反应方程式为

$$Y + O_3 \longrightarrow YO + O_2$$

$$YO + O \longrightarrow Y + O_2$$

总反应为 $\qquad O_3 + O \longrightarrow 2O_2$

直接参与催化清除臭氧的活性 Y 物种称为活性物种。Y 在反应中并不消耗,有些 Y 物种可在平流层中存在数年,所以一个 Y 自由基可以破坏数万甚至数十万个臭氧分子。该过程是由三位化学家 F. Sherwood. Rowland(什伍德·罗兰)、Mario Molina(马利奥·莫琳娜)、Paul Crutzeu(保罗·克里森)在1995年提出并总结的,因此当年获得了诺贝尔化学奖。

Y 物种包括三大家族,奇氢家族 HO_x(H、OH、HO_2),奇氮家族 NO_x(NO、NO_2)和奇卤家族 XO_x(Cl、ClO、Br、BrO)等。其中氟氯烃(CFCs)是臭氧层变薄和出现空洞的罪魁祸首。

1925年,神奇气体 CFCs 问世,最初人们将其用作制冷设备的冷却剂。因其具有非常好的稳定性、不含毒性、不具腐蚀作用和不燃性。自20世纪60年代开始,发达国家的 CFCs 消费量大幅度上升。

CFCs 的化学稳定性好,在对流层不易被分解而进入平流层。到达平流层的 CFCs 受到

短波紫外线 UV—C 的照射,分解为 Cl 自由基,参与臭氧的消耗。以广泛应用的 $CFCl_3$ 和 CF_2Cl_2 为例,CFCs 释放 Cl 自由基的光化学反应过程为

$$CFCl_3 + h\nu \longrightarrow CFCl_2 + Cl$$

$$CF_2Cl_2 + h\nu \longrightarrow CF_2Cl + Cl$$

反应中生成的 Cl 自由基可以作为上述反应中的活性物质参与臭氧的分解,而 Cl 自由基在反应中并不消耗,因此可以在其寿命内不断破坏平流层内的臭氧分子。CFCs 可以存在很长时间,例如有着广泛用途的 $CFCl_3$ 和 CF_2Cl_2 的寿命分别约为 50 年和 110 年,而有些 CFCs 的寿命可长达上千年。反应过程中释放的氯自由基可以在平流层中存在数十年,因此一个 Cl 自由基能够消耗数十万个 O_3。

3. 臭氧层破坏的危害

科学研究表明,如果大气中臭氧含量减少 1%,地面受紫外线辐射将增加 2%~3%。根据 1998 年联合国环境署臭氧层耗损环境影响专家委员会的报告,由于臭氧层的破坏,导致全球范围地面紫外线照射加强,其中北半球中纬度地区冬、春季增加了 7%,北半球中纬度地区夏、秋季增加了 4%,南半球中纬度地区全年平均增加了 6%,南极地区春季增加了 130%,北极地区春季增加了 22%。紫外线辐射的加强,对人类健康和地球表面生态系统将带来危害。

(1)对人类健康的影响。紫外线可以促进在皮肤上合成纤维素,对骨组织生成、保护起到有益作用。但紫外线($\lambda = 200~400$ nm)中的紫外线 B($\lambda = 280~320$ nm)过量照射可以引起皮肤癌和免疫系统及白内障等眼的疾病。专家们经研究测算表明,大气中每减少 2.5% 的臭氧,就会给世界带来 47 万名皮肤癌患者,严重影响人类健康和生命。

(2)对植物的影响。近 10 年来,科学家对 200 多个品种的植物进行了增加紫外线照射实验,发现其中 2/3 的植物显示出敏感性。实验中 90% 的植物是农作物品种,其中豌豆、大豆等豆类、南瓜等瓜类及西红柿、白菜等对紫外线特别敏感。过量紫外线辐射,会使植物叶片变小,减少捕获阳光进行光合作用的面积,生成率下降。

(3)对水生系统的影响。紫外线的增加,对水生系统具有潜在的危险。水生植物大多贴近水面生长,这些处于海洋生态食物链最底部的小型浮游植物的光合作用最容易被削弱,从而危及整个系统。增强的紫外线 B 还可通过消灭水中微生物而导致淡水生态系统发生变化,并因此减弱了水体的自净化作用。另外,臭氧含量减少,使气候变暖,加速极地冰块的融化,海平面上升,这将使大片海滨地区有被淹没的危险。

4. 保护臭氧层的策略

为了保护大气臭氧层,包括我国在内的各国均采取了一些措施,大致可以概括为:

(1)冻结和削减氟利昂的生产和销售,本世纪初停止使用。

(2)寻求代用品。比较好的代用品应不破坏臭氧层,不引起温室效应,在短时间内可以分解。另外,许多国家还投入力量研究其他制冷技术。例如,磁制冷、热电制冷、吸附制冷等。

面对臭氧层变化的趋势及其所造成的危害,科学家们呼吁:世界各国必须携手加强合作,积极采取措施,严格控制工业、农业生产和生活废气的排放,尽量减少使用各种化学物品,以致完全停止使用卤代烷烃,最大限度保护臭氧层免遭进一步破坏。

二、全球变暖

气候学的记录显示,近百年来,全球的平均地面气温呈明显的上升趋势。总体上,20世纪80年代的全球平均气温比19世纪下半叶升高了0.6℃。这种趋势可能继续下去,除非采取有效措施加以控制。坐落在维也纳附近的国际应用系统分析研究所于1991年所做的预测表明,到2050年,全球变暖的幅度可能在4.5~10℃之间,到21世纪末,则在12~15℃之间。这些预测还是初步的,因为其中没有考虑到海洋热力学效应引起的时间滞后效应。比较合理的预测是,到2030年,全球气温比现在上升0.5~2.5℃,到2050年,将上升3.6~4.5℃。

1. 温室效应和温室气体

地球的温度是由太阳辐射照到地球表面的速率和吸热后的地球将红外辐射线散发到空间的速率决定的。从长期来看,地球从太阳吸收的能量必须与地球及大气层向外散发的辐射能相平衡。大气中的水蒸气、二氧化碳和其他微量气体,如甲烷、臭氧、氟里昂等,可以使太阳的短波辐射几乎无衰减地通过,但它们可以吸收地球的长波辐射。因此,这类气体有类似温室的效应,被称为"温室气体"。温室气体吸收长波辐射并再反射回地球,从而减少向外层空间的能量净排放,使得大气层和地球表面变热,这就是"温室效应"。大气中能产生温室效应的气体,目前已经发现近30种,其中二氧化碳起重要的作用,甲烷、氟里昂、氧化亚氮和臭氧也起相当重要的作用。这些气体对温室效应的影响如表3.3所示。

表3.3 主要温室气体及其特征

气体	体积分数/ 10^{-6}	年增长/%	生存期/a	温室效应 ($CO_2=1$)	现有贡献率/%	主要来源
CO_2	355	0.4	50~200	1	50~60	煤、石油、天然气、森林砍伐
CFC	0.000 85	2.2	50~102	3 400~15 000	12~20	发泡剂、气溶胶、制冷剂、清洗剂
CH_4	1.7	0.8	12~17	11	15	湿地、稻田、化石、燃料、牲畜
N_2O	0.31	0.25	120	270	6	化石燃料、化肥、森林砍伐
O_3	0.01~0.05	0.5	数周	4	8	光化学反应

地球表面温度受到地表接收太阳辐射能(称为太阳辐射或直接辐射)和从地表向大气发出的长波辐射能(散射辐射)的共同影响。太阳辐射是最大波长为400~800 nm的可见光。在大气层中几乎没有吸收可见光的成分,因此,可见光除了被云、大气中的尘埃、气溶胶等较大颗粒以及积雪等反射掉一部分(约30%)外,大部分辐射(约70%)被地表下地面所吸收。被吸收的太阳辐射除地表加热外,另一部分变成长波的红外线被反射出去(称反射辐射)。发射辐射的能量一部分被云、积雪的反射回地面(约15%),一部分被CO_2、H_2O、CH_4、O_3、CFCs等温室气体的分子吸收,其余部分返回到宇宙空间。也就是说,太阳光主要以可见光的形式到达地球表面,被吸收的能量以红外辐射的形式散射到大气,而温室气体的存在减少了红外辐射返回宇宙空间的比例。如果该成分在大气中增多,散逸的能量就减少,从而造成地表温度上升。

如果没有温室气体存在,地球将是十分寒冷的。据计算,如果仅仅有O_2和N_2的大气层,则地表温度不是今天的15℃,而是-6℃才能平衡来自太阳的入照辐射。如果没有大气层,地表温度则是-18℃。由此可见,温室效应本身并不是坏事,但是,温室气体浓度增高,地表长波辐射将被大量吸收,使得温室效应加剧,地球表面温度升高。

2. 全球变暖的危害

(1) 全球气温升高。温室效应增强，使地层大气和比表温度升高，导致全球气候变暖。人类活动多集中在北半球，所以北半球高纬度地区气温上升幅度高于南半球高纬度地区，据国际气候变化专家委员会的结论，自19世纪后期至今的100多年中，全球近地面气温平均升高了0.3~0.6℃。

(2) 气候异常。温室效应增强造成地表和大气增温，使全球气候趋于不稳定，异常气候增加。20世纪80年代以来，异常高温气候增多，雨量分布不均，自1990年以来美国年均降水量增加6%，而暴雨(>50 mm/d)频率增加20%。降雨量异常增多，导致印度等南亚各国洪水泛滥，而异常少雨的非洲又持续干旱，土地贫瘠和沙漠化。热带风暴增多，北半球台风登陆点和移动路线向更北的方向移动，受灾面积扩大。

(3) 海平面上升。气候变暖后，造成南、北极常年的冰山融化，加上海水受热膨胀，最终导致海平面上升，19世纪后期至今的100多年间，全球海平面平均升高10~25 cm。到21世纪末，可能上升1 m以上，将给人类带来无法估计的灾难和影响。全球大部分经济发达地区和著名的沿海城市，如东京、纽约、伦敦、曼谷、悉尼等都面临被海水淹没的危险。

3. 控制全球变暖的措施

(1) 控制矿物燃料的燃烧，合理开发利用燃料，寻找新能源(如太阳能、生物能、地热等)，减少二氧化碳的排放量。

(2) 保护森林、保护植物、禁止乱砍滥伐，指数造林，利用森林涵养水源，调节气温。

(3) 控制人口激增，提高粮食产量。不发达国家人口失控和发达国家无节制的消费是造成温室灾害的重要原因之一。因而应在全球范围内控制人口数量，使人口发展和环境、经济相适应。

(4) 加强国际间合作。缺乏环境意识是环境恶化的重要原因，为此，应通过各种渠道和宣传工作，进行危机感、紧迫感和责任感教育，使越来越多的人认识到人类应为自身和全球负责，建立长远规划，防止气候恶化。而且在对待全球变暖问题上，应把地球环境作为整体统一考虑、合理治理，否则各国的发展进步都无法实现，特别是发达国家，大都是温室气体的主要排放国，应采取有力措施限制温室气体的排放，同时减少向发展中国家转让不利环境的技术。发展中国家也应避免重复工业化国家走过的先污染后治理的道路，选择持续发展需要的、与环境相协调的技术。

三、光化学烟雾

氮氧化物(NO_x)主要是指NO和NO_2。NO和NO_2都是对人体有害的气体。氮氧化物和碳氢化合物(C_xH_y)在大气环境中受强烈的太阳紫外线照射、受产生一种新的二次污染物——光化学烟雾。在这种复杂的光化学反应中，主要生成光化学氧化剂及其他多种复杂的化合物，统称光化学烟雾。它有特殊的气味，刺激眼睛，损伤植物，并使大气能见度降低。刺激眼睛是光化学烟雾的明显特征，刺激程度的大小，则反映光化学烟雾的强弱。1944年美国洛杉矶首次发生光化学烟雾，此后东京、墨西哥城、兰州、上海及其他许多汽车多、污染重的城市都曾出现过，目前已成为许多大城市的一种主要的空气污染现象。

1. 光化学烟雾的形成机理

光化学烟雾的形成机理很复杂，许多学者都提出了自己的理论。1951年，美国加利福尼亚大学的学者首先提出了关于光化学烟雾形成的机理。1975年，日本东京大学近藤次郎提出了用化学计量法建立光化学空气污染的数学模型。同期,美国环境科学研究者提出了包括起始反应、分支反应、链增长反应和链终止反应等四个阶段的反应阶段计算模式。

1984年和1985年,莱昂和赛恩费尔德提出了用6个模块反应机制(包括无机反应、醛反应和PAN形成,α-双碳酰基化学反应,甲苯提取途径、甲苯加入途径和共轭双碳酰基化学反应)来描述光化学烟雾的模块反应模式。

上述有关光化学烟雾形成机理的模式只是一些学者的研究成果,还有待进一步深入研究。光化学烟雾的形成过程十分复杂,无机和有机化合物都参加了反应。无机化合物为数不多,无机化合物的反应已经明确;有机化合物为数众多,反应相当复杂,其中包括240多个元反应。具有代表性和最主要的反应式有以下9个:

(1) $NO + O_2 \longrightarrow NO_2$

(2) $NO_2 + h\nu \longrightarrow NO + O$

(3) $O + O_2 \longrightarrow O_3$

(4) $O_3 + NO \longrightarrow NO_2 + O_2$

(5) $C_nH_{2n} + O \longrightarrow \underset{\text{烃基自由基}}{R\cdot} + \underset{\text{酰基自由基}}{RC(=O)\cdot}$

(6) $C_nH_{2n} + O_3 \longrightarrow RC(=O)\cdot + \underset{\text{醛}}{CR(=O)-H} + \underset{\text{烃基含氧自由基}}{RO\cdot}$

(7) $R\cdot + O_2 \longrightarrow \underset{\text{过氧基自由基}}{ROO\cdot}$

(8) $RC(=O)\cdot + O_2 \longrightarrow \underset{\text{过氧酰基自由基}}{RC(=O)-O-O\cdot}$

(9) $RC(=O)-O-O\cdot + NO_2 \longrightarrow \underset{\text{过氧酰基硝酸酯(PAN)}}{RC(=O)-O-O-NO_2}$

反应式(1)~(4)为链引发反应;反应式(5)和(6)是自由基数目增加的支链反应;反应式(7)和(8)自由基的数量不增不减,只是种类发生了变化的连传递反应;反应式(9)是生成了最终产物而除去自由基的链终止反应。

从上述反应可以看出:

(1) NO向NO_2转化是产生"烟雾"的关键,在底层大气中一次污染物NO、N_2、O_2、CO、C_3H_6等都不吸收紫外辐射,在污染空气中只有NO_2吸收紫外辐射。氮氧化物是在高温高压条件下空气中的N_2和O_2反应生成的。

(2) NO_2的光解是"烟雾"形成的开始。NO_2光解的结果产生NO和O,随即形成O_3。因此大气中的NO、NO_2、O_3之间的反应不断循环。如果大气中只发生NO_2的光解循环,就无法产生光化学烟雾,当污染的大气中同时存在不饱和烃时,NO_2的光解循环才能被打破。

(3) 不饱和烃是产生"光化学烟雾"的主要成分。

NO_2光解产生的O、O_3与不饱和烃反应形成一系列带有氧化性、刺激性的中间产物和最终产物,从而导致光化学烟雾的形成。

C_nH_{2n}参加大气光化学反应主要有两条途径：其一，C_nH_{2n}在阳光作用下，通过光解形成自由基（R·、RCO·、RO·），然后与O_2立即化合而生成过氧基（ROO·）和过氧酰基（RCOOO·）自由基；其二，C_nH_{2n}在O、O_3和OH等自由基的作用下发生链反应，生成醛、酮、醇、烯和水等，还有重要的中间产物——自由基。由这些自由基的进一步作用促使了NO向NO_2的转化，形成了光化学烟雾中的二次污染物RCHO、O_3等。

总之，光化学烟雾的形成过程是由一系列复杂的链式反应组成的。一般认为NO_2的光解是大气光化学烟雾形成的起始反应，并促使了大气中O_3的积累；C_nH_{2n}的存在破坏了NO_2的光解循环，生成了重要的自由基，促使NO向NO_2的转化。NO_2继续光解产生O_3，同时在转化过程中产生的自由基又继续参加反应生成更多的自由基。上述反应不断循环进行，直到自由基最后与NO_2结合产生RCO_3NO_2，光化学烟雾反应终结。

2. 光化学烟雾的危害

光化学烟雾成分复杂，但是对动植物有害的主要是臭氧、过氧酰基硝酸酯、丙烯醛和甲醛等，其对健康的危害主要是对眼睛和呼吸道的刺激，表现为眼睛红肿、流泪、头痛、咳嗽、气喘、呼吸困难等症状，严重者可引起急性死亡。光化学烟雾对眼睛的刺激作用特别强，短时间的接触就能使人流泪不止；长期吸入，会引起咳嗽和气喘。光化学烟雾体积达5×10^{-5}时，人将有死亡的危险。

前面提高的洛杉矶光化学烟雾，当时体积分数超过6.5×10^{-7}，两天内死亡400余人。植物受到臭氧的损害，开始时表皮褪色，呈蜡质状，经过一段时间后色素发生变化，叶片上出现红褐色斑点。臭氧等还能造成橡胶制品的老化、脆裂，使染料褪色，并损害油漆涂料、纺织纤维和塑料制品等。光化学烟雾还能使橡胶和纤维变质，农作物失收。

光化学烟雾使大气能见度降低，视程缩短。光化学烟雾在大气中分散成溶胶体系，其中颗粒大小一般在$0.3 \sim 1 \mu m$范围内。这样大小的颗粒实际上不宜因重力作用沉降，能较长时间悬浮于空气中，长距离迁移。它们的大小与可见光波长相等，且能散射太阳光，明显降低大气能见度，因而，妨碍了汽车与飞机等交通工具的安全运行，导致交通事故增多。

3. 光化学烟雾的控制对策

我国虽然只在少数城市发生过光化学烟雾，但随着汽车量的剧增，我国很多城市也都存在潜在的威胁。控制光化学烟雾的污染与控制其他污染一样，首先是控制污染源，减少汽车尾气的排放，改善汽车发动机的工作状态，改进燃料供给等。此外，还应加强对环境污染的检测和管理，以防止光化学烟雾的形成和危害。

另外，采用无污染运输业是非常重要的。利用清洁能源，开发无污染运输，如利用氢氧燃料电池供电驱动汽车、电磁感应驱动等，已引起科学家和各国政府的高度重视。

到目前为止，世界上不少城市已经建立了专门的监测设施，可随时检测大气污染情况和气象状况，以便必要时采取措施，防止严重的光化学烟雾事件再次发生。

四、酸雨

1. 酸雨的形成

在自然界没有污染的环境，由于大气中CO_2气体与大气中的水分反应使雨水和雪呈弱酸性，从理论上计算，其pH值为5.6，所谓"酸雨"就是指pH值低于5.6的降水，其酸度可能高于正常雨水100倍以上。

酸雨的形成是一种复杂的大气化学和大气物理现象。酸雨中含有多种无机酸和有机酸,绝大部分是硫酸和硝酸,多数情况下以硫酸为主,形成酸的前体物是 SO_2 和 NO_x。其反应过程归纳如表 3.4 所示。

表 3.4 硫酸和硝酸形成的简化机制

污染物		化 学 过 程	说 明
SO_2	气相	$2SO_2 + O_2 \xrightarrow{催化剂} 2SO_3$ $SO_3 + H_2O \longrightarrow H_2SO_4$	煤和石油燃烧以及金属冶炼等释放到大气中的 SO_2 通过气相或液相反应生成硫酸
	液相	$SO_2 + H_2O \longrightarrow H_2SO_3$ $H_2SO_3 + \frac{1}{2}O_2 \xrightarrow{催化剂} H_2SO_4$	
NO_x		$2NO + O_2 \longrightarrow 2NO_2$ $2NO_2 + H_2O \longrightarrow HNO_3 + HNO_2$	高温燃烧生成一氧化氮(NO)排入大气后,部分转化为二氧化氮(NO_2),遇水生成硝酸和亚硝酸

除 SO_2 和 NO_x 以及一些能形成有机酸的碳氢化合物外,还有许多气态或固态物质进入大气对酸雨的形成产生影响。大气颗粒物中 Fe、Cu、Mn、V 是成酸反应的催化剂。大气光化学反应生成的臭氧和过氧化氢等又是使 SO_2 氧化的氧化剂,一些天然和人为来源的碱性物质,如大气中的氨(NH_3)、飞灰中的氧化钙(CaO)、土壤中的碳酸钙($CaCO_3$)等可与酸反应而使酸中和,即对酸性降水有"缓冲作用"。当大气中酸性气体浓度高时,如果中和酸的碱性物质也很多,即缓冲能力较强,雨雪水就不会有很高的酸性,甚至可能成为碱性。在碱性土壤地区或大气中颗粒物浓度高时,往往出现这种情况。相反,即使大气中 SO_2 和 NO_x 浓度不高,而碱性物质相对很少,降水仍然会有很高的酸性。我国北方地区,即使在冬季因燃煤取暖引起了较严重的 SO_2 污染,但却不属于酸雨区,这就是与大气中碱性物质的缓冲作用有关。

总体来讲,酸雨的形成必须具备以下条件:① 污染源;② 有利的气候条件,以便把污染物移送到远的地方,使其发生反应和变化;③ 大气中的碱性物质浓度较低,对酸性降水的缓冲能力很弱;④ 容易受到酸雨影响或损害的接受体。

2.酸雨的危害

酸雨的影响是多方面的,我国仅两广、川、贵四省区由酸雨造成的直接和间接经济损失,每年就达 160 亿元。在 1977 年联合国会议上确定酸雨是一个全球性的污染问题。

(1)对生物的影响。湖泊、河流过度酸化(pH 值小于 5.6),则影响鱼类繁殖、生存。若水中 pH 值小于 4.5 时,鱼类、昆虫、水草大部分死亡。酸雨还腐蚀岩石矿物,使水体中的重金属含量增加,影响水生生态系统的正常运转。

(2)对土壤的影响。长年酸雨会使土壤中 K、Ca、Mg 等营养元素被淋溶,土壤贫瘠化。土壤中的铝和重金属元素变成可溶态,对树木生长产生毒害。酸雨还可直接损伤树叶,造成植物营养器官衰退,破坏植物,组织细胞生长。

(3)对建筑物的影响。酸雨腐蚀建筑材料、金属制品等,对文物古迹,如古代建筑、雕刻、绘画等造成不可挽回的损失。

酸雨影响了水系、植物、土壤，从而间接波及依赖其生存的人类和野生动物。许多受酸雨影响的地区，地下水中的铝、铜、锌、镉浓度为正常值的 10~100 倍。高浓度的 SO_2 等酸性气溶胶对居民健康造成很大危害，世界卫生组织发表的资料表明：SO_2 日均浓度为 0.25~0.5 $mg \cdot m^{-3}$ 时，将导致呼吸系统疾病增加。一份研究报告表明：10 多年来，重庆居民肺癌死亡率逐年上升，而市内儿童呼吸道系统患病率增加，肺功能及免疫功能下降，这都与酸沉降有关。"七五"期间，重庆市酸沉降造成的直接经济损失达 5.4 亿元，占同期的全市国民生产总值的 3.19%。

3. 控制酸雨的对策

(1) 使用低硫燃料。减少 SO_2 污染的最直接的方法就是改用含硫量低的燃料，例如，用煤气、天然气、低硫油代替原煤，或当煤的含硫量达到 1.5% 以上时，加入一道洗煤工艺，可使 SO_2 排放量减少 30%~50%，灰分去除约 20%。

(2) 改进燃烧装置。使用低 NO_x 排放的燃烧设备来改进锅炉，如流化床的燃烧技术可以提高燃烧效率，降低 NO_x 及 SO_2 的排放。新型流化床锅炉的燃烧效率几乎达到 99%。通过向燃烧床喷射石灰或石灰石等方法，可以达到脱硫脱氮的目的。

(3) 烟道气脱钙脱硫。这是燃烧后脱硫脱钙的方法，它是向烟道内喷入石灰或生石灰，使 SO_2 转化为 $CaSO_4$ 来脱硫。也是专家提出在烟道部位采用静电富集，然后再作为工业原料，或采用能量束轰击，使污染物转化为单质。

(4) 控制汽车尾气排放。控制柴油车及汽车尾气中 NO_x 及 SO_2 排放量的方法是：降低燃料油中的 N、S 含量，改良发动机及加入尾气处理装置（一般是增加贵金属催化处理器）。

五、大气放射性物质

存在于大气中，含有一种或多种放射性核素的物质称为大气放射性物质。大气放射性物质的核素会放出 α、β、γ 等射线并衰变为另一种核素，其衰变速度用半衰期表示。所谓半衰期，就是核素衰变到一半所需的时间，例如，给定 1 mg 的镭，经过 1 620 年后衰变一半而只剩 0.5 mg，镭的半衰期即是 1 620 年。大气放射性物质的来源主要有以下三个：

(1) 由地层中的天然放射性矿物放射释放而进入大气。例如，地壳中的天然放射性核素 U - 239、U - 235、U - 232，它们衰变而生成新的放射性核素 Rn - 222 和 Rn - 220，这两者由地面扩散进入大气，再进行衰变而生新的放射性核素 Pb - 210 等，有的立即为气溶胶所吸附。

(2) 宇宙射线轰击氮、氧、氩等。

(3) 人工核试验和原子能工业生产。例如，核试验会向大气释放 C - 14 和 Sr - 90 等。

大气放射性物质有害于人体健康，所以应予以严格控制。但有的放射性核素如 C - 1 可作为大气运动示踪剂，用以研究某些气体如二氧化碳和大气水分的循环。

3.4 环境保护与可持续发展

1972 年 6 月，在瑞典首都斯德哥尔摩召开了联合国人类环境会议。这次会议唤起世人的环境意识，提出了响彻世界的口号"只有一个地球"，并将每年 6 月 5 日定位环境日。20 年后的 1992 年 6 月，在巴西里约热内卢召开联合国环境与发展大会，这是人类环境保护史上的第二座里程碑。这次大会把环境与经济社会发展结合研究，提出了"可持续发展战略"，这是人类环境意识的升华。

一、可持续发展的涵义

可持续发展的思想与传统发展思想是相对立的,是对其进行深刻反思后的一个彻底否定。传统发展思想是人类在改造自然的漫长历史中用双手逐步铸造而成的。它曾主宰了人类千百年的历史进程,为人类创造了巨大的社会财富,并以其辉煌成就成为人类历史文明的象征。但由于传统发展模式是以高投入、高消耗为其重要手段和基本途径,以高消费、高享受为其发展的追求目标和推动力,片面强调发展的速度和数量,忽视对资源的保护和污染的治理,忽视调整人口、生态资源与发展的比例,将人类逐渐引入了与自然界全面对抗和尖锐对立的境地,使得自然界对人类的报复愈加频繁,环境与生态危机也愈加强烈和深刻;气候变暖、臭氧层破坏、酸雨、土壤沙化、生物物种锐减等等。人类已经被自己逼进了一个必须做出历史抉择的重要关头。或者坚持传统发展思想,继续实施现行的政策,保持着国家间的经济差距,在世界各地增加贫困、饥饿、疾病和文盲,继续使我们的地球生态系统恶化,最后自我毁灭、消亡;或者与传统思想决裂,依据可持续发展战略重新调整各项有关政策,探讨并建立资源与人口、环境与发展的科学合理比例,努力建设一个更为安全与繁荣的良性循环的美好未来。

人类选择可持续发展思想,这是诀别传统思想、开拓现代文明的重大选择。可持续发展含义深刻,内容丰富,主要指的是社会经济、人口、资源和环境的协调发展。目的是发展,关键是可持续。它主张世界上任何地区、国家的发展不能以损害别的地区和国家的发展能力为代价,当代人的发展不能以损害后人的发展能力为代价。

二、我国环境保护与可持续发展战略

我国的人口基数过大,占世界7%的耕地养活占世界22%的人口,经济发展面临人均资源远低于世界平均水平的约束条件。因此,不能走发达国家走过的"先污染后治理"的道路。因为那将会因人口众多、工业规划庞大付出巨大的经济和社会代价,给后代留下难以估量的"环境赤字"。另外,我国经济发展和科技水平低也难以选择工业发达国家现行的高投入、高技术解决环境问题的模式。

从现实国情和人类社会发展长远考虑,必须坚持环境与经济协调发展,走可持续发展道路,这包括十大对策:实施可持续发展战略;采取有效措施,防止工业污染;深入开展城市环境综合整治,认真治理城市废气、污水、垃圾与噪声四大公害;提高能源利用率,改善能源结构;推广生态农业,坚持不懈地植树造林,加强生物多样性保护;大力推进科技进步,加强环境科学教育,不断提高全民族的环境意识;健全环境法制,强化环境管理;参照环境发展大会精神,制定我国行动计划。

思考题与习题

1. 温室效应是怎样产生的?温室效应增强对自然生态有什么影响?如何防止?
2. 光化学烟雾的主要成分是什么?结合光化学烟雾的形成,用反应式表式链式反应的三个基本步骤。
3. 臭氧层破坏会给人类带来哪些危害?应该采取什么措施,减少臭氧层的破坏?
4. 当前我国大气污染的特点是什么?你认为改善我国空气污染状况的途径有哪些?

第四章 水资源与化学

水是一种宝贵的自然资源,是人类生活、动植物生长和工农业生产不可缺少的物质。地球上的水资源极其丰富,海洋、江河、湖泊、沼泽、冰雪等地表水几乎覆盖地球表面的 3/4,还有蕴藏量极大的地下水。地表水和地下水总称为天然水,估计其总体积为 1.4×10^{12} m^3,分布于地球外层 5 km 的地壳中,占地壳总质量的 50% 以上。人类的生产和生产用水,基本上都是淡水,而淡水仅占地球总水质量分数的 0.63% 左右。随着社会的发展和人们生活需求的提高,全球对水的需求每 20 年将增加 1 倍,但水的供应却不会以这种速度增加。目前拥有世界人口 40% 的陆地面积淡水供应不足,近 20 亿人饮用水短缺。水资源的短缺和污染不仅危害人类生活,影响生物生存,甚至给人类的生存也带来威胁。联合国早在 1977 年就向全世界发出警告:水源不久将成为继石油危机之后的另一个更为严重的全球性危机。近年来,全世界多种渠道的报导都在告诫我们:人类将面临水源危机。

我国水资源丰富,占世界第 5 位,但按人均计算,则只有世界人均占有量的 1/4。而且我国水资源的分布极为不均,自东南向西北减少。

水资源是宝贵的资源,我们要珍视它,合理地使用它。当然,水资源作为自然资源,有时也会给人类的生活和生产造成一定危害,例如水灾。因此我们还必须科学地管理它,重视水利建设,采取加固堤坝、建造水库等行之有效的措施。

4.1 水的物理化学特性

水由一个氧原子和两个氢原子组成,分子式为 H_2O,水分子中两个氢原子与一个氧原子以共价键结合,两个 OH 共价键夹角为 104°40′,形成 V 形结构。由于水分子中氧与氢相比具有较强的吸电子能力,因此 OH 键中靠氧一端带负电荷,靠氢一端带正电荷,形成极性分子。水分子为强极性分子,它可以将溶解在水溶液中的离子包围住,形成水合离子,因此水具有溶解许多物质的性能。

液态水中除含有简单的水分子 H_2O 外,同时还有由简单水分子结合而成的较复杂的水分子 $(H_2O)_x$,但不引起化学性质的改变,这叫做分子的缔合。水分子的缔合反应方程式为
$$nH_2O \rightleftharpoons (H_2O)_n + Q \quad n = 1, 2, 3, \cdots$$

温度升高,上述过程向吸热方向移动,缔合程度减少,因此在水蒸气中,全部以单分子水状态存在。随着温度降低,平衡右移,水的缔合作用增大,水分子中最常见的是二分子水 $(H_2O)_2$ 和三分子水 $(H_2O)_3$,在 0℃ 附近,水主要以三分子 $(H_2O)_3$ 状态存在,在 4℃ 时,主要以 $(H_2O)_2$ 状态存在,由于二分子水的结构比单分子、三分子都紧密,因此,水在 4℃ 时密度最大。

水的缔合现象可用氢键解释,水分子的氢原子与另一个水分子中的氧原子互相吸引,产生很强分子间作用力,称为氢键。由于二分子水可以形成两个氢键,故其结构比单分子水、三分子水等更为紧密。

4.2 天然水的组成及性质

一、天然水的组成

天然水体中通常含有三大类物质,即溶解物质、胶体物质和悬浮物质,如表 4.1 所示。

表 4.1 天然水体的组成

分类	主 要 物 质
溶解物质	氧、二氧化碳、硫化氢、氮等溶解气体,钙、镁、钠、铁、锰等离子的卤化物,碳酸盐,硫酸盐等盐类,其他可溶性有机物
胶体物质	硅、铝、铁的水合氧化物胶体物质,黏土矿物胶体物质,腐殖质等有机高分子化合物
悬浮物质	细菌、病毒、藻类及原生动物,泥沙、黏土等颗粒物

可溶性物质的成分十分复杂,主要是在岩石的风化过程中,经水溶解迁移的地壳矿物质和一些溶解性气体。水中这些主要溶解性成分,常用来作为表征水体主要化学特征性的指标。

1. 天然水中的主要离子

天然水中的主要离子包括 K^+、Na^+、Ca^{2+}、Mg^{2+}、HCO_3^-、NO_3^-、Cl^- 和 SO_4^{2-},这八大离子占天然水中离子总量的 95%~99%。含量较小的其他成分还有 NO_3^-、NO_2^-、I^-、F^-、BO_2^-、$H_2PO_4^{2-}$、SO_3^{2-}、HSO_3^-、HS^-、$H_2SiO_3^-$、NH_4^+ 等。

2. 天然水中的溶解性气体

天然水中溶解气体的种类和数量反映了地球的化学环境状态。溶解于天然水中的气体主要有 O_2 和 CO_2,有时还有 H_2S、N_2、CH_4 和少量的惰性气体 He、Ne、Ar、Kr 等。在所有溶解气体中最具有化学活性的是氧气和二氧化碳,它们可以参与许多重要的化学反应,影响离子的化合、迁移和聚集。

(1) 溶解氧。水体中存在 O_2 的数量可用溶解氧(DO)来衡量,溶解氧是水质优劣的重要指标。溶解氧主要来源于空气或藻类的光合作用。天然水体中溶解氧含量一般为 5~10 mg·L^{-1}。当有机污染物排入水体后,被耗氧微生物分解,即发生腐败现象,产生甲烷、硫化氢、氨等恶臭物质,使水变质发臭,DO 值下降。氧在水中的溶解度与氧的分压、水的温度、水中盐分含量有关。海水中的溶解氧一般仅为淡水中的 80% 左右。随着温度的升高和氧气的分压的降低,水中氧的溶解度也会降低。

核电站、电厂、钢铁工业等排出的冷却水,都能造成 35~40℃ 的文水区,使水体中溶解氧降低。若水体中的溶解氧低于 5 mg·L^{-1} 时,各类浮游生物便不能生存;低于 4 mg·L^{-1} 时,鱼类就不能生存;低于 2 mg·L^{-1} 时,水体就要发臭。溶解氧越低,水体污染越严重。

(2) 二氧化碳。二氧化碳(CO_2)在水中形成酸,可同岩石中的碱性物质发生反应,并可通过沉淀反应变为沉淀物质从水中除去。在水和生物之间的生物化学交换中,$CO_2(g)$ 占有独特地位,$CO_2(g)$ 使水中有机物呼吸的产物,又是利用光能合成有机体的营养物质。溶解的碳酸盐化合态与岩石圈、大气圈进行均相、多相的酸碱反应和交换反应,对于调节天然水体的 pH 和组成起着重要作用。分子状态的碳酸与二氧化碳之间存在着如下的平衡。

$$CO_2 + H_2O \rightleftharpoons H_2CO_3$$

平衡时，CO_2 形态占最主要地位，H_2CO_3 形态仅占总量的 1% 以下。例如，在 25℃ 下，$[H_2CO_3]/[CO_2] = 0.0037$。因此把水中的溶解性气体 CO_2 的含量作为游离碳酸总量不会产生很大的误差。虽然碳酸在水中的含量较少，但是仍然存在着如下的解离平衡

$$H_2CO_3 + H_2O \rightleftharpoons HCO_3^- + H_3O^+$$

该反应的平衡常数 $K_1 = [HCO_3^-][H_3O^+]/[H_2CO_3] = 4.5 \times 10^{-7}$，平衡常数 K 为弱酸的解离平衡常数，反映弱酸的解离程度。生成的 HCO_3^- 可以进一步解离，但要比碳酸的解离程度弱得多，这一点可以从它的解离平衡常数看出来。

$$HCO_3^- + H_2O \longleftrightarrow CO_3^{2-} + H_3O^+$$

$$K_2 = [CO_3^{2-}][H_3O^+]/[HCO_3^-] = 4.7 \times 10^{-11}$$

由此可见，在水体中存在着 CO_2、H_2CO_3、HCO_3^- 和 CO_3^{-2} 四种化合态。一般认为，各种碳酸化合物是控制水体 pH 值的主要因素，并使水体具有缓冲能力。

二、天然水的性质

1. 天然水中的酸度和碱度

酸度是指水中能与强碱发生中和作用的全部物质，亦即放出 H^+ 或经过水解能产生 H^+ 的物质的总量。组成水中酸度的物质也可归纳为三类：①强酸、如 HCl、H_2SO_4、HNO_3 等；②弱酸，如 CO_2、H_2CO_3、H_2S、蛋白质以及各种有机酸类；③强酸弱碱盐，如 $FeCl_3$、$Al_2(SO_4)_3$ 等。

碱度是指水中能与强酸发生中和作用的全部物质，亦即能接受质子 H^+ 的物质总量。组成水中碱度的物质可以归纳为三类：①强碱，如 NaOH、$Ca(OH)_2$ 等，在水溶液中全部电离生成 OH^- 离子；②弱碱，如 NH_3、$C_6H_5NH_2$ 等，在水中有一部分发生反应生成 OH^- 离子；③强碱弱酸盐，如各种碳酸盐、重碳酸盐、硅酸盐、磷酸盐、硫化物和腐殖酸盐等，它们水解时生成 OH^- 或者直接接受质子 H^+。后两种物质在中和过程中不断继续产生 OH^- 离子，直到全部中和完毕。

天然水体的 pH 值一般在 6~9 之间，而且对于某一水体，其 pH 值几乎保持不变，主要是因为天然水体中存在碳酸化合物等缓冲体系。生活饮用水的 pH 值要求在 6.5~8.5 之间。

2. 硬度

水中的钙、镁离子构成水的硬度。硬度可以分为总硬度、暂时硬度、永久硬度与碳酸盐硬度。水中所含的 Ca^{2+} 与 Mg^{2+} 的总量称为总硬度。将水加热至沸腾，由于形成碳酸盐沉淀而使水失去一部分 Ca^{2+} 与 Mg^{2+}，这部分失去的 Ca^{2+} 与 Mg^{2+} 的数量称为暂时硬度。总硬度与暂时硬度之差，称为永久硬度，永久硬度相当于水中 SO_4^{2-} 及 Cl^- 等离子相对应的 Ca^{2+} 与 Mg^{2+} 的含量。

Ca^{2+} 与 Mg^{2+} 可与 HCO_3^- 发生如下反应

$$Ca^{2+}(aq) + 2HCO_3^-(aq) \xrightarrow{\Delta} CaCO_3(s) + CO_2(g) + H_2O$$

$$Mg^{2+}(aq) + 2HCO_3^-(aq) \xrightarrow{\Delta} MgCO_3(s) + CO_2(g) + H_2O$$

与 HCO_3^- 含量相当的 Ca^{2+} 与 Mg^{2+} 含量称为碳酸盐硬度，有时用碳酸盐硬度代替暂时硬度。烧开水时在壶内形成的水垢通常是 $CaCO_3$，这种水垢可用弱酸性溶液（如 HAc）处理除去。若硬水中含有 SO_4^{2-}，加热会产生 $CaSO_4$ 沉淀，它是为数不多的几种高温时溶解度比

低温时小的盐类之一。不能通过加热的方法除去,因此称为永久硬度。如果锅炉中的水被蒸发,使得 Ca^{2+}、SO_4^{2-} 浓度增加超过一定量时,易于生成硫酸钙沉淀。这是一种紧密而又附着力很强的炉垢沉积,附在锅炉壁上降低了锅炉的热导,甚至堵塞管道。一旦炉垢开裂,温度较低的水渗流至温度较高的炉壁会迅速汽化,影响锅炉运行的稳定,甚至发生爆炸,酿成事故。

硬度对生活用水及工业用水的影响很大。用硬水洗衣,肥皂起泡少;用硬水煮饭菜,不易煮熟。锅炉用水对水硬度的要求很严格,因为硬水易在锅炉中沉积,生成锅垢,既浪费燃料,且易损坏锅炉,严重时甚至会引起爆炸事故。因此工业用水和生活用水都应进行软化。软化水的方法主要有化学药剂法和离子交换法。

(1) 化学药剂法。石灰 – 苏打法是比较常用的化学药剂法。石灰 – 苏打法有很长的使用历史,目前仍在许多地区的水软化厂使用。优点是简便、易行。只要向水中加入熟石灰($Ca(OH)_2$)和苏打粉(Na_2CO_3)即可实现。

加入 Na_2CO_3 的作用是提供 CO_3^{2-},以沉淀 Ca^{2+}、Mg^{2+} 等,即

$$Ca^{2+}(aq) + CO_3^{2-}(aq) = CaCO_3(s)$$

$$Mg^{2+}(aq) + CO_3^{2-}(aq) = MgCO_3(s)$$

在硬水中存在 HCO_3^- 时,石灰是有效的水软化剂。如果向含有 2 mol HCO_3^- 的水中加入 1 mol $Ca(OH)_2$,所发生的变化相当复杂,总反应为

$$Ca(OH)_2(s) + 2HCO_3^-(aq) = CaCO_3(s) + CO_3^{2-}(aq) + H_2O$$

从上面的反应可以看出,石灰为使水中的 HCO_3^- 转化为 CO_3^{2-} 提供所需的 OH^-,只有产生 1 mol 过剩的 CO_3^{2-},才能除去原先存在于硬水中的 1 mol Ca^{2+}。

$$Ca^{2+}(aq) + CO_3^{2-}(aq) = CaCO_3(s)$$

要特别注意的是,加入的 $Ca(OH)_2$ 不能过量,否则会增加水中 Ca^{2+} 的浓度。石灰 – 苏打法软化硬水一般按下列三步进行:

① 分析硬水中的 Ca^{2+} 与 HCO_3^- 含量。

② 按每 2 mol HCO_3^- 加入 1 mol $Ca(OH)_2$;每 1 mol $Ca(OH)_2$ 可以除去硬水中 1 mol Ca^{2+}。

③ 硬水中其余的 Ca^{2+},在按 1∶1(物质的量比)加入苏打粉(Na_2CO_3)即可除去。使用时,熟石灰和苏打粉是同时加入的。

上述软化水的方法对家庭用水是不适用的,也是不可能的,如果用这种水洗衣物,$CaCO_3$ 就会沾污衣物;对不少工业用水,石灰 – 苏打法也不适宜,因这种软化水中含有过饱和的 $CaCO_3$。在这种情况下,水的软化应采用离子交换法。

(2) 离子交换法。离子交换法是用离子交换树脂软化水体。水处理所采用的阳离子交换树脂通常是在高聚物本体上连接有磺酸钠基团的钠型阳离子交换树脂,以 Na – R 表示。树脂与硬水接触时,树脂上的 Na^+ 被水中的 Ca^{2+}、Mg^{2+} 所置换,其反应为

$$Ca^{2+}(aq) + 2Na-R(s) = CaR_2(s) + 2Na^+(aq)$$

$$Mg^{2+}(aq) + 2Na-R(s) = MgR_2(s) + 2Na^+(aq)$$

当越来越多的 Na^+ 被水中的 Ca^{2+} 或 Mg^{2+} 所取代时,达到一个平衡点,树脂被 Ca^{2+}、Mg^{2+} 所饱和,不再进行阳离子交换反应,这时用浓 NaCl 溶液淋洗阳离子交换树脂进行 Na^+ 与 Ca^{2+}、Mg^{2+} 的反交换,即可使其再生。

4.3 水体污染

水体污染主要指由于人类的生产、生活、科学研究等活动产生的废物排入水体,使水和水体物理、化学性质发生变化而降低了水体的使用价值的情况。水体污染会严重危害人体健康,据世界卫生组织报道,全世界75%左右的疾病与水有关。常见的伤寒、霍乱、胃炎、痢疾和传染性肝炎等疾病的发生与传播都与直接饮用污染水有关。工业上的溶剂水、清洗水和作为介质的水对工艺过程和产品的质量影响极大,水体污染还会腐蚀船舶、水上建筑;农业上的水产养殖、浇灌用水的污染也会对水产、农作物造成不可估量的损失。

水体污染有两类:一类是自然污染;另一类是人为污染,而后者是主要的。自然污染主要是自然因素造成的,如特殊地质条件是某些地区有某些或某种化学元素的大量富集,天然植物在腐烂过程中产生某种毒物,以及降雨淋洗大气和地面后挟带各种物质流入水体都会影响该地区的水质。人为污染是人类生活和生产活动中产生的废污水对人体的污染,包括生活污水、工业废水、农田排水和矿山排水等。此外,废渣或垃圾倾倒在水中或岸边,或堆积在土地上,经降雨淋洗流入水体,都能造成污染。因此,天然水体污染主要有三种途径:① 大量废水以及部分废渣、垃圾直接排入水体中;② 废渣、垃圾堆积地上,经降雨淋洗,流到水体中;③ 通过尘埃沉降和气-水界面污物,从大气进入水体中。

排入水体的污染物种类繁多,情况复杂,可分为无机污染物和有机污染物两大类,亦可分为不溶性污染物和可溶性污染物。

一、悬浮固体物质

悬浮固体物质是污染水体外观指标的主要污染物。浑浊的天然水在通常情况下危害不大,但是由生活污水或工业废水形成的混浊水却是有害的,各种污染物会随水漂流,扩大污染范围。天然水中含泥沙量过高时,对水生生物影响极大,甚至造成死亡。死亡生物体的腐败又会使水质剧烈恶化。

二、酸、碱和一般盐类无机污染物

矿物排水和冶金、金属加工的酸洗工序、制碱、造纸、化纤、皮革、炼油等工业废水以及雨水淋洗含 CO、SO_2 的空气后汇入水体等是酸、碱类无机污染物污染水体的主要来源。酸、碱等能使水的 pH 值改变,当 pH 值小于 6.5 或大于 8.5 时,水中的生物生长受到抑制,只是水体自净能力受到阻碍,水生生物种群变化及鱼类减少,甚至绝迹。水质 pH 值过低时,对水下金属设备及船舶的腐蚀也非常严重。

盐可增加水的硬度,易使河道周围土壤盐碱化,严重影响生态平衡。

在无机污染物中,危害最大的是氰化物。氰化物是对人体及水生生物具有极强毒性的污染物,会破坏细胞中的氧化酶。长期接触低浓度的氰化物,能引起慢性中毒,吸入或误服较多量的氰化物,会发生急性中毒,使人呼吸困难,组织内缺氧,窒息死亡。

一般自然水体中不会出现氰化物,但电镀、矿石浮选、化石、冶金等工业废水中含氰化物量较多。

三、重金属污染物

工厂、矿山排出的污染物中,常有重金属通过各种途径进入水体。污染水体的重金属有汞(Hg)、镉(Cd)、铅(Pb)、铬(Cr)、钒(V)、钴(Co)、镍(Ni)、锌(Zn)、锰(Mn)、铜(Cu)和非金属砷(As)等。其中汞毒性最大,镉次之,铅、铬也有相当的毒性,砷的毒性与重金属相近,故常放在一起讨论。

重金属与有机物不同,它不能被微生物所分解,故当重金属流入水体后,可通过食物在生物体中逐步富集,或被水中悬浮物吸附后沉入水底,积存在泥沙中。重金属主要通过食物、饮水及呼吸进入人体,且不易排泄,能在人体的一定部位积累而使人慢性中毒。

1. 汞

汞污染主要来自使用和生产汞或汞的化合物的工厂排出的含汞废水、废气和废渣。如氯碱工业、塑料工业、电子工业、混汞炼金和雷汞生产排放的废水是水体中汞的主要污染来源。据统计,目前全世界每年开采应用的汞量约在 1×10^4 t 以上,其中绝大部分最终以三废的形式进入环境。

汞在周期表中与 Zn 和 Cu 两元素同处第 II 副族。汞的化学性质、地球化学性质与铜比较相近,但与锌有较大差异。在与同族元素比较中,汞的特异性表现在:① 氧化还原电位较高,易呈金属状态;② 汞及其化合物具有较大挥发性。各种无机汞化合物挥发性强弱次序为:$Hg > Hg_2Cl_2 > HgCl_2 > HgS > HgO$;一般有机汞的挥发性大于无机汞,有机汞中又以甲基汞和苯基汞的挥发性最大;③ 单质汞是金属元素中唯一在常温下呈液态的金属,具有很大流动性和溶解多种金属而形成汞齐的能力;④ 与相应的锌化物相比,汞化合物具有较强的共价性,且由于上述较强挥发性和流动性等因素,使它们在自然环境或生物体间有较大的迁移和分配能力。

汞对人体健康的危害与汞的化学形态、环境条件和浸入人体的途径、方式有关。无机汞化合物在水中溶解度较小,低浓度的汞化合物进入胃肠道,因难于被吸收,不会对人体构成危害。但金属汞蒸气有高度扩散性和较大脂溶性,浸入呼吸道后可被肺泡吸入并经血液循环至全身。大量吸入汞蒸气会出现急性中毒,其症状为肝炎、肾炎、尿血和尿毒等。有机汞在人体内的毒性效应与其所含有机基团有很大关系。一般而言,短链的烷基汞衍生物比芳基汞和甲氧基汞化合物具有更大的毒性。在人体中芳基汞和甲氧基汞都能降解成无机汞,而烷基汞在人体内比无机汞稳定,且它在生物体内分解速度缓慢(其分解半衰期约为70 d),因此,生物富集烷基汞的能力比富集非烷基汞的能力大得多。一般鱼类对氯化甲基汞的浓缩系数是 3 000,甲壳类则为 100~100 000 倍。由于 Hg 和 S 亲和性强,故汞毒性表现在能和构成蛋白质的 S 结合,特别是和 SH 有特异反应,阻碍其活性。它使一系列含 SH 酶活性受抑制,从而破坏了细胞基本功能和代谢,破坏肝脏解毒功能,并使细胞膜通透性改变而破坏细胞离子平衡,抑制营养物质进入细胞内并引起离子渗出细胞膜,导致细胞坏死。金属汞慢性中毒的临床表现主要是神经性症状,如头痛、头晕、肢体麻木和疼痛、肌肉震颤、运动失调等。

1953 年日本发生的水俣病是由水俣湾附近的化工厂在生产乙醛时排放的汞和甲基汞废水造成的,受害者达 1 万多人。伊拉克曾发生误食甲基汞处理的小麦种子事件,使6 530人住院,459 人死亡。

对汞的污染必须采取以防为主、防治结合的综合措施。首先从工艺改革入手,采取替代物质,减少汞的使用量,从源头控制汞污染的产生,如采用毒性相对较小的叠氮和铅(PbN_3)替代火工品雷汞作起爆药,采用无汞电池代替含汞电池等。其次淘汰落后工艺,如土法混汞炼金,由于点多面广,工艺落后,规模小,汞收集率很低,或者根本无回收措施,就产生大面积汞污染。此外,由于汞密度大,有流动性,在使用金属汞时,应尽量减少流散,万一不慎将汞撒落,应尽可能收集,并在遗留汞的地方覆盖硫磺粉,使汞生成难溶的 HgS。储藏汞必须密封,防止汞的挥发引起汞蒸气中毒。

2. 镉

镉是一种比较稀有的金属,在重金属中是仅次于汞的丰度的元素之一。水体中镉的污染与其在各个领域的生产和应用有关,镉污染主要来源于电镀、颜料、塑料、电池电子器件和生产合金等行业的废水。镉同其他重金属一样,在环境中不能被微生物降解,只能在各种形态之间相互转化以及分散和富集,镉易形成配合物。水体中的镉主要被水体中的悬浮物和底泥所吸附。已有证据表明底泥对 Cd^{2+} 的富集系数为 5 000~50 000,而由于镉的配合作用,可以在一定程度上缓解重金属对生物的影响。

当讨论重金属污染对作物产量的影响时,镉被视为最有害的重金属之一,只要镉在农产品和饲料中的含量稍有提高,就会危及人类和动物的健康。在自然条件下,土壤含镉量在 1 $mg \cdot kg^{-1}$ 左右。在自然条件下,镉一般与锌共存,在土壤中较少被吸附,所以易被植物吸收。在高浓度镉的影响下作物产量下降 25%,镉与其他矿物质相反,它可较多地累积在植物的繁殖器官。在受污染的土壤上,镉在籽粒中的含量可由 0.2 $mg \cdot kg^{-1}$ 提高到 4 $mg \cdot kg^{-1}$。由于镉在受污染土壤上生长的植物体内产生残留累积,具有较强的动物毒性,对人体健康具有很大的潜在危险性。

镉的毒性仅次于汞,能引起肾功能障碍,干扰免疫球蛋白的制造,从而降低机体的免疫能力。镉还能导致骨质疏松和骨质软化而使骨骼变形和骨折,最终导致死亡。由于镉污染范围广、分布面积大以及对生态系统和人类健康造成的危害是其他重金属污染所不及的,不少专家认为镉污染是当今比汞污染更为严重的公害之一,因此,对镉污染必须予以足够的重视。

痛痛病是曾发生在日本富山县深通川流域部分镉污染地区的一种公害病,以周身剧烈疼痛而得名。痛痛病发病的主因是当地居民长期饮用受镉污染的河水,并食用这样的河水灌溉长成的稻米,致使镉在体内蓄积造成肾损害,进而导致骨软化症。患病初期是关节疼痛,随后遍及全身,疼痛的性质为刺痛。数年后,患者骨骼严重畸形,骨脆易折,甚至轻微活动或咳嗽都能引起多发性病理骨折。

治理镉污染以防为主。为了防止污染的废水污染农田,凡超过标准的废水不能直接用于灌溉农田。对含镉废水的处理,国内外尚没有较完善的方法,目前常沿用一些传统方法,如化学法和沉淀法。

化学沉淀法:可采用石灰和 Na_2S 分布二级沉淀的方法。例如,对 pH = 2.6 的酸性废水,可用石灰中和到 pH = 5.0~6.5,再用 Na_2S 将 Cd 和其他金属以硫化物形态沉淀下来,沉淀反应为

$$Cd^{2+}(aq) + S^{2-}(aq) \rightarrow CdS \downarrow$$

吸附法:活性炭具有吸附力强、比表面积大、去除效率高的特点,但价格昂贵,所以一般选用草灰、风化煤、磺化煤等代用品。

3. 铅

铅是地壳中发现的含量最丰富的重金属元素之一,它的元素丰度在地壳中占第 35 位。

铅及其化合物是现代社会重要的工业原料,广泛应用于各个领域。目前铅对环境的污染主要是由废弃的含铅蓄电池和汽油防爆剂对土壤、水源和大气的污染所导致。全世界每年使用铅约 4×10^6 t,这些铅约有 1/4 被重新回收利用,其余大部分以各种形式排放到环境中造成环境污染,因而也引起食品的铅污染。由于铅的广泛分布和利用,以及铅的半衰期较长(9 a),在食物链中产生生物富集作用,对食品造成严重的污染,在所有食品甚至在远离工业区的地区所生产的食物中均可测出铅的存在。我国传统食品——皮蛋由于在加工中使用了 PbO,往往有很高的铅含量。由于铅在社会各个生产领域的广泛应用,铅以各种形式排放到环境的大气、土壤和水中,造成一系列循环污染。

铅是一种严重的环境毒和神经毒,对人体有很高的毒性,一旦中毒,将会对人体全身各个系统造成不同程度的毒害,尤其影响婴幼儿和儿童的智力发育和学习记忆等脑功能,历史上铅中毒不乏其事,如中国古代君王吃食所谓的长生丹药致死,实际上是服用了过量的铅的缘故,另外,古代罗马帝国的灭亡与其喜欢用铅制的餐具也有密切的关系。

铅中毒可引起铅性贫血及心脏和血管的改变、血循环障碍等一系列血液系统疾病,还可引起消化不良、腹绞痛、高血压。铅对神经系统的损害可引起神经衰弱和神经传导速度的改变、周围神经炎以及中毒性脑病。长期低剂量接触铅会加强体内脂质过氧化,久而久之,会诱发肿瘤的发生。

铅的解毒作用包括自身解毒和外源性解毒作用。目前所用的解毒剂的作用是基于它们可以有选择地与体内的有毒金属铅牢牢成键,形成更为稳定的水溶性络合物而排出体外,达到解毒效果。

由于铅主要污染水源,因此,如何去除水中铅污染成为人们关注的问题,目前来说,有效的处理方法有沉淀法、混凝法、离子交换法等。

沉淀法:沉淀剂有碱、Na_2CO_3、白云石($CaCO_3 \cdot MgCO_3$)等。沉淀与过滤的组合工艺会使除铅效果更好。如将含铅废水流经事先焙烧处理过的白云石充填床层,就可同时产生沉淀和过滤作用。

四、有机污染物

存在于地球环境中的有机物有几百万种,多数源于自然过程,即由生物体的活动过程产生。20 世纪以来人们开始致力于合成和生产众多自然界所没有的有机化合物,在合成和产品降解过程中产生很多中间产物。由于社会对这类产品的普遍需求,至今人工合成化合物已达 1 800 万种,每年约有 25 万种新的化合物问世,又有约 300~500 种投产。目前世界年产各类有机物总量已近 5×10^8 t。估计产出的各类有机物中有 1/3 数量会在短期内进入环境,随即在各圈层内或圈层间迁移,同时以各种形式的降解过程发生转化,并产生各种环境效应。其中又以对生态环境和人类健康影响最大的有机化合物备受人们关注。

1. 酚类污染物

酚类是可分解的重要有机污染物。水中酚主要来自工业废水的污染,如钢铁工业的焦化厂、城市煤气工厂、化工厂、洗煤厂、炼油厂和石油化工厂等排出的水中均含有酚类化合物。在各种酚中,挥发性酚毒性最大,并能与氯气作用生成氯酚,因此,被挥发酚所污染的水源,当用氯消毒时生成具有恶臭的氯酚,不易饮用。

水体遭受酚污染后严重影响水产品的产量和质量,水体中低浓度酚就能影响鱼类的回游繁殖,浓度为 $0.1 \sim 0.2$ mg·L^{-1} 时鱼肉有酚味,浓度更高时可引起鱼类大量死亡。

对人体来说,酚类属高毒物质。长期饮用含酚水可引起头昏、出疹、瘙痒、贫血及各种神经系统疾患。体内过量摄入时会出现急性中毒症状,如引起腹泻和口疮等。

苯酚和大多数氯代酚可能对人体并没有致癌和致畸作用,但对各种细菌和酵母菌有显著的致突变作用。甲基衍生物是致癌和致突变的,而多数硝基酚无致癌性而有致突变性。

2. 含氮、磷的有机污染物

在人类活动的影响下,含氮、磷元素的有机化合物大量排入水体。水中氨、亚硝酸盐、硝酸盐对水质影响极大,其中亚硝酸盐是强致癌性物质,又以亚硝酸铵最为严重。硝酸盐和磷酸盐过高,会使水体中生物营养素增多。对流动的水体来说,当流入其中的城市生活污水和食品工业废水中含 N、P 等生物营养素多时,可随流水而稀释,一般影响不大。但在湖泊、水库、内海、河口等地区的水中,水流缓慢,停留时间长,适于植物营养素的积存,导致藻类等水生植物及其他浮游植物大量生长而使水声生态系统遭到破坏的现象,称为水体的"富营养化"。在海洋中富营养化导致某一种或几种浮游生物在一定环境条件下爆发性繁殖或高度聚集的现象称为"赤潮"。富营养化在淡水水体中导致某些蓝藻类过渡生长的现象称为"水华"。

富营养化造成水的透明度降低,阳光难以穿透水层,从而影响水中植物的光合作用和氧气的释放;而表层水面植物的光合作用,可能造成溶解氧的过饱和状态。表层溶解氧过饱和以及水中溶解氧减少,都对水生动物(主要是鱼类)有害,造成它们大量死亡。富营养化水体中底层堆积的有机物质在厌氧条件分解产生的有害气体,以及一些浮游生物产生的生物毒素(如石房蛤毒素)也会伤害水生动物。富营养化水中含有亚硝酸盐和硝酸盐,人畜长期饮用这些物质含量超标的水,会中毒致病。

3. 水体中的持久性有机污染物

水体中的有毒有机污染物(Persistent organic pollutants,缩写为 POPs)是已知对人类生存威胁最大的一类污染物。主要包括有机氯农药、多氯联苯、多环芳烃、高分子聚合物(塑料、人造纤维、合成橡胶)、染料等。它们的共同特点是化学稳定性强,难于降解转化,在环境中不易消失,能长时间滞留。持久性物质在水中的半衰期大于 2 个月。它们在水中的含量虽不高,但因在水体中残留时间长、有蓄积性,可以通过食物链逐步浓缩至水中含量的几十~数百万倍,造成人体慢性中毒、致癌、致畸等生理危害。

有机氯农药对环境的危害极大,其特点是毒性大,化学性质稳定,残留时间长,且易溶于脂肪,蓄积性强,而在水生生物体内富集,其浓度可达水体中浓度的数十万倍,不仅影响水生生物的繁衍,而且通过食物链危害人体健康。这类农药国外早已禁用,我国从 1983 年开始停止生产和限制使用。

多氯联苯(PCB)是联苯分子中一部分或全部氢被氯取代后所形成的各种异构体混合物的总称。PCB 有剧毒、脂溶性强,易被生物吸收,化学性质很稳定,不易燃烧,强酸、强碱、氧化剂都难以将其分解,并具有耐热性高、绝缘性好、蒸气压低、难挥发等特性。PCB 作为绝缘油、润滑油、添加剂等,被广泛用于变压器、电容器以及各种塑料、树脂、橡胶等工业。因此,PCB 也广泛存在于这些工业的废水中而被入水体。PCB 在天然水和生物体内都很难降解,是一种很稳定的环境污染物。

4. 石油污染

近年来石油的污染十分突出,特别是河口及近海水域。石油对水体污染的主要污染物是各种烃类化合物——烷烃、环烷烃、芳香烃等。石油污染主要是由于海上采油和运输油船所引起的。炼油厂工业废水也会造成石油污染。

石油及其制品进入海洋等水域后,对水体质量有很大影响,这不仅是因为石油中各种成分都有一定的毒性,还因为它具有破坏生物正常生活环境、造成生物机能障碍的物理作用。石油比水轻又不溶于水,覆盖在水面上形成薄膜层,既阻碍了大气中氧在水中的溶解,又因油膜的生物分解和自身的氧化作用消耗水中的溶解氧,致使海水缺氧,形成恶臭,恶化水质;同时油膜会覆盖或堵塞生物的表面和微细结构,抑制生物的正常运动,阻碍小动物正常摄取食物、呼吸等活动。如油膜会堵塞鱼的鳃部,使鱼呼吸困难,甚至引起鱼类死亡。若用含油的污水灌溉农田,也会因油膜黏附在农作物上而使其枯死。

5. 热污染

化工厂、发电厂、钢铁厂、核电厂等生产中使用大量冷却水。这些水的温度较高,如直接排放,会使附近的水源温度升高,引起"热污染"问题。

热污染给生物带来极为不良的后果,对鱼类影响较大。水温升高会减少氧在水中的溶解量,同时加速各种化学和生化反应,增加耗氧量;水温升高还会使水中的有害物毒性变大,水质迅速恶化。此外,热污染还会加速水中细菌繁殖,助长水草丛生,影响河水流动。因此,热废水应降温后再排入河湖中,以减少热污染、利用余热。

6. 水体有机物污染指标

由于有机物成分复杂,种类繁多,一般用综合指标－总有机碳、生化需氧量或化学需氧量等表示需氧物质的量。

(1) 总有机碳。总有机碳(TOC)指溶解于水中的有机物总量,折合成碳计算。水中有机物种类很多,目前尚不能全部进行分离鉴定。TOC 是快速鉴定的综合指标,但不能反映水中有机物的种类和组成,也不能反映总量相同的总有机所造成的不同污染后果。TOC 的测定方法是把水样在有催化剂和充分供养的条件下加热至 950℃,将水中有机物完全氧化成二氧化碳,测定二氧化碳量并折合成碳计算,再减去碳酸盐等无机碳元素的含量,即得出总有机碳的含量。

(2) 生化需氧量。生化需氧量(BOD)指水体中微生物分解有机物过程中消耗水中溶解氧的量,是水体受有机物污染的最主要指标之一。

水体要发生生物化学过程必须存在耗氧微生物,有足够的溶解氧以及能被微生物利用的营养物质三个条件。微生物在分解有机物的过程中,分解作用的速率和程度与温度和时间有直接关系。为了使测定的 BOD 数值有可比性,采用在 20℃条件下,培养五天后测定溶解氧消耗量作为标准方法,称为五日生化需氧量,以 BOD_5 表示。BOD 反映水中可被微生物分解的有机物总量,以单位体积水中消耗溶解氧的质量来表示($mg·L^{-1}$)。清洁水体中 BOD_5 应低于 $3\ mg·L^{-1}$,超过这个值,则表明水体已经受到污染。某些化工废水由于污染物不易被微生物分解或者对微生物活动有抑制作用,就不宜用 BOD 作为指标。

(3) 化学需氧量。化学需氧量(COD)指水体中能被氧化的物质在规定条件下进行化学氧化过程中所消耗氧化物质的量。以单位体积水样消耗氧的质量来表示($mg·L^{-1}$)。水中各种有机物进行化学氧化反应的难易程度是不同的,因此化学需氧量指标是在规定条件下水中可被氧化物质需氧量的总和。化学需氧量主要反映水体受有机物污染的程度。

TOC、BOD、COD等指标，虽都能表示水体被有机物污染的相对程度，但都不能区别有机物的绝对毒性，对于有毒的一些有机物往往进行具体限量。

4.4 水体污染的防治

1993年1月18日，第47届联合国大会做出决定：从1993年开始，每年的3月22日为"世界水日"。这标志着水的问题日益为世界各国所重视。水日的确定，旨在使全世界都来关心解决这一问题。在这一天，各国根据自己的国情就水资源保护与开发开展各项活动，以提高公众的水意识。在全世界约有10亿多人由于饮用水被污染，受到疾病传染、蔓延的威胁。据世界卫生组织(WHO)调查，每年有2 500万5岁以下儿童因饮用受污染的水而生病致死。在发展中国家，每年因缺乏清洁卫生的饮用水而造成死亡人数达1 240万。水资源的缺乏及污染，不仅给人类带来灾难，而且殃及其他生物，许多生物正随着工农业生产造成的河流改道、湿地干化和生态环境的恶化而灭绝。可以说，目前世界上许多国家都面临着淡水资源日益短缺的困扰，水的除害、减灾、兴利是全球性的问题。设置"世界水日"就是要唤醒世人都来关心水、爱惜水、保护水，提高全世界人民的水意识是当务之急。我国把从"世界水日"开始这一周定为"中国水周"。

一、水质质量标准

对水中污染物或其他物质的最大容许浓度所作的规定叫做水质量标准或水质标准。水质量标准按水体类型分为地面水质量标准、海水质量标准和地下水质量标准等；按水资源的用途分为生活饮用水水质标准、渔业用水水质标准、农业用水水质标准、娱乐用水水质标准和各种工业用水水质标准等；废水的排放也有其质量标准。我国卫生部在2007年6月29日新颁布了我国《生活饮用水的具体标准》，新标准中的饮用水水质指标由原标准的35项增至106项，增加了71项。新标准中加强了对水质有机物、微生物和水质消毒等方面的要求，如有机化合物由原来的5项指标增至53项，增加了对净化水质时产生二氯乙酸等卤代有机物质、存于水中藻类植物微囊藻毒素等的检测。

二、水的净化

对于城市里供饮用的自来水的水质，要求相当严格，需要净化、消毒，符合卫生标准，并除去使人不快的味道、气味。在天然地表水处理中，主要应用混凝、沉淀(或气浮)、过滤和消毒工艺。混凝包括混凝剂与原水混合过程及形成大的聚集体(絮体)的絮凝过程。此过程伴随着污染物从水相到固相的转移过程，应视为污染物与水的第一步分离过程。然后利用絮体的沉淀过程或用气泡将絮体提升的气浮过程将污染物与水进行第二步分离。然后再进行第三步过滤分离，事实上过滤介质间的缝隙要比水中的一些杂质尺寸大得多，因此过滤绝不仅仅是简单的拦截作用。作为第一步分离过程的混凝对其他分离过程作用效果起着决定性的作用。

1. 混凝

天然水中除含有泥沙外，通常还含有颗粒很细的尘土、腐殖质、淀粉、纤维素以及菌、藻等微生物。这些杂质与水形成溶胶状态的胶体微粒，由于布朗运动和静电排斥力而呈现沉降稳定性和聚合稳定性,通常不能利用重力自然沉降的方法除去。通过添加混凝剂,使这些不能自然沉淀的胶体状污染物和一部分细小的悬浮物经过脱稳、凝聚、架桥等反应过程,形成一定大量的絮凝体,在后续沉淀池中沉淀分离,这个过程称为混凝。混凝阶段主要是去除水中的悬浮物体和胶体,此过程由凝聚和絮凝两个阶段构成,它决定了水中悬浮杂质颗粒聚结程度、颗粒成长的质量及其降解特性,是水处理工艺中至关重要的环节。混凝机理很复杂,它与水溶液的组成、药剂的性能等有关。最常用的混凝剂是铝盐和铁盐混凝剂。以铝盐的混凝过程为例,铝离子在水中水解生成胶状沉淀 $Al(OH)_3$,它带有与水中胶状悬浮体相反的电荷,相互吸引而聚沉。其反应为

$$Al^+(aq) + 3H_2O \Longrightarrow Al(OH)_3(s) + 3H^+(aq)$$

这种胶凝处理过的水经过过滤除去残留悬浮物,让水流过几层逐级加粗的碎石层上的沙层完成过滤。沉淀物逐渐在沙子上形成薄层,在一定程度上,这层微小颗粒构成的外加层可提高过滤器的效率。

2. 消毒

最常见的消毒剂是氯气。氯通过抑制某些对细菌新陈代谢至关紧要的酶的活动而杀死细菌。向水中通入足量的氯,使水中过剩的氯浓度在 $(2\sim10)\times10^{-5}$ mol·L^{-1} 为宜,它足以把任何进入水中的细菌在出水厂之前杀死。除氯以外还可用漂白粉等其他化学试剂消毒。但是随着水体有机污染严重,用氯消毒的过程会产生氯化消毒副产物,如三氯甲烷、氯乙酸等物质就是常见的氯化消毒副产物,这些物质被证明是致癌物质,因此强化混凝过程对有机物的去除效率以及开发新型的消毒剂是非常必要的。哈尔滨工业大学市政环境工程学院黄君礼研究的二氧化氯消毒剂较氯具有好的消毒效果,且产生的消毒副产物少,具有非常广的应用前景。

3. 除味

除去水中不良气味的方法之一是让水通过由细小活性炭颗粒组成的滤床,杂质被碳粒吸附于表面。这些碳粒的巨大表面积(达 600 $m^2\cdot g^{-1}$)足以吸附大量的杂质。如果杂质是氯,可发生下列反应

$$2Cl_2(aq) + C(s) + 2H_2O \Longrightarrow 2CO_2(g) + 4H^+(aq) + 4Cl^-(aq)$$

通过该反应,含氯的软水中的氯味可能全部消除。这种滤床使用一段时间后(约为 1 a),其中活性炭可在 1 000 ℃高温下灼烧除去有机杂质,回收其中大部分碳粒。

三、废水处理

污染水体的污染物主要来自城市生活污水、工业废水和径流污水。这些污水种类复杂、数量很大,应尽可能地回收利用。对必须排放的污水,若不经处理就排入地面水体,会使河流、湖泊受到严重污染。因此必须先将其输送至污水处理厂进行适当处理,达到排放标准后排放。但这些污水水量非常大,若全部经污水处理厂进行处理,投资极大,因此应尽量减少污水和污物的排放量。

废水中的污染物种类繁多,按污染物的形态分有:溶解性的、胶体状的和悬浮状的污染物;按化学性质分有:有机污染物和无机污染物;有机污染物按生物降解的难易程度又可以分为可生物降解的有机物和不可生物降解的有机物。废水处理就是利用各种技术措施把各种形态的污染物从废水中分离出来,或者把它们分解、转化为无害和稳定的物质,从而使废

水得到净化的过程。

根据使用技术措施的作用原理和去除对象,废水处理方法可以分为物理处理法、化学处理法和生物处理法三大类。其中化学处理方法根据反应原理又分为中和法、化学沉淀法、氧化还原法、混凝法、吸附法、萃取等。

1. 中和法

酸碱废水是重要且大量的工业废水。在硫酸厂、电镀厂、金属酸洗车间均有酸性废水排出;染整厂、造纸厂、炼油厂中排出的废水的 pH 都很高。工厂烟囱中排出的 SO_2、SO_3、NO、NO_2 是酸雨的主要成因。常见的酸性物质有硫酸、硝酸、盐酸、氢氟酸、磷酸等无机酸及乙酸、甲酸、柠檬酸等有机酸,废酸溶液中还常溶解有各种金属盐。碱性废水中有碱性物质,如苛性钠、碳酸钠、硫化钠及胺类等。

酸碱废水相互中和是一种既简单又经济的以废治废的处理方法。例如,利用硫酸废水中和废氨水可生产化肥硫酸铵,利用废电石渣水中和硫酸废水制石膏,利用碱性废水中和烟道废气 CO_2 和 SO_3 等,都是利用中和法处理酸碱废水的成功例子。

投药中和法最常用的碱性药剂是石灰(CaO),将石灰消解成石灰乳[$Ca(OH)_2$]后投加入中和反应器中,即石灰乳法。投石灰类中和剂进行中和处理时,$Ca(OH)_2$ 还有凝聚作用,因此对杂质多、浓度高的酸性废水尤其适宜。石灰乳与主要酸性污染物的反应为

$$Ca(OH)_2 + H_2SO_4 =\!=\!= CaSO_4 + 2H_2O$$

$$Ca(OH)_2 + 2HNO_3 =\!=\!= Ca(NO_3)_2 + 2H_2O$$

$$Ca(OH)_2 + 2HCl =\!=\!= CaCl_2 + 2H_2O$$

碱性废水的中和要用酸性物质,通常采用的方法有利用酸性废水中和、投酸中和剂利用烟道气进行中和。利用酸性废水中和就是酸碱废水的相互中和。投酸中和主要是采用工业硫酸,因为硫酸价格较低。使用盐酸的最大优点是反应产物的溶解度大,泥渣最少,但出水中溶解固体浓度高。无机酸中和碱性废水的工艺过程与设备,与投药中和酸性废水时基本相同。

2. 化学沉淀法

废水中的重金属(如汞、镉、铅、锌、镍、铬、铁、铜等)离子、碱土金属(如钙、镁)离子及某些非金属(如砷、氟、硫、硼)离子均可通过化学沉淀法去除,某些有机污染物也可通过化学沉淀法去除。如金属镉的化合物具有很大的毒性是工业生产中排出的重要污染物。据报道,美国在 1961~1963 年间,平均每年用镉 5 125.7t,其中电镀业用镉占 55%~60%,颜料及其他化合物用镉占 30%~35%,金属冶炼占 7%~10%。电镀厂排出的废水中镉浓度在 $0.6\ mg \cdot L^{-1}$ 左右。化学沉淀法是处理工业镉废水的主要方法。化学沉淀法是根据溶度积原理。

难溶的物质在水中并不是绝对不能溶解,例如 $Cd(OH)_2$ 在水中的溶解度虽然很小,但会有一定数量的 Cd^{2+} 和 OH^- 溶入水中。同时水中的 Cd^{2+} 和 OH^- 又会不断地从溶液中回到沉淀表面而析出。在一定条件下,当溶解与沉淀的速率相等时,便建立了沉淀与溶液中离子之间的动态平衡,这叫做多相离子平衡,可用相应的平衡常数描述反应进行的限度。例如

$$Ca(OH)_2(s) =\!=\!= Cd^{2+}(aq) + 2OH^-(aq)$$

其标准平衡常数表达式为

$$K_{sp}^{\ominus}(Cd(OH)_2) = [(c(Cd^{2+})/c^{\ominus})((c(OH^-)/c^{\ominus})^2]$$

或简化为

$$K_{sp}^{\ominus}(Cd(OH)_2) = [c(Cd^{2+}) \cdot (c(OH^-)^2]$$

此式表明,难溶电解质的饱和溶液中,当温度一定时,其离子浓度以溶解平衡式中化学计量系数为指数的乘积为一常数,这一平衡常数叫做溶度积常数,简称溶度积。

溶度积与溶解度一样,都反映物质的溶解能力。对难溶电解质的溶解平衡,显然 $K_{sp}^{\ominus}$ 越小,其在相同温度下溶解度越小;反之 $K_{sp}^{\ominus}$ 越大,其溶解度越大。表 4.2 列出了部分物质的溶度积数据。

表 4.2 部分物质的溶度积(25℃)

难溶电解质	溶度积($K_{sp}^{\ominus}$)	难溶电解质	溶度积($K_{sp}^{\ominus}$)
$Cd(OH)_2$	3×10^{-14}	CdS	3.6×10^{-29}
$Cu(OH)_2$	5.6×10^{-20}	CuS	8.5×10^{-45}
$Fe(OH)_2$	4.87×10^{-36}	FeS	6×10^{-18}
$Hg(OH)_2$	4×10^{-26}	HgS	1×10^{-53}
$Pb(OH)_2$	1.6×10^{-17}	PbS	3.4×10^{-28}
$Cr(OH)_3$	6.3×10^{-31}	$CaCO_3$	4.96×10^{-9}
$Fe(OH)_3$	1.1×10^{-36}	$PbCO_3$	1.46×10^{-13}
$Mg(OH)_2$	5.61×10^{-12}	$BaSO_4$	1.07×10^{-10}

对于一给定的难溶电解质来说,在一定条件下沉淀能否生成或溶解,可用溶度积来判断。例如,当混合两种电解质溶液时,若有关离子浓度(以溶解平衡式中的化学计量系数为指数)的乘积大于由相关离子所组成物质的溶度积,就会产生该物质的沉淀;否则不可能产生沉淀。因此难溶电解质 $K_{sp}^{\ominus}$ 越小,沉淀所需相应离子浓度越小,沉淀反应越趋于完全。又如,向含有沉淀的溶液中(此时有关离子浓度的乘积等于溶度积)加入某种物质而使其中某一离子浓度减小,由于离子浓度乘积小于溶度积,则沉淀必将溶解。

金属硫化物的溶解度一般都比较小,因此用硫化钠或硫化氢作沉淀剂能有效地处理含重金属离子的废水,特别是对于经过氢氧化物沉淀法处理后,尚不能达到排放标准的含 Hg^{2+} 和 Cd^{2+} 的废水,在通过反应生成极难溶于水的硫化物沉淀。沉淀反应为

$$Hg^{2+}(aq) + S^{2-}(aq) \longrightarrow HgS \downarrow$$
$$Cd^{2+}(aq) + S^{2-}(aq) \longrightarrow CdS \downarrow$$

这样出水中,Hg^{2+}、Cd^{2+} 含量可以降得很低,获得良好的处理效果(一般定性分析中,溶液中该离子浓度不超过 10^{-5} mol·L^{-1},就可以认为已沉淀完全了)。

3. 氧化还原法

氧化还原法是利用溶解于水中的有毒物质在化学过程中能被氧化或还原的性质,使之转化成无毒或毒性较小的新物质而达到处理目的的方法。

化学氧化法常用来处理工业废水,特别是以处理难以生物降解的有机物,如大部分农药、染料、酚、氰化物以及引起色度、嗅味的物质。常用的氧化剂有氯类(液态氯、次氯酸钠、漂白粉等)和氧类(空气、臭氧、过氧化氢、高锰酸钾等)。

例如,水处理中常用曝气法(即向水中不断鼓入空气),使其中的 Fe^{2+} 氧化,并生成溶度积很小的 $Fe(OH)_3$ 沉淀而除去,其反应为

$$4Fe^{2+}(aq) + 8HClO_3^-(aq) + O_2 + 2H_2O \longleftrightarrow 4Fe(OH)_3\downarrow + 8CO_2$$

又如应用氯气或液氯处理含氰废水,它们在水溶液中都产生 ClO^-,ClO^- 可将废水中有毒的 CN^- 氧化成无毒的 N_2 和 HCO_3^- 等。其反应为

$$2CN^-(aq) + 5ClO^-(aq) + H_2O \leftrightarrow N_2 + 2HCO_3^-(aq) + 5Cl^-(aq)$$

空气中的氧是最廉价的氧化剂,但氧化能力不够强,只能氧化易于被氧化的污染物。臭氧的氧化能力很强,能氧化大部分的无机物和很多有机物(如合成洗涤剂等)。过氧化氢(H_2O_2)具有强氧化能力,适于处理多种含有毒、有味化合物及难以处理的有机废水,如含硫、氰、苯酚等的废水。高锰酸钾($KMnO_4$)也是强氧化剂,主要用于除去锰、铁和某些有机污染物。漂白粉、氯气、臭氧除具有极强的氧化性外,还有极强的杀菌作用,也是常用的生活污水和医疗污水的处理剂。

化学还原法主要用于处理含有汞、铬等重金属离子的废水。例如,用废铁屑、废铜屑、废锌粒等较汞活泼的金属做还原及处理含汞废水,将上述金属放在过滤装置中,当废水流过金属滤层时,废水中的 Hg^{2+} 即被还原为金属汞。

$$Fe(Zn,Cu) + Hg^{2+}(aq) \longleftrightarrow Fe^{2+}(aq)[Zn^{2+}(aq),Cu^{2+}(aq)] + Hg\downarrow$$

生成的铁(锌、铜)汞渣经焙烧炉加热,可以回收金属汞。

对于含铬废水,可先用硫酸酸化(pH = 3~4),然后加入质量分数为 5%~10% 的硫酸亚铁,使废水中的六价铬还原为三价铬。具体反应为

$$6Fe^{2+}(aq) + Cr_2O_7^{2-}(aq) + 14H^+(aq) \longleftrightarrow 6Fe^{3+}(aq) + 2Cr^{3+}(aq) + 7H_2O$$

然后再加入石灰,降低酸度,调节 pH 为 8~9,三价铬离子形成难溶于水的氢氧化铬沉淀,即自然沉降而与水分离。具体反应为

$$2Cr^{3+}(aq) + 3Ca(OH)_2(s) \longleftrightarrow 2Cr(OH)_3\downarrow + 3Ca^{2+}(aq)$$

不同的处理方法有其自身的特点、使用条件和适应的处理对象,须合理地选择和采用,并往往需要配合使用。

应该指出的是:上述处理方法在环境科学与工程学科中,属于"末端治理"。在人类防治环境污染的过程中,"末端治理"功不可没。但是,随着时间的推移,特别是工业化的迅速发展,人口的增长,自然资源短缺的出现,全球环境的危机,使人们认识到了"末端治理"的局限性和不足。第一,处理设备投资大,运行费用高,使企业生产成本上升,经济效益下降。第二,"末端治理"有时不是"彻底"的处理,而是污染物转移。第三,"末端治理"未涉及资源的有效利用,不能制止自然资源的浪费。从 20 世纪 50~70 年代,尽管人们为治理污染付出了巨大代价,全球性的环境问题依然日益严重。而对这种情况,与其治理"末端"污染,不如开发替代产品,革新工艺,优化系统配置,使污染减至最少。经过一段时间的酝酿,"清洁生产"便提到议事日程上来了。所谓清洁生产,是指在产品生产过程和预期消费中,既合理利用自然资源,又把对人类和环境的危害减至最小,充分满足人类需要,使社会经济效益最大化的一种生产模式。"清洁生产"在欧洲一些国家称为"少废无废工艺",美国称为"废物最少化"或"减废技术",日本称为"无害工艺"等。"清洁生产"是把废物消灭在生产之前,使人类步入"全面预防污染"的新阶段。

4.5 水资源的合理利用与开发

水体污染降低了水资源的质量。由于污水排放量和毒性的增加,污水排放前又未能妥善处理,使全球可供安全利用的水量减少,造成水资源的严重短缺。

人类对水资源的开发利用分两类:一类是从水源获取需要的水量,以满足人类生活和工农业生产所需。消耗和转化后,回归水源;另一类是利用水能,发展水运、水产等,维持生态平衡。

为要做到合理利用水资源,需要相应的政策和必要的投入作保证。还有一个重要的方面,就是要唤起一种全民性,包括惜水、节水、防洪抗旱、保持水土,防治污染,综合利用等众多方面的"水环境意识"。

我国经济发展迅速,工业高速增长,人口城市化进程加快,但国家能投入环境保护的资金有限,因而在总体上尚未能控制住水污染的发展趋势。以单位国民生产总值的污水排放量计,我国要比发达国家高得多。因此,我们必须认真开展工业废水和城市污水的治理工作,同时要尽可能地开源节流。

首先,要实行计划供水,尽量降低工业用水量,提高水的重复利用率。降低工业用水量的主要途径是改革生产用水工艺,提高循环用水率。现在世界上许多工业发达的国家都把提高工业重复水率作为解决城市用水的主要手段。如1985年日本的工业用水重复利用率为74%,美国为87%。我国除少数水源特别紧张的城市如大连、青岛、太原等地重复利用率较高外,全国平均工业用水重复利用率仅为20%左右。如果把全国工业用水的平均重复利用率从20%提高到40%,每天可节水1.3×10^{12} t。提高工业用水重复利用率,不仅可以节水,而且还减少了工业废水排放量,减轻了废水处理量和对水体的污染。

其次,要减少农业用水的浪费,实行科学灌溉。全世界用水的70%为农业灌溉用水,但其利用率较低,浪费严重。据估计,灌溉用水中,只有约1/3用于作物生长,其余则由于渗漏、蒸发等原因浪费了。因此,防治灌区渠道的渗漏,改进灌溉方式是提高用水效率的非常有效的手段。世界各国纷纷致力于开发有效灌溉节水技术。如20世纪60年代在以色列发展起来的滴灌系统,可将水直接送到紧靠植物根部的地方,以使蒸发和渗漏水量减到最小。

此外,回收和重新使用废水,也可使其变为可用的资源。城市中"中水"的出现即是水源开发利用的体现。

当人们对水的需求越来越大而又严重缺水时,人们开始试图开发新水源、增加可靠供水,实现水资源合理利用和开发。人们的注意力落到海水和某些有咸味的地下水上。海洋是巨大的未开发水源。但海水中含盐质量分数大约为3.5%(其中大部分是氯化钠,还有少量氯化镁及硫酸钙)。地下钻井水含盐浓度较小些。从这些含盐的水中获得淡水的过程称为脱盐,或海(咸)水淡化。

脱盐的方法较多,如有蒸馏法、冷冻法、反渗透法、电渗析法和离子交换法等多种,其中应用较广泛的是反渗透和电渗析这两种膜分离的新技术。

(1) 反渗透法。海水的渗透压大约为2.5 MPa。要造成反向渗透,就得使体系内半透膜内侧溶液的压力超过渗透压。实际上所需要的压力还要高得多。但压力过高,薄膜就有可能破裂。含盐量较小的水,如某些钻井水(含盐质量分数约为0.1%~1%)的渗透压就比海水要小得多,反渗透所需的压力也就较低,故较易进行。随着薄膜的不断改进,用反渗透法来提纯微咸水或海水颇有希望。近年来,有尼龙或醋酸纤维素为原料的合成半透膜,能够承受高达几十兆帕的渗透压,可适用于较大规模的海水淡化装置。目前,反渗透法已应用于废水处理和脱盐工艺中。不过世界海水淡化的总能力仅为 2.7 $km^3 \cdot d^{-1}$,不到全球用水量的0.1%,且主要集中在沙特阿拉伯、伊朗、美国和日本等国家。

(2)电渗析法。电渗析法的原理是在外加直流电源作用下,使水中的正、负离子分别向阴、阳两极迁移。在阴、阳两极之间布置了若干对离子交换膜(一张阳离子交换膜(简称为阳膜)和一张阴离子交换膜(简称为阴膜)称为一对),由于阳膜只允许正离子通过,阴膜只允许负离子通过,在电场作用下,水中的正离子在向阴极迁移过程中能透过阳膜而不能通过阴膜;负离子向阳极迁移过程中能透过阴膜而不能通过阳膜。待处理水经这样处理后,形成了淡水区和浓水区(图 4.1)(为清晰可见,图中只画出一对离子交换膜)。将淡水汇总引出,便得到较纯的水(或称为除盐水)。电渗析法不但用于咸水淡化,也用于一般水的纯化和回收某些重金属。

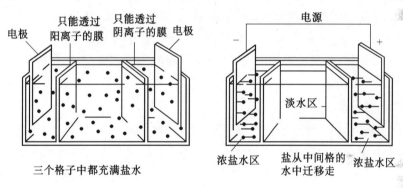

图 4.1 电渗析示意图

思考题与习题

1.水有哪些特殊的物理化学性质?水的这些性质,使水在人类生活中起到哪些作用?
2.自然水体具有哪些特征?
3.什么叫硬水?举例说明硬水软化的方法。
4.被污染的水中可能有哪些污染物?列举出毒性较强、危害较大的 3~4 类污染物。
5.什么叫耗氧有机物?它对水体会产生怎样的污染?
6.为什么对水中存在的很细小的悬浮态污染物可用混凝法处理?对溶于水中的有毒离子(如重金属离子、CN^- 离子)等可用中和沉淀法或氧化还原法进行处理?举例说明。
7.你认为应该如何合理开发和利用有限的水资源?

第五章 能源与化学

能源是人类活动的物质基础。在某种意义上讲，人类社会的发展离不开优质能源的开发和先进能源技术的使用。当今世界，能源的发展、能源和环境，是全世界、全人类共同关心的问题，也是我国社会经济发展的重要问题。本章主要介绍能量的形态与转化规律、能源的分类、世界和中国能源现状与发展趋势、原电池理论基础、化学电源和新能源的开发与利用。

5.1 概　　述

能源是自然界中能为人类提供某种形式能量的物质资源。是机械能、热能、化学能、原子能、生物能、光能等的总称。能源来源于太阳(太阳能)、地球(地热能、核能)、月球和太阳对地球的引力(潮汐能)等多个方面。能源是人类赖以生存的基础，随着人类社会的发展，能源的利用也随之变化，随着经济的高速发展，能源的消耗随之剧增，能源的生产和消耗方式对环境的影响也日益突出。

一、能源与社会发展

能源是人类社会赖以生存和发展的重要物质基础。纵观人类社会发展的历史，人类文明的每一次重大进步都伴随着能源的改进和更替。能源的开发利用极大地推进了世界经济和人类社会的发展。根据能源的各个历史发展阶段，可分为柴草时期、煤炭时期和石油时期。

1. 柴草时期

从火的发现到18世纪产业革命期间，柴草一直是人类使用的主要能源。不仅用来烧烤食物，还用来烧制陶器、冶炼金属等。陶器是用火制造出的第一种自然界不存在的物品。制陶技术的成熟也为金属冶炼和铸造技术的发展提供了条件。金属材料的出现加速了人类文明的进程。

2. 煤炭时期

1769年瓦特发明了蒸汽机后，煤炭成为全世界的主要能源。第一次产业革命时期，冶金工业、机械工业、交通工业、化学工业等的发展，使煤炭的需求量与日俱增，直至20世纪40年代，在世界能源消费中一直占据首位。

3. 石油时期

第二次世界大战后，在美国、中东、北非等地发现了大量油田及伴生的天然气。每吨原油产生的能量比每吨煤高1倍。石油炼制的汽油、柴油是汽车、飞机用的内燃机燃料。1960年在能源总消耗中煤占49.5%，石油天然气占48.4%，此后石油天然气的比例增大而居领先地位。2010年，世界石油消费达到4.279×10^{10}t，中国是消费增长最快的国家，达到4.39×10^9 t。我国煤炭资源丰富，而石油资源相对匮乏，我国能源以煤炭为主的状况还要持续一段时间。

二、能源的分类和能量的转化规律

1. 能源的分类

凡是能被人类加以利用以获得有用能量的各种来源都可以称为能源。能源种类繁多,而且经过人类不断的开发与研究,更多新型能源已经开始满足人类需求。根据不同的划分方式,能源也可分为不同的类型。

(1)按能源形成分类,可分为一次能源和二次能源。存在于自然界,可直接获得而无需改变其形态和性质的能源称为一次能源,亦称天然能源。包括化石燃料(如原煤、原油、天然气等)、核燃料、生物质能、水能、风能、太阳能、地热能、海洋能、潮汐能等。其中风能、水能、太阳能、地热能、生物质能、潮汐能等不会随着人们的使用而减少,称之为可再生能源。而矿物能源如煤炭、石油、核燃料等称为非再生能源。在世界能源消费构成中,占能耗比重最大的是石油,其次是煤和天然气,这些都是非可再生能源资源。若按非可再生矿物能源耗用量速率推算,已探明的石油储量将在 2010～2035 年耗掉 80%;而天然气和煤,从现在算起,天然气只能再用 40～80 年,煤可再用 200～300 年。由一次能源经加工、转换或改质而得到的另一类型能源称为二次能源,如电能、氢能、汽油、煤油、柴油、沼气等。

(2)按能源使用的成熟程度分类,可分为常规能源和新型能源。当前人们已经大规模生产并广泛开发利用的能源,例如煤炭、石油等化石能源及水力能、植物燃料等常称之为常规能源;以新技术为基础正在研究之中以便系统开发推广应用的一次能源(如太阳能、氢能、风能、地热能、海水温差能等)称为新型能源。其中最引人注目的是太阳能的利用。据估计太阳辐射到地球表面的能量是目前全世界能量消费的 1.3 万倍。如何把这些能量收集起来为我们所用,是科学家们十分关心的问题。植物的光合作用是自然界"利用"太阳能极为成功的范例。它不仅为大地带来了森林和粮菜瓜果,而且地球蕴藏的煤、石油、天然气的起源也与此有关。利用太阳能使水分解为氢气和氧气,直接将太阳能转变为电能等都是当今科学技术的重要课题,受到各国政府和工业界的支持与鼓励。

(3)按能源消费后是否造成污染分类,分为污染型能源和清洁型能源。如煤、石油等属于污染型能源;水力能、风能、氢能、太阳能等属于清洁能源。一般分类如下:

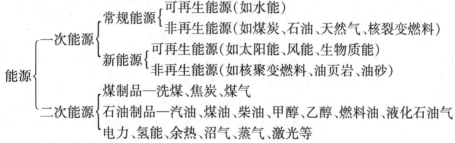

按能源的形态特征或转换与应用的层次,世界能源委员会推荐的能源类型分为:固体燃料、液体燃料、气体燃料、水能、电能、太阳能、生物质能、风能、核能、海洋能和地热能。其中,前三个类型统称化石燃料或化石能源。

2. 能量的转化规律

能量被定义为量度物质运动形式和量度物质做功多少的物理量。能量有多种形式,如机械能、热能、化学能、原子能、生物能、光能等。不同形态能量可以相互转化。如用热来产生蒸汽,用蒸汽推动汽轮机,使热能变成机械能;也可以用汽轮机带动发电机,使机械能变成电能;如果把电送到工厂、企业、机关、农牧林区和住户,它又可以转换成机械能、光能或热能。但是,在能量的转换过程中,能量的转换不是十分彻底,未能做有用功的部分,通常以热的形式表现。目前火力发电和原子能发电的效率只有 30%~40%,其余以热的形式散失。

能量相互转化过程中,尽管做功的效率因所用工具或技术不同而有差别,但是折算成同种能量时,其总值却是不变的,这就是能量转化和能量守恒定律,这是自然界中一条极为基本的定律。

5.2 能源现状与发展趋势

一、世界能源现状及发展趋势

在 2007 年全球能源消费结构中(图 5.1),石油平均占 35.6%(比 2006 年 35.8%下降 0.2%)、天然气平均占 25.6%(比 2006 年 23.7%上升 1.9%),煤炭平均占 28.6%(比 2006 年 28.4%上升 0.2%),核能平均占 5.6%,水力平均占 6.4%。目前一次不可再生能源石油、煤炭和天然气共占能源消费的 80%以上,仍然在能源格局中处于主体地位。

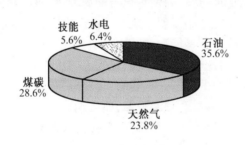

图 5.1 2007 年全球能源消费结构图

国际能源署(IEA)发布的《世界能源展望 2007》预测,全球 2005~2030 年间的一次能源需求将增加 55%,年均增长率为 1.8%。能源需求将达到 1.77×10^{11} t 标准油,而 2005 年为 1.14×10^{11} t 标准油。化石燃料仍将是一次能源的主要来源,在 2005~2030 年的能源需求增长总量中占到 84%。石油仍是最重要的单种燃料,尽管它在全球需求中的比重从 35%降到了 32%。2030 年的全球石油需求量将达到 1.16×10^9 桶/日,比 2006 年多出 3.2×10^8 万桶/日(增长了 37%)。从绝对数量上看,煤炭需求量增幅最大,与近年来的经济飞速增长保持一致。在 2005~2030 年间煤炭需求量将上升 73%,其在能源总需求中的比例也将从 25%提高到 28%。煤炭用量增长大多来源于中国和印度。天然气比例适度的增加,从 21%上升到 22%。电力用量将翻一番,它在终端能源消费中的比例将从 17%上升到 22%。预计要满足全球对能源的需求,大概需要在能源供应基础设施方面投入 22 万亿美元的资金,筹措所有的投资资金将具有挑战性。

发展中国家的经济和人口增长最快,占全球一次能源消费增长量的 74%,仅中国和印度就占全球增长量的 45%。OECD 国家占 1/5,转型经济国家占其余的 6%。总的来看,到了 2015 年,发展中国家的能源需求在全球能源市场中占 47%,在 2030 年占 1/2 以上,而目前仅为 41%。发展中国家在全球所有一次能源(非水利可再生能源除外)需求中所占的比重将增加。全球能源需求增长量约有1/2用于发电,另外有1/5用于满足交通运输需求,其中大部分是基于石油的燃料。

国际能源署(IEA)对2000~2030年国际电力的需求进行了研究,研究表明,来自可再生能源的发电总量年平均增长速度将最快。IEA的研究认为,在未来30年内非水利的可再生能源发电将比其他任何燃料的发电都要增长得快,年增长速度近6%。在2000~2030年间其总发电量将增加5倍,到2030年,它将提供世界总电力的4.4%,其中生物质能将占其中的80%。

二、我国能源的现状与发展趋势

1. 我国能源现状

我国能源资源有以下特点:

(1) 能源资源总量丰富。我国拥有较为丰富的化石能源资源。其中,煤炭占主导地位。2006年,煤炭资源量为1.0345×10^{13} t,剩余探明可采储量约占世界的13%,为世界第三位。已探明的石油、天然气资源储量相对不足,油页岩、煤层气等非常规化石能源储量潜力较大。我国拥有丰富的可再生能源。水力资源年发电量约1.76×10^9 kW·h,相当于世界水力资源量的12%,位居世界首位。

(2) 能源资源人均低。煤炭和水力资源人均拥有量相当于世界平均水平50%,石油、天然气人均资源量为世界平均水平的1/15。耕地资源低于世界人均水平的30%,制约了生物质能开发。人均能源消费水平低,仅相当于世界平均水平的3/4,人均石油消费只相当于世界平均水平的1/2,石油人均进口量也只相当于世界平均水平的1/4,远低于世界发达国家水平。

(3) 能源资源分布不均。我国能源资源分布广泛但不均衡。煤炭资源主要在华北、西北地区,水力资源主要分布在西南地区,石油、天然气资源主要在东、中、西部地区和海域,而我国主要的能源消费地区集中在东南沿海经济发达地区。北煤南运、北油南运、西气东输、西电东送,是我国能源流向的基本特征。

2. 我国能源的发展趋势

(1) 消费总量与结构。2009年,我国一次能源消费总量达到3.066×10^{10} t标准煤,较2005年增加了30%。2010年,我国一次能源消费总量达到3.2×10^{10} t标准煤。2007年,我国的能源消费结构中,煤炭、石油、天然气、核电、水电分别占一次能源消费总量的70.4%、20.8%、3.3%、0.70%、5.9%,能源消费以煤炭为主。能源发展"十一五"规划确立的2010年发展目标是煤炭、石油、天然气、核电、水电、其他可再生能源分别占一次能源消费总量的66.1%、20.5%、5.3%、0.9%、6.8%和0.4%。与2005年相比,煤炭、石油比重分别下降3.0和0.5个百分点,天然气、核电、水电和其他可再生能源分别增加2.5、0.1、0.6和0.3个百分点。2015年一次能源消费总量可控制在4.2×10^{10} t标准煤。

(2) 生产总量与结构。2009年,一次能源生产总量达到了2.75×10^{10} t标准煤,比2005年增加了27%。2010年一次能源生产总量约2.96×10^{10} t标准煤,比2006年的一次能源生产总量2.322×10^{10} t标准煤提高了27.5%;人均能源消费水平从2006年的1.97 t标准煤预计将增长到2.38 t标准煤。其中,我国能源消费第一大品种煤炭2010年的产量为3.2×10^{10} t(实物量),是2005年的1.5倍,占世界煤炭产量的45%,产量居世界第一。第二大品种原油 2010 年的产量稳定在 1.9×10^9 t 左右,而消费量突破 4.0×10^9 t,原油对外依存度超过 55%。能源发展"十一五"规划确立 2010 年的发展目标是煤炭、石油、天然气、核电、水电、其他可再生能源分别占 74.7%、11.3%、5.0%、1.0%、7.5% 和 0.5%。与 2005 年相比,煤炭、石油比重分别下降 1.8 和 1.3 个百分点,天然气、核电、水电和其他可再生能源分别增加 1.8、0.1、0.8 和 0.4 个百分点。

"十一五"时期我国能源建设的总体安排是:有序发展煤炭;加快开发石油天然气;在保护环境和做好移民工作的前提下积极开发水电,优化发展火电,推进核电建设;大力发展可再生能源。适度加快"三西"煤炭、中西部和海域油气、西南水电资源的勘探开发,增加能源基地输出能力;优化开发东部煤炭和陆上油气资源,稳定生产能力,缓解能源运输压力。

按照"十二五"能源规划制订的目标,在"十二五"期间要加快推进水电、核电建设,积极有序做好风电、太阳能、生物质能等可再生能源的转化利用,预计到 2015 年我国常规水电、核电、风能等可再生能源的发展规模可分别达到 2.5×10^9 kW、3.9×10^8 kW 和 1.1×10^9 t 标准煤左右。与此同时,到 2015 年,我国天然气占一次能源比重将提高 4.4%,水电和核电占一次能源比重将提高 1.5%,风电、太阳能、生物质能等新能源占一次能源比重将提高 1.8%。

三、化石燃料

化石燃料,也称矿石燃料,是一种碳氢化合物或其衍生物。化石燃料所包含的天然资源有煤炭、石油和天然气。

1. 煤炭

煤炭是古代植物埋藏在地下经历了复杂的生物化学和物理化学变化逐渐形成的固体可燃性矿物。煤炭热量高、储量丰富、分布广泛,较容易开采,被广泛用作各种工业生产中的燃料。此外,经化学加工,从煤炭中能制造出成千上万种化学产品,又被称为工业的"真正的粮食"。

(1) 煤的形成。在地表常温、常压下,植物在细菌作用下,转变成泥炭或腐泥;泥炭或腐泥被埋藏后,由于盆地基底下降而沉至地下深部,经成岩作用而转变成褐煤;当煤层所受压力达 $10^5 \sim 10^6$ kPa,地热温度达 200℃ 左右,转变成烟煤至无烟煤。煤炭的形成过程,用化学式可大致表示为

$$\underset{\text{植物}}{C_{17}H_{24}O_{10}} \xrightarrow[-CO_2]{-3H_2O} \underset{\text{泥炭}}{C_{16}H_{18}O_5} \xrightarrow{-2H_2O} \underset{\text{褐煤}}{C_{16}H_{14}O_3} \xrightarrow{-CO_2} \underset{\text{烟煤}}{C_{15}H_{14}O} \xrightarrow[-H_2O]{-2CH_4} \underset{\text{无烟煤}}{C_{13}H_4}$$

煤炭是复杂的高分子有机化合物,主要由碳、氢、氧、氮、硫和磷等元素组成,而碳、氢、氧三者总和约占有机质的 95% 以上。现代公认煤的模型如图 5.2 所示。

(2) 煤的气化、干馏及液化。人们一直致力于提高煤的化学转换利用率,其中煤转变为气态和液态燃料是目前公认的最有效方法。

① 煤的气化。煤的气化是有控制地将氧或含氧化合物(H_2O、CO_2)通入高温煤炭(焦炭层或煤层)发生有机物的部分氧化反应,从而获得含有 H_2、CO 等可燃气体的过程。

根据所得产物的不同,可燃气体大致可分为:空气煤气、混合煤气、水煤气和半水煤气。各种煤气的组成如表 5.1 所示。

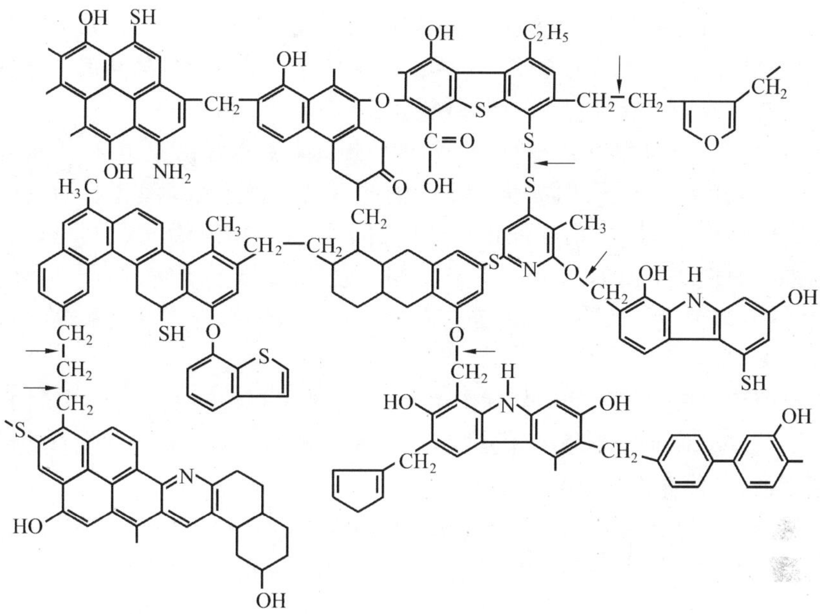

图 5.2 煤的现代结构模型

表 5.1 煤气的组成

名称	组成/%						热值/(kJ·m³)	主要用途
	H_2	CO	CO_2	N_2	CH_4	O_2		
空气煤气	2.6	10	14.7	72.0	0.5	0.2	3 800 ~ 4 600	燃料
混合煤气	13.5	27.5	5.5	52.8	0.5	0.2	5 000 ~ 5 200	燃料
水煤气	48.4	38.5	6.0	6.4	0.5	0.2	10 000 ~ 11 300	燃料
半水煤气	40.0	30.7	8.0	14.6	0.5	0.2	8 800 – 9 600	合成氨原料气

煤气的制取是在发生炉中进行的。原料煤从上部加入,汽化剂从下部进入,汽化剂与炽热焦炭发生氧化反应、放出热能。气体继续上升,在还原层被焦炭还原为一氧化碳。

$$2C(S) + O_2(g) \longrightarrow 2CO(g)$$

如果将水蒸气送入发生炉,则可得到水煤气。煤炭与水蒸气主要发生如下反应

$$C(S) + H_2O(g) \longrightarrow CO(g) + H_2(g)$$

$$C(S) + 2H_2O(g) \longrightarrow CO_2(g) + 2H_2(g)$$

② 煤干馏。煤干馏是指煤在隔绝空气条件下加热、分解,生成焦炭(或半焦)、煤焦油、粗苯、煤气等产物的过程。按加热终温的不同,可分为三种:高温干馏(900 ~ 1 100℃)、中温干馏(700 ~ 900℃);低温干馏(500 ~ 600℃)。其中高温干馏应用最多。

煤干馏过程:当煤料的温度高于100℃时,煤中的水分蒸发出;温度升高到200℃以上时,煤中结合水释出;高达350℃以上时,煤开始软化,形成黏稠胶质体;400 ~ 500℃时,大部分煤气和焦油析出,称为一次热分解产物;在450 ~ 550℃时,热分解继续进行,残留物变稠、固化形成半焦;高于550℃,半焦继续分解,析出余下的挥发物,半焦失重、收缩,形成裂纹;温度高于800℃,半焦体积缩小变硬形成多孔焦炭。当干馏在室式干馏炉内进行时,一次热

分解产物与炭及高温炉壁接触,发生二次热分解,形成焦炉煤气等二次热分解产物。

煤气产物约占焦化产品的 20%,其中的 H_2、CH_4、CO 等可燃气体热值高,燃烧方便,多用作冶金工业燃料或城市煤气,与直接燃煤相比,环境效益极高。

③ 煤的液化。煤炭液化油也叫人造石油。煤和石油都是由 C、H、O 等元素组成的有机物,但煤的平均表观相对分子质量大约是石油的 10 倍,煤的含氢量比石油低得多。所以煤加热裂解,使大分子变小,然后在催化剂的作用下加氢(450~480℃,12~30 MPa)可以得到多种燃料油。原理似乎简单,实际工艺还是相当复杂的,涉及裂解、缩合、加氢、脱氧、脱氮、脱硫、异构化等多种化学反应。煤的液化方法主要分为煤的直接液化和煤的间接液化两大类。

a.直接液化。煤在氢气和催化剂作用下,通过加氢裂化转变为液体燃料的过程称为直接液化。裂化是一种使烃类分子分裂为几个较小分子的反应过程。因煤直接液化过程主要采用加氢手段,又称煤的加氢液化法。

b.间接液化。间接液化是以煤为原料,先气化制成合成气(如 H_2、CO),然后通过催化剂作用将合成气转化成烃类燃料、醇类燃料和化学品的过程。1923 年,德国开发成功费托合成技术,将一氧化碳、氢合成烃类燃料。美国莫比尔公司开发的将甲醇直接转化为高辛烷值汽油的技术在新西兰投入工业应用,促进了煤间接液化技术的发展。

在煤加氢的转化过程中,催化剂扮演了重要角色。钴、钌、钯、铂、铑等过渡金属配合物都是煤和煤衍生液体的催化剂。目前最常用的催化剂是载在多孔氧化铝表面上用硫化物处理过的钼酸钴,对于煤裂解的各种产物的加氢非常有效,并且在含有杂原子的煤衍生液体中寿命相当长。

2.石油和天然气

石油又称原油,是从地下深处开采的棕黑色可燃黏稠液体。主要是各种烷烃、环烷烃、芳香烃的混合物。它是古代海洋或湖泊中的生物经过漫长的演化形成的混合物,与煤一样属于化石燃料。

石油有"工业的血液"、"黑色的黄金"等美誉。20 世纪 50 年代,在世界能源消费结构中,石油开始跃居首位。石油产品的种类已超过几千种。现代生活中的衣、食、住、行直接地或间接地与石油产品有关。

(1)石油和天然气的成分。现在认为石油是各种有机物(动植物)死后埋藏在不断下沉缺氧的海湾、渴湖、三角洲、湖泊等地经过许多物理化学作用,最后逐渐形成。世界上两个最大的产油带,一个叫长科迪勒地带,北起阿拉斯加和加拿大经美国西海岸到南美委内瑞拉、阿根廷;另一个叫特提斯地带,从地中海经中东到印度尼西亚。这两个地带在地质变化过程中曾都是海槽,因此曾有"海相成油"学说。60 年代以来相继在 82 个主要的大中型沉积盆地发现了油田 500 多个。我国石油资源集中分布在渤海湾、松辽、塔里木、鄂尔多斯、准噶尔、珠江口、柴达木和东海陆架八大盆地。2008 年,全国油气资源评价我国石油远景资源量 1.086×10^{12} t,地质资源量 7.65×10^{11} t,可采资源量 2.12×10^{11} t。目前在我国被开发的包括大庆、胜利、大港等大小油田已有 160 多处。

石油由碳氢化合物为主混合而成的,具有特殊气味的、有色的可燃性油质液体。一般含有 1~50 个以上碳原子的化合物,其碳、氢分别占 84%~87% 和 12%~14%,主要成分为烷烃、环烷烃和芳香烃。石油中的固态烃类称为蜡,通常有两类:一类是片状或带状结晶称为石蜡,另一类是很小的针状结晶称为地蜡。

天然气是以气态的碳氢化合物为主的各种气体组成的、具有特殊气味的、无色的易燃性混合气体。它和石油伴生,但一般埋藏部位较深。其主要成分是甲烷,但也含有相对分子质量较大的烷烃,如乙烷、丙烷、丁烷、戊烷等。天然气是最"清洁"的燃料,燃烧产物为 CO_2 和 H_2O,都是无毒物质,并且热值高,管道运输很方便。管道天然气非常受欢迎。

(2)石油的炼制。石油中所含化合物种类繁多。必须经过多步炼制,才能使用。主要过程有分馏、裂化、重整、精制等。

① 分馏。在加热时,低沸点烃类先气化,经过冷凝先分离出来;温度升高时,较高沸点烃再气化、冷凝,借此可以把沸点不同的化合物进行分离,这种方法叫分馏,所得产品叫馏分。表 5.2 列举了石油分馏主要产品及用途。

表 5.2 石油分馏主要产品及用途

	温度范围/℃	分馏产品名称	烃分子中所含碳原子数	主 要 用 途
气体	—	石油气	$C_1 \sim C_4$	化工原料、气体燃料
轻油	30~180	溶剂油 汽油	$C_5 \sim C_6$ $C_6 \sim C_{10}$	溶剂、汽车、飞机用液体燃料
	180~280	煤油	$C_{10} \sim C_{16}$	液体燃料、溶剂
	280~350	柴油	$C_{17} \sim C_{20}$	重型卡车、拖拉机、轮船用燃料、各种柴油机用燃料
重油	300~500	润滑油 凡士林	$C_{18} \sim C_{30}$	机械、纺织等工业用的各种润滑油、化妆品、医药业用的凡士林
	—	石蜡	$C_{20} \sim C_{30}$	蜡烛、肥皂
	—	沥青	$C_{30} \sim C_{40}$	建筑业、铺路
	>500	渣油	$>C_{40}$	做电极、金属铸造燃料

在石油炼制过程中,沸点最低的 $C_1 \sim C_4$ 部分是气态烃,来自分馏塔的废气和裂化炉气,统称石油气。其中有不饱和烃,也有饱和烃。不饱和烃如乙烯(C_2H_4)、丙烯(C_3H_6)、丁烯(C_4H_8)都有双键,容易发生加成反应和聚合反应,所以这些烯烃都是宝贵的化工原料。

② 裂化。采用裂化法可以使碳原子数多的碳氢化合物裂解成各种小分子的烃类。裂化分为热裂化和催化裂化两种。热裂化温度在 700~900℃,旨在获得乙烯之类的化工原料,而催化裂化是用催化剂进行催化进行裂化,反应温度在 400~500℃,能够获得高质量的汽油。它的裂解产物成分很复杂,从 $C_1 \sim C_{10}$ 都有,既有饱和烃,又有不饱和烃,经分馏后分别使用。裂解产物的种类和数量随催化剂和温度、压力等条件不同而异。

③ 催化重整。在一定的温度压力下,汽油中的直链烃在催化剂表面上进行结构的"重新调整",转化为带支链的烷烃异构体,这就能有效地提高汽油的辛烷值,同时还可得到一部分芳香烃。传统催化剂是铂(Pt)、铱(Ir)和铼(Re)等,价格比黄金还贵。现在,以多孔性氧化铝或氧化硅为载体,在表面上浸渍 0.1% 的贵金属,汽油在催化剂表面只要 20~30 s 就可以完成重整反应。

④ 加氢精制。汽油、煤油、柴油中都混有少量含 N 或 S 的杂环有机物,在燃烧过程中会生成 NO_x 及 SO_2 等酸性氧化物而污染空气。在一定温度和压力下采用催化剂使 H_2 和这些

杂环有机物起反应生成 NH_3 或 H_2S 而分离,碳氢化合物留在油品中的做法叫加氢精制。

石油经过分馏、裂化、重整、精制等步骤,获得了各种燃料和化工产品。

3. 可燃冰

可燃冰的主要成分是甲烷分子与水分子,也被称为"甲烷水合物"。埋于海底地层深处的天然气被包进水分子中,在海底的低温与压力下结晶,形成可燃冰。在常温常压下它会分解成水与甲烷,可燃冰可以看成是高度压缩的固态天然气。$1\ m^3$ 可燃冰能够转化为 $164\ m^3$ 的天然气和 $0.8\ m^3$ 的水。

形成"可燃冰"有三个基本条件:第一,温度不能太高,在 0℃ 以上可以生成,0~10℃ 为宜,最高限是 20℃ 左右,再高就分解了。第二,压力要够,但也不能太大,0℃ 时,$3×10^5 Pa$ 以上它就可能生成。第三,地底要有气源。在陆地只有西伯利亚的永久冻土层才具备形成条件和使之保持稳定的固态,而海洋深层 300~500 m 的沉积物中都可能具备这样的低温高压条件。因此,其分布的陆海比例为 1:100。

在北极的海底首次发现大量的可燃冰。科学家估计,海底可燃冰分布范围约 $4×10^8\ km^2$,占海洋总面积的 10%。据国际地质勘探组织估算,地球深海中水合甲烷的蕴藏量超过 $2.84×10^{21}\ m^3$,大约是常规气体能源储存量的 1 000 倍。且在这些可燃冰层下面还可能蕴藏着 $1.135×10^{20}\ m^3$ 的气体,海底可燃冰的储量够人类使用 1 000 年。专家认为,水合甲烷一旦得到开采,将使人类的燃料使用史延长几个世纪。探测证据表明:我国仅南海北部的可燃冰储量,就已达到我国陆上石油总量的 1/2 左右;此外,在西沙海槽已初步圈出可燃冰分布面积 $5.242×10^4\ km^2$,其资源估算达 $4.1×10^{13}\ m^3$。

可燃冰的开采方案有三种。一是热解法。利用可燃冰在加温时分解的特性,使其由固态分解出甲烷蒸气。此方法难处在于不好收集。海底的多孔介质不是集中为"一片",也不是一大块岩石,而是较为均匀地遍布着。如何布设管道并高效收集是难于解决的问题。二是降压法。科学家提出将核废料埋入地底,利用核辐射效应使其分解。但同样面临着和热解法同样布设管道和高效收集问题。三是置换法。将 CO_2 液化,注入 1 500 m 以下的洋面,就会生成二氧化碳水合物,它的比重比海水大,会沉入海底。如果将 CO_2 注射入海底的甲烷水合物储层,因 CO_2 更易形成水合物,因而能将甲烷水合物中的甲烷分子"挤走",从而将其置换出来,这也绝非易事。

总之,人类要开采埋藏于深海的可燃冰,还面临着许多新问题。有些学者认为,在导致全球气候变暖方面,甲烷的作用比二氧化碳要大 10~20 倍。而可燃冰矿藏哪怕受到最小的破坏,都足以导致甲烷气体的大量泄漏。另外,陆缘海边的可燃冰开采起来十分困难,一旦出了井喷事故,就会造成海啸、海底滑坡、海水毒化等灾害。海底可燃冰的存在可能造成海床不稳定,导致大规模海底泥流,对海底管道和通讯电缆有严重破坏作用。如果地震中海底地层断裂,游离的气体和水合甲烷分解产生的气体会喷出海面,或在海水表层及水面上形成许多高度集中的易燃气泡。这不仅会对过往船只有危险,也会给低空飞行飞机带来厄运。近几个世纪,位于佛罗里达、百慕大群岛和波多黎各之间的百慕大三角区海域发生过的许多船只和飞机神秘失踪事件(百慕大之谜)可能与此有关。显然,可燃冰在作为未来新能源的同时,也是一种危险的能源。可燃冰的开发利用就像一柄"双刃剑",需要慎重对待。当然,随着科技的发展,一切困难和问题都会在被克服和解决之列。目前主要分布在东、西太平洋和大西洋西部边缘的海底可燃冰还只能保存在海底和永久冻土层内。

5.3 电极电势与化学电源

借助于化学变化把化学能直接转化为电能的装置,称化学电池或化学电源。如收音机、手电筒、照相机上用的干电池,汽车发动机用的蓄电池,钟表上用的纽扣电池等都是小巧玲珑携带方便的日常用品。那末,哪些化学体系可以设计成为实用的电池呢?

一、原电池

化学电池都与氧化还原反应有关,失电子的过程叫氧化,得电子的过程叫还原。例如:

锌的氧化反应 $\qquad$ Zn(s) ══ Zn^{2+}(aq) + $2e^-$

铜离子的还原反应 $\qquad$ Cu^{2+}(aq) + $2e^-$ ══ Cu(s)

这两个式子分别代表两个氧化还原半反应,两个半反应组合成一个氧化还原反应:

$$Zn(s) + Cu^{2+}(aq) ══ Zn^{2+}(aq) + Cu(s)$$

凡涉及电子转移的反应都属于氧化还原反应,若这些电子能顺一定方向流动便成为电流。如何将反应的化学能转变为电能,需采用图5.3所示装置来实现。左边烧杯里盛硫酸锌溶液,并插入锌片,右边烧杯里盛硫酸铜溶液,并插入铜片;两个烧杯之间用"盐桥"相连。(盐桥是一个盛 KCl 饱和溶液胶冻的 U 形管,用以构成电子流的通路)。锌片和铜片之间用电线相连接,中间串联一个电压表(或电流表),电表指针的偏转证明上述装置确有电流产生,这就成为由锌电极(Zn – $ZnSO_4$)和铜电极(Cu – $CuSO_4$)组成的一个电池,简称锌 – 铜原电池。这种把氧化还原反应的化学能直接转换成电能的装置称为原电池。

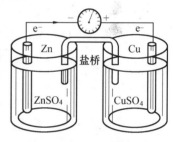

图 5.3 原电池装置示意图

原电池中所进行的氧化还原反应分别在两个电极上。锌 – 铜原电池的两个电极反应分别是:

负极 $\qquad$ Zn(s) ══ Zn^{2+}(aq) + $2e^-$

正极 $\qquad$ Cu^{2+}(aq) + $2e^-$ ══ Cu(s)

电池总反应

$$Zn(s) + Cu^{2+}(aq) ══ Zn^{2+}(aq) + Cu(s)$$

可以看到在锌极发生的是 Zn 片溶解生成 Zn^{2+},在铜极则有 Cu^{2+} 还原成金属铜析出在铜片上,电子由锌极流向铜极(电流方向相反),电流表指针向正方向偏转指明铜极为正极,锌极为负极。如果不加盐桥,电流表指针不偏转,没有电流通过。这是因为两个烧杯所装的两种溶液间彼此隔绝,整个电路不能形成回路的缘故。盐桥中阴离子和阳离子分别向两个烧杯中溶液迁移,以消除两种溶液中正负电荷的累积。

显然,电池反应与置换反应的本质是相同的,只是在电池反应中电子的转移是通过外电路来完成的,而置换反应中电子的转移是直接在溶液中进行的。

若原电池的温度为25℃,外界压力为100 kPa,且溶液的浓度均为 1 mol·L^{-1},则此时的原电池称为标准原电池。为了书写和表达的便利,此标准原电池可以表示为

$$(-)Zn|Zn^{2+}(1\ mol·L^{-1})\|Cu^{2+}(1\ mol·L^{-1})|Cu(+)$$

以上符号中,"|"表示界面,"‖"表示盐桥,溶液注明浓度,气体注明压力。按规定原电

池的负极写在左边,正极写在右边。

二、标准电极电势

对图 5.2 所示的原电池,如果 Zn^{2+}、Cu^{2+} 离子浓度均为 $1\ mol\cdot L^{-1}$,气体的分压为 100 kPa,当温度为 25℃,电压表的读数为 1.10 V,电压表的读数反映的是两个电极间的电势差,此电势差即为该原电池的电动势。单个电极的电势的绝对值无法测量,为了测定某一半电池的电势,需选特定的半电池作为标准,然后将要测的半电池与标准半电池组成原电池,再测定此原电池的电动势。

根据国际规定,选择标准氢半电池作为标准氢电极,从而确定各电极电势的相对值。标准氢电极是将镀有铂黑的铂片放入氢离子浓度为 $1\ mol\cdot L^{-1}$ 的硫酸溶液中,不断通入压力为 100 kPa 的纯氢气,使铂黑吸附氢达到饱和,这样铂黑片就像是由氢气构成的电极一样。标准氢电极(图 5.4)表示为

$$Pt\mid H_2(100\ kPa)\mid H^+(1\ mol\cdot L^{-1})$$

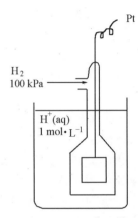

图 5.4 标准氢电极

标准氢电极电极电势为 $\varphi^{\ominus}(H^+/H_2)$,其中右上角"$\ominus$"表示标准态,$H^+/H_2$ 表示氢电极的氧化还原电对,人为地把标准氢电极的电极电势规定为零,即 $\varphi^{\ominus}(H^+/H_2) = 0\ V$。实验表明,当作为参比用的标准氢电极与标准锌电极组成原电池时测得的电池电动势为 0.76 V,电子从锌极流向标准氢电极,说明锌电极发生氧化反应,标准氢电极发生还原反应,该原电池符号为

$$(-)Zn\mid Zn^{2+}(1\ mol\cdot L^{-1})\parallel H^+(1\ mol\cdot L^{-1})\mid H_2(100\ kPa)\mid Pt(+)$$

原电池的电动势为 $E^{\ominus} = \varphi^{\ominus}(H^+/H_2) - \varphi^{\ominus}(Zn^{2+}/Zn) = 0.76\ V$,因而求得锌的标准电极电势为 $\varphi^{\ominus}(Zn^{2+}/Zn) = \varphi^{\ominus}(H^+/H_2) - E^{\ominus} = -0.76\ V$。大多数金属、非金属及一些复杂化合物的标准电极电势都可以用上述方法测定,本书附录 4 中给出的是在 298.15 K 时各电对的标准电极电势。其中 $\varphi^{\ominus}$ 值越大,表示氧化能力越强,可作强氧化剂,本身是弱的还原剂。并且可以根据电极电势代数值的大小判断组成原电池的正、负极,计算其电动势。

实际上原电池常常在标准状态下工作,此时原电池的电动势可通过能斯特方程计算

$$E = E^{\ominus} - \frac{RT}{ZF}\ln J \tag{5.1}$$

式(5.1)中,E 为非标准状态下的电池电动势;$E^{\ominus}$ 为标准电动势;R 为摩尔气体常数(8.31 J·mol·K^{-1});T 为温度,一般为 298.15 K;Z 为摩尔电子数,F 为法拉第常数($F = 96.5\ kJ\cdot V^{-1}\cdot mol^{-1}$),$J$ 为浓度商或压力商,其书写方式与电池反应的平衡常数表达式相同。将上述各常数代入并将自然对数换为常用对数,可得

$$E = E^{\ominus} - \frac{0.059}{Z}\lg J$$

【例题 5.1】 计算 298.15 K 时(25℃)下列原电池的电动势 E

$$(-)Zn\mid Zn^{2+}(1.0\times 10^{-9}mol\cdot L^{-1})\parallel Cu^{2+}(1.0\ mol\cdot L^{-1})\mid Cu(+)$$

【解】 正极 $Cu^{2+}(aq) + 2e^- = Cu(s)$ $\varphi^{\ominus}(Cu^{2+}/Cu) = 0.34\ V$

负极 $Zn(s) = Zn^{2+}(aq) + 2e^-$ $\varphi^{\ominus}(Zn^{2+}/Zn) = -0.76\ V$

电池反应 $Zn(s) + Cu^{2+}(aq) = Zn^{2+}(aq) + Cu(s)$ $E^{\ominus} = 1.10$ V

$$E = E^{\ominus} - \frac{0.059}{Z}\lg J = 1.10 - \frac{0.059}{2}\lg \frac{10^{-9}}{1} = 1.10 + 0.27 = 1.37 \text{ V}$$

三、化学电源

化学电池按工作性质可分为：一次电池(原电池)和二次电池(可充电电池)。其中,一次电池又分为：糊式锌锰电池、纸板锌锰电池、碱性锌锰电池、扣式锌银电池、扣式锂锰电池、扣式锌锰电池、锌空气电池、一次锂锰电池等。二次电池可分为：镉镍电池、氢镍电池、锂离子电池、二次碱性锌锰电池等。蓄电池习惯上指铅酸蓄电池,也是二次电池、燃料电池。可分为：开口式铅酸蓄电池、全密闭铅酸蓄电池。燃料电池,即活性材料在电池工作时才连续不断地从外部加入电池,如氢氧燃料电池等。下面介绍几种重要的电池。

1. 一次性电池

一次性电池是利用化学反应得到电流,而放电后不能重复使用的电池。一次性电池作为直流电源广泛应用于便携式电器、电子仪器和仪表、照相机与照相器材、手表、计算器、无线电话、助听器、电动玩具等方面。

生活中常用的干电池(锌-锰电池)是一次性电池。锌-锰电池又称勒兰社(Leclanche)电池,是法国科学家勒兰社(Leclanche)于1868年发明的。锌锰电池由锌(Zn)作负极,二氧化锰(MnO_2)作正极,电解质溶液采用中性氯化铵(NH_4Cl)、氧化锌($ZnCl_2$)的水溶液,由淀粉或浆层纸作隔离层制成的,由于其电解质溶液通常制成凝胶状或被吸附在其他载体上而呈现不流动状态,故又称锌-锰干电池(图5.5)。

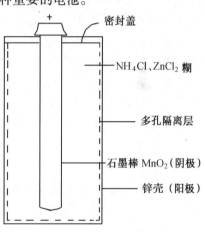

图5.5 锌-锰干电池

锌-锰干电池的电池符号可表示为

$(-)$ Zn | $ZnCl_2$、NH_4Cl(糊状) ‖ MnO_2 | C(石墨)$(+)$

干电池在使用时的反应为

负极 $Zn(s) = Zn^{2+}(aq) + 2e^-$

正极 $2MnO_2(s) + 2NH_4^+(aq) + 2e^- = Mn_2O_3(s) + 2NH_3(aq) + H_2O(l)$

总反应 $Zn(s) + 2MnO_2(s) + 2NH_4^+(aq) = 2Zn^{2+} + Mn_2O_3(s) + 2NH_3(aq) + H_2O(l)$

锌-锰干电池的电动势是1.5 V。但因产生的NH_3气被石墨吸附,故该干电池的电动势下降较快。如果用高导电的糊状KOH代替NH_4Cl,正极材料改用钢筒,MnO_2层紧靠钢筒,就构成碱性锌-锰干电池,由于电池反应没有气体产生,内电阻较低,电动势可稳定在1.5 V。

另一种常见的干电池是银电池和汞电池。这类电池的优点是体积小,因形似纽扣,又称为纽扣电池。可作为电子表、计算器、助听器等电源。银电池一般用不锈钢制成小圆盒形,圆盒由正极壳和负极壳组成,盒内正极壳一端填充由氧化银和石墨组成的正极活性材料,负极盖一端填充锌汞合金组成的负极活性材料,电解质溶液为KOH浓溶液。电极反应式如下：

负极 $Zn(s) + 2OH^-(aq) = ZnO(s) + H_2O(l) + 2e^-$

正极 $Ag_2O(s) + H_2O(l) + 2e^- = 2Ag(s) + 2OH^-(aq)$

电池总反应式 $\quad Ag_2O(s) + Zn(s) \rightleftharpoons 2Ag(s) + ZnO(s)$

电池的电压一般为 1.59 V,使用寿命较长。由于汞对环境污染,故目前被禁止使用。

2. 蓄电池(二次电池)

蓄电池不仅能使化学能变为电能,还可借助其他电源使反应逆向进行,是一种可逆电池(作为可逆电池,要求充放电反应可逆,环境复原),又称二次电池或可充电电池。此种电池因所使用电解质的酸碱性不同,又可分为酸性蓄电池和碱性蓄电池。最常用的是酸性铅酸蓄电池,被广泛应用于汽车中,俗称"电瓶",如图 5.6 所示。

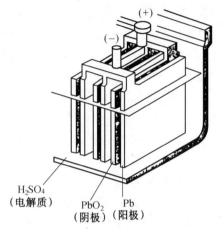

图 5.6 酸性铅酸蓄电池(电瓶)

1859 年,法国普兰特(Plante)发明了铅酸蓄电池。铅酸蓄电池一般用硬橡胶或透明塑料制成长方形外壳(防止酸液的泄漏);设有多层电极板,其中正极板上有一层棕褐色的二氧化铅,负极是海绵状的金属铅,正负电极之间用微孔橡胶或微孔塑料板隔开(以防止电极之间发生短路);两极均浸入到硫酸溶液(30%~50%)中。可用符号表示为

$$(-)Pb \mid H_2SO_4(30\%\sim50\%) \mid PbO_2(+)$$

铅蓄电池可放电,也可以充电,放电时为原电池,其电极反应为:

负极 $\quad Pb + SO_4^{2-} \rightleftharpoons PbSO_4 + 2e^-$

正极 $\quad PbO_2 + 4H^+ + SO_4^{2-} + 2e^- \rightleftharpoons PbSO_4 + 2H_2O$

电池反应 $\quad Pb + PbO_2 + 2H_2SO_4 \rightleftharpoons 2PbSO_4 + 2H_2O$

放电时,硫酸溶液浓度不断降低,当溶液的密度降到 1.18 g/mL 时就需要充电,上述电池反应逆转,即由左向右进行,当硫酸溶液的密度达到 1.28 g/mL 时,充电结束。一般蓄电池正常情况下可充放电 300 次左右。

目前常用的可充电电池为锂离子电池。1992 年 Sony 成功开发了锂离子电池。目前,锂离子电池常以锂-碳层间化合物为负极,以 Li_xCoO_2、$Li_xMn_2O_4(0 < x \leqslant 1)$ 等含锂化合物作正极。当对电池进行充电时,电池的正极上有锂离子生成,生成的锂离子经过电解液运动到负极。而负极碳呈层状结构,它有很多微孔,达到负极的锂离子就嵌入到碳层的微孔中,形成石墨嵌入化合物 LiC_6,嵌入的锂离子越多,充电容量越高。同样,当对电池进行放电(使用电池)时,嵌在负极碳层中的锂离子脱出,重新运动回正极。回正极的锂离子越多,放电容量越高。在锂离子电池的充放电过程中,锂离子处于从正极→负极→正极的运动状态。锂离子电池就像一把摇椅,摇椅的两端为电池的两极,而锂离子就像运动员一样在摇椅来回奔跑。所以锂离子电池又叫摇椅式电池。锂离子电池充放电过程的电池反应为

$$LiCoO_2 + xO_2 \underset{充电}{\overset{放电}{\rightleftharpoons}} Li_{(1-x)}CoO_2 + Li_xO_{2x}$$

锂离子电池具有工作电压高(3.7 V)、体积小、质量轻、能量高、无记忆效应、无污染、自放电小、循环寿命长等特点。它的实用化,使移动电话、笔记本电脑等便携式电子设备质量和体积大大减小,使用时间大大延长。锂离子电池是 21 世纪发展的理想能源。

3. 燃料电池

燃料电池(Fuel Cell)是一种将存在于燃料与氧化剂中的化学能直接转化为电能的发电装置。燃料即化石燃料以及由此得到的衍生物,如氢、肼、烃、煤气等液体和气体燃料;氧化剂仅限于氧和空气。燃料电池基本结构与一般化学电源相同,由正极(氧化剂电极)、负极(燃料电极)和电解质构成,但其电极本身仅起催化和集流作用。燃料电池工作时,活性物质由外部供给,因此,只要燃料和氧化剂不断地输入,反应产物不断地排出,燃料电池就可以连续放电,供应电能。

燃料电池直接进行燃料-电能转换,燃料-电能转换效率能达到60%~80%,而火力发电和核电的效率大约在30%~40%。同时有害气体SO_x、CO_2及NO_x排放都很低,环境污染少。所以科学家预言,燃料电池将成为21世纪世界上获得电力的重要途径,是继水电、火电、核能发电后的第四类发电——化学能发电。

燃料电池的概念是1839年G.R.Grove提出的,至今已有160多年的历史。目前,燃料电池按电解质划分已有6个种类得到了发展,即碱性燃料电池、磷酸盐型燃料电池、熔融碳酸盐型燃料电池、固体氧化物型燃料电池、固体聚合物燃料电池、生物燃料电池。

常见的燃料电池是氢-氧燃料电池,如图5.7所示。它以氢气为燃料,以氧气为氧化剂,电池反应得产物是水。氢-氧燃料电池由三部分组成,燃料电池以还原剂(如氢气、联氨、甲醇、煤气、天然气等)为负极反应物,以氧化剂(如氧气、空气等)为正极反应物。为了使燃料便于进行电极反应,中间部分是质量分数为30%~50%的KOH电解液,其间由多孔的碳电极分离。氢-氧燃料电池的符号表示为

$(-)C\mid KOH(30\%\sim50\%)\mid O_2\mid C(+)$

电极反应为

负极　　$2H_2(g) + 4OH^-(aq) = 4H_2O(l) + 4e^-$

正极　　$O_2(g) + 2H_2O(l) + 4e^- = 4OH^-(aq)$

总电池反应　　　　$2H_2(g) + O_2(g) = 2H_2O(l)$

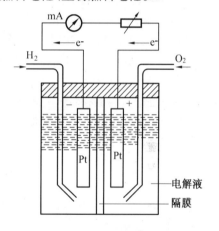

图 5.7　氢-氧燃料电池

氢-氧燃料电池的输出电压为0.9V左右。20世纪60年代,氢燃料电池就已经成功地应用于航天领域。往返于太空和地球之间的"阿波罗"飞船就安装了这种体积小、容量大的装置。它不仅能为飞船提供能量,而且作为电池反应产物的水还可供宇航员作为饮用之水。进入70年代以后,随着人们不断地掌握多种先进的制氢技术,很快,氢-氧燃料电池就被运用于发电和汽车。在冰岛政府的支持下,戴姆勒-克莱斯勒公司和壳牌公司1999年初宣布把冰岛变为世界上第一个无汽车污染国家,用燃料电池汽车取代化石燃料动力汽车。

随着制氢技术的发展,氢-氧燃料电池离我们的生活越来越近。将来氢气将像煤气一样通过管道被送入千家万户,用户采用金属氢化物贮罐贮存氢气,然后连接氢-氧燃料电池,再接通各种用电设备。这样便为人们创造了舒适的生活环境,减轻了繁重的生活事务。

四、电池选购和使用常识

1. 注重服务寿命

电池的作用主要靠其中的化学物质产生,当其中的化学物质消耗"待尽"(不能满足电池反应的量的要求)时,电池则达到了服务寿命。诸如干电池等一次电池是不能充电的,服务寿命当然只有一次。对于充电电池,一般我们用充电次数来衡量其服务寿命的长短。镍镉电池的循环使用寿命在 300 ~ 700 次,镍氢电池的可充电次数在 400 ~ 1 000 次,锂离子电池为 500 ~ 800 次。充电电池的服务寿命不仅受制于电池原料、制作工艺等影响因素,还与电池的充放电方法和实际使用情况密切相关。

2. 注重电池的电压和容量

在电化学上,常用电压、容量等概念来衡量电池个体的属性和性能。一般单个干电池的额定电压为 1.5 V,镍镉电池和镍氢电池为 1.2 V,锂离子电池为 3.6 V,一些常见的不可充电的锂电池为 3 V。

容量是指电池存储电量的大小。电池容量的单位为"mA·h",中文名称是毫安时。如 GP 超霸电池的额定容量是 1 300 mA·h,如果以 0.1C(C 为电池容量),即 130 mA 的电流供给电池放电,那么该电池可以持续工作 10 h;如果放电电流为 1 300 mA,那么该电池可以工作 1 h 左右(实际工作时间因电池的实际容量的个别差异而有一些差别)。这是理想状态下分析,数码设备实际工作时的电流不可能始终恒定在某一数值(如数码相机,工作电流会因为 LCD 显示屏、闪光灯等部件的开启或关闭而发生较大的变化),因而电池能对某个设备的供电时间只是个大约值,而这个值也只能通过实际操作经验来估计。

由于单个电池的电压和容量都十分有限,一般需要用几个电池组成电池组,以满足不同设备的实际供电需要。在数码相机中,最常见的电池组合是串联,即把电池正负极首尾相连。而在笔记本电脑中,一般采用的是混联方式,既有串联也有并联。

3. 电池充电注意事项

镍-镉、镍-氢电池具有记忆效应,为避免因记忆效应影响电池服务寿命和电池容量,在充电时应注意:

(1) 前三次充电要充 12 h 以上,最大程度地激活电池,达到正常容量;

(2) 尽量把电池的电量用完再进行充电。

而锂离子电池几乎没有记忆效应,为避免影响电池服务寿命和电池容量,充电时应注意:

(1) 按照标准的时间和程序充电,即使是前三次也要如此进行;

(2) 当出现机器电量过低提示时,应该尽量及时开始充电;

(3) 锂电池的激活并不需要特别的方法,在机器正常使用中锂电池会自然激活。

五、电池与环境

我国从 2001 年 1 月 1 日开始执行国家经贸委、国家环保总局、国家技术监督局等 9 个部委局发布的《关于限制电池产品汞含量的通知》中要求的"凡进入国内市场销售的国内外电池产品,在单体电池上均须标注汞含量(如用"低汞"或"无汞"注明),未标注汞含量的电池不准进入市场销售"的规定。

长期以来,我国生产的锌-锰干电池,不论是酸性还是碱性,锌筒作为负极均经汞齐化工艺处理,防腐剂则为汞的化合物。科学研究结果表明,汞是严重污染环境的元素,具有明显的神经毒性,对内分泌系统、免疫系统等都有严重影响。

我国的锌-锰干电池中的汞的质量分数高达1%~5%,中性干电池中的汞的质量分数也为0.025%,严重超标。全国每年用于生产干电池的汞仅一次性污染含量每年达100 t汞之多,数字巨大,污染极其严重。

日常生活中的电池,由于低值高耗、体积小、无直观危害和直接的环境污染等原因,常不易引起人们的注意,而且电池用完后,人们又习以为常地随手抛弃,结果造成废旧电池撒落在每个角落。殊不知,这些看起来并不起眼的电池由于含汞污染的物质,当其撒落在自然界后,随着时间的推移,外层金属锈蚀,汞等有害物质就会慢慢地从电池中溢出,进入土壤或经过雨水的冲洗进入河流,进入地下水。假若焚烧垃圾时,垃圾中的废电池内所含汞会以汞蒸气形式进入大气圈。据测试,一节一号干电池所含的汞,可使1 m^2的土地失去使用价值。进入环境中的汞,可通过植物吸收作用,通过动物的呼吸作用,通过饮水、食物链,从而间接或直接进入人体,并在人体内长期蓄积,损害神经和造血功能,使免疫能力下降,肾脏和骨骼受害等。因此,废旧电池的随意乱抛将给环境留下长期的、潜在的危害。废旧电池的回收,一是可实现资源的回收利用,变废为宝,二是可防止环境污染。废旧电池中的有色金属是宝贵的自然资源,处理100 t废旧电池能获得25 t锌、5 t锰、17 t钢皮。废旧电池的回收,更有利于通过工业化规模,对有害物质进行集中回收或无害化处理,从而使废旧电池的回收和处理更符合国家城市生活垃圾处理原则,以及污染防治技术政策,可谓"一举双得"。

5.4 核 能

近些年来,经济全球化、贸易自由化、环境问题国际化以及化石燃料的不可再生和因其引发的不断恶化的环境污染,促使各国加强能源的科技创新,努力寻求替代能源技术。预计在不久的将来,核能、氢能和可再生能源技术将会有突破性的进展,最终成为主要能源,电力将成为主要的终端能源。能源结构的革命性变革,将使人类不再为化石能源的枯竭和生态环境的恶化而担忧这个长久愿望得以实现。

半个多世纪以前,科学家在实验中发现:铀-235原子核在吸收一个中子后能分裂,在放出2~3个中子的同时伴随着一种巨大的能量(核能),这种能量比化学反应所释放的能量大得多。铀-235原子核完全裂变放出的能量是同量煤完全燃烧放出能量的2.7×10^8倍。1 g铀-235完全裂变释放的能量相当于2.5 t优质煤完全燃烧时所释放的能量。核能的获得途径主要有两种,即重核裂变和轻核聚变。而核聚变比核裂变放出更多的能量。计算表明,1 g氘核燃料完全燃烧能够释放5.8×10^8 kJ/g的能量。比铀-235的裂变能(8.2×10^7 kJ/g)要大好几倍。例如,相同数量的氘和铀-235分别进行聚变和裂变,前者释放的能量约为后者的3倍。人们所熟知的原子弹、核电站、核反应堆等都利用了核裂变的原理,而核聚变是制造氢弹的基础。

一、核裂变和核聚变

1. 核裂变

核裂变又称核分裂,是一个原子核分裂成几个原子核的变化。是指由重的原子,主要是指铀或钚分裂成较轻的原子的一种核反应形式。只有像铀、钚等这些质量非常大的原子核才能发生核裂变。这些原子的原子核在吸收一个中子以后会分裂成两个或更多质量较小的原子核,同时放出二三个中子和巨大能量,放出的中子又能使别的原子核接着发生核裂变,使核裂变过程持续进行,这种过程称作链式反应。图 5.8 为链式反应示意图。

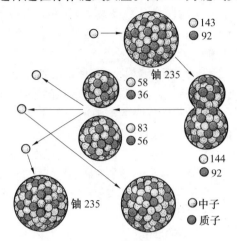

图 5.8　链式反应示意图

铀 – 235(同位素丰度 0.72%),它的裂变反应可表示为

$$^{235}_{92}U + ^{1}_{0}n \longrightarrow X + Y + {}^*(2 \sim 3)n$$

在裂变过程中,大核分裂成两个稳定的较小的核及一些中子。核分裂的方式多种多样,多数裂变产物两部分的质量比为 3∶2。铀 – 235 裂变的两组产物,轻组质量数为 72 ～ 117(如^{89}Sr、^{90}Sr、^{90}Y、^{95}Xr 等),重组质量数为 119 ～ 160(如^{140}La、^{141}Ca、^{144}Pr、^{147}Pm、^{133}Xe 等),其中大多数具有放射性。

人们所熟知的原子弹、核电站、核反应堆等都利用了核裂变的原理,对于原子弹,链式反应是失控的爆炸,因为每个核的裂变引起另外好几个核的裂变。对于核反应堆,反应进行的速率用插入铀(或其他放射性物质)堆的可吸收部分中子的物质来控制,使得平均起来每个核的裂变正好引发另外一个核的裂变。

核裂变是在 1938 年发现的,由于当时第二次世界大战的需要,核裂变被首先用于制造威力巨大的原子武器——原子弹。原子弹的巨大威力就是来自核裂变产生的巨大能量。目前,人们除了将核裂变用于制造原子弹外,更努力研究利用核裂变产生的巨大能量为人类造福,让核裂变始终在人们的控制下进行,核电站就是这样的装置。

2.核聚变

核聚变是指由质量小的原子,主要是指氘或氚,在一定条件下(如超高温和高压),发生原子核互相聚合作用,生成新的质量更大的原子核,并伴随着巨大的能量释放的一种核反应形式。也称热核反应,是取得核能的重要途径之一。由于原子核间有很强的静电排斥力,要克服这种库仑斥力需要 10^9℃高温,因此很难发生聚变反应。而在太阳等恒星内部,压力和温度都极高,所以就使得轻核有了足够的动能克服静电斥力而发生持续的聚变反应。太阳内部连续进行着氢聚变成氦过程,它的光和热就是由核聚变产生的。图 5.9 为核聚变反应示意图。

核聚变能释放出巨大的能量,但目前人们只能在氢弹爆炸的一瞬间实现非受控的人工核聚变。而要利用人工核聚变产生的巨大能量为人

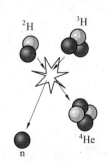

图 5.9　核聚变反应示意图

类服务，就必须使核聚变在人们的控制下进行，这就是受控核聚变。

实现受控核聚变具有极其诱人的前景。这不仅是因为核聚变能放出巨大的能量，而且是由于核聚变所需的原料——氢的同位素氘可以从海水中提取。经过计算，1 L海水中提取出的氘进行核聚变放出的能量相当于100 L汽油燃烧释放的能量。全世界的海水几乎是"取之不尽"的，因此受控核聚变的研究成功将使人类摆脱能源危机的困扰。

实现受控核聚变反应，先要将氘、氚等核燃料加热到很高的温度（约1×10^9℃以上）。在这样高的温度条件下，氘、氚等气体原子将全部发生电离，变成带正电的离子和带负电的自由电子，这种由离子和电子组成的气体称为等离子体。等离子体的温度越高，密度越大，约束时间（维持高温时间）越长，放出的能量就越多。当达到临界温度时，放出的能量足以加热下一次添加的氘氚燃料聚变反应就可以持续下去。这称为受控核聚变的"点火"。怎样才能获得这样高的温度？用什么材料制造反应器？怎样控制聚变过程？如何利用这类核聚变发电？很多问题亟待解决。

目前实现核聚变已有不少方法。最早的著名方法是"托卡马克（Tokamak）"型磁场约束法。加速器释放出微波、带电粒子束和中性粒子束，用于加热氢气的气流。在高温下，氢气从气态变为等离子体。这种等离子体受到超导磁体的挤压，进而发生聚变。在用磁场约束等离子体时，最有效的磁体形状是面包圈形（即环形）。托卡马克就是"磁线圈圆环室"的俄文缩写，又称环流器。这是一个由封闭磁场组成的"容器"，像一个中空的面包圈，可用来约束电离子的等离子体。托卡马克是利用通过强大电流所产生的强大磁场，把等离子体约束在很小范围内。

磁约束核聚变过程的作用机制如下：核聚变反应堆加热氘和氚燃料的气流，使之形成高温的等离子体。反应堆对等离子体施加压力，继而发生聚变；启动核聚变反应所需的电能约为70 MW，但该反应生成的电能约为500 MW；核聚变反应将持续300~500 s（最终将形成持续的核聚变反应）；等离子体反应室外部的锂包层将吸收核聚变反应中释放的高能中子，从而产生更多的氚燃料。在高能中子的作用下，这些包层也会被加热；水冷回路将热量转移至热交换器，最终形成蒸汽；蒸汽将被重新压缩成水，以便让热交换器吸收反应堆中的更多热量。虽然在实验室条件下已接近成功，但要达到工业应用还差得很远。按照目前的技术水平，要建立托卡马克型核聚变装置，需要数千亿美元。

另一种实现核聚变的方法是惯性约束法。惯性约束核聚变是把几毫克氘和氚的混合气体或固体，装入直径约几毫米的小球内。从外面均匀射入激光束或粒子束，球面因吸收能量而向外蒸发，受它的反作用，球面内层向内挤压（反作用力是一种惯性力，靠它使气体约束，所以称为惯性约束），就像喷气飞机气体往后喷而推动飞机前飞一样，小球内气体受挤压而压力升高，并伴随着温度的急剧升高。当温度达到所需要的点火温度（大概需要1×10^{10}℃以上）时，小球内气体便发生爆炸，并产生大量热能。这种爆炸过程时间很短，只有几个ps（1 ps等于10^{-13}s）。如每秒钟发生三四次这样的爆炸并且连续不断地进行下去，所释放出的能量就相当于10^{10} kW级的发电站。

原理上虽然简单，但是现有的激光束或粒子束所能达到的功率，离需要的还差几十倍、甚至几百倍，加上其他种技术上的问题，使惯性约束核聚变仍是可望而不可即的。

二、核能开发利用的步骤和前景

核能的开发利用是一个循序渐进的长期过程。一般来说，根据技术难度的不同，分为热中子反应堆、快中子反应堆、可控聚变堆三步。

反应堆,又称为原子反应堆,是装配了核燃料以实现大规模可控裂变链式反应的装置。

第一步是热中子反应堆的应用。这是指堆芯内有慢化剂,将快中子慢化为热中子工作的反应堆。压水堆、沸水堆、重水堆、石墨堆都是热中子反应堆,现在世界上已有400多座热中子堆电站(其中约70%为压水堆)在运行发电。总装机容量超过3×10^8kW,年发电量占全世界总发电量的17%。热中子反应堆今后技术改进的重点是提高其固有的安全性和抵抗严重事故的能力,确保不发生危害环境的事故;同时将寿命由现在的40a延长到60a,以提高核电站的经济性。热中子反应堆的主要缺点是它的核燃料利用率很低。在开采、精炼出来的金属铀中,只有不足1%能在热中子反应堆中裂变产生核能,99%以上都将作为贫铀积压起来,要等待建成快中子增殖堆后方能大量利用。

第二步是快中子增殖堆的应用。快堆的最大的优点是它能充分利用燃料。快堆在消耗裂变燃料产生核能的同时,还能生成相当于消耗量1.2~1.6倍的裂变燃料。因此,就可以把热中子堆所积压的铀-238在快堆中充分作用。20世纪50年代以来,加拿大、美、英、法、前苏联等国都集中相当力量建筑快堆,于70年代和80年代相继建成了一批实验性快堆核电站。但工艺相当复杂,投资巨大,安全问题也尚未彻底解决。目前快堆技术尚不成熟,还不能与压水堆竞争。估计到2030年前后,快堆才能取得对压水堆等热中子反应堆的优势,逐渐取代热中子反应堆。我国的"863"高科技计划把研究、设计、建造一座电功率2.5×10^4 kW的快堆试验性电站作为重点高科技项目列入计划。在21世纪初建成后,将陆续研制示范性快堆和经济实用的快堆电站,以期在2030年前后达到当时世界先进水平。

第三步是可控聚变。聚变堆成功后,水中的氘足以满足人类几十亿年对能源的需求。然而,实现持续的可控核聚变难度非常大。关键问题是等离子体的稳定约束。目前主要有激光约束、磁约束、惯性约束和μ介质催化等途径来实现可控核聚变。各国已建造多种类型的试验装置200多台,向上述多种途径聚变点火目标探索前进。1991年英国卡拉姆的实验装置首次成功进行了氘、氚等离子体聚变反应,虽然只维持了1.3 s,但表明人类对可控聚变的探索又迈进了一大步。美、法等国发起了耗资46亿欧元的国际热核实验反应堆(ITER)计划,旨在建立世界上第一个可控热核聚变实验反应堆,为人类输送巨大的清洁能量。这一过程与太阳产生能量的过程类似,因此受控热核聚变实验装置也被俗称为"人造太阳"。中国于2003年加入ITER计划。国内主要承担单位——中科院等离子体所建设的EAST(先进超导托卡马克实验装置)装置成功完成了放电实验,获得电流200 kA、时间接近3s的高温等离子体放电。有人预计,2050年前后能实现原型示范的可控核变堆,而发展到经济实用阶段,还有一段艰辛的路程。

三、原子弹、核电站、氢弹

1.原子弹

利用铀-235或钚-239等重原子核的裂变链式反应原理制成的裂变武器,通常称为原子弹。原子弹的威力通常为几百至几万吨级TNT当量,有巨大的杀伤破坏力。

(1)原子弹的历史。1941年12月,在爱因斯坦等科学家的建议下,美国总统罗斯福批准了名为"曼哈顿工程"的计划,要赶在希特勒之前,全力以赴研制出原子弹。从1941~1945年,历时5年,共动员了50万人、15万名科学家和工程师,耗资20亿美元,用电占全美国电力的 1/3。原子弹的实际制造是在后来被誉为"原子弹之父"的科学家奥本海默的领导下,于 1943 年末完成的。1945 年 7 月 16 日,第一颗原子弹试验成功。8 月 6 日和 9 日,美国政府将两颗原子弹先后投在了日本的广岛和长崎,迫使日本帝国主义投降。

由于原子弹的巨大破坏力,它成了冷战时期的重要战略武器,各国竞相研制。1949 年,前苏联爆炸了一颗比美国投掷到广岛的原子弹大 5 倍的核弹。1964 年,我国成功爆炸了第一颗原子弹。根据联合国公布的材料,当时全世界共有核弹头 5 万多个,爆炸当量约为 1.5×10^{11} t TNT 当量炸药,全球每人要受到相当于 3 t TNT 炸药的核威胁,因此有人把原子弹称为"毁灭地球的发明"。

(2)原子弹的组成。原子弹的结构如图 5.10(b)所示。原子弹主要由引爆控制系统、高能炸药、反射层、由核装料组成的核部件、中子源和弹壳等部件组成。引爆控制系统用来起爆高能炸药;高能炸药是推动、压缩反射层和核部件的能源;反射层由铍或铀－238 构成。铀－238 不仅能反射中子,减少中子外逸,而且密度较大,可以减缓核装料在释放能量过程中的膨胀,使链式反应维持较长的时间,从而能提高原子弹的爆炸威力。

(a)原子弹

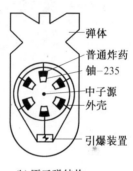
(b)原子弹结构

弹体
普通炸药
铀－235
中子源
外壳
引爆装置

图 5.10 原子弹

铀－235 是原子弹的主要装药。但要获得高浓度的铀－235 并不是一件轻而易举的事,因为天然铀－235 的含量很小,大约 140 个铀原子中只含有 1 个铀－235 原子,而其余 139 个都是铀－238 原子,采用气体扩散法可以分离两种物质。利用六氟化铀气体扩散速率的不同进行提纯,使铀－235 富集到 93%。其次,为了使原子弹在需要的时候才发生爆炸,一颗原子弹中有两块铀－235,虽然每块质量都不太大,连续裂变时所释放的能量不足以引起爆炸,但当两块铀合在一起时,便能在瞬间发生强烈爆炸。所有原子弹中还有高能炸药作为引爆装置,它的爆炸使两块铀挤压在一起发生爆炸。根据起爆装置构造的不同,原子弹可分为枪式和内爆式两类。美国投到日本广岛的代号小男孩原子弹采用的是枪式结构,而投于日本长崎的代号胖子原子弹采用的是内爆式结构。

在原子弹的制造过程中,最重要的一个问题是临界质量问题。所谓临界质量是指使裂变物质在特定条件下,能够实现自持链式反应所需的最小裂变物质的质量。与临界质量相对应的裂变物质的体积称作临界体积。显然这些都是核武器装料中所涉及的重要问题,它与裂变物质的种类、纯度、密度及装料的几何形状和特殊结构等因素有关。

(3)原子弹的杀伤力。原子弹的杀伤破坏方式主要有光辐射、冲击波、早期核辐射、电磁脉冲及放射性沾染。光辐射是在核爆炸时释放出的以每秒 3×10^5 km 速度直线传播的一种辐射光杀伤方式。1 枚当量为 2×10^4 t 的原子弹在空中爆炸后,距爆心 7 000 m 会受到比阳光强 13 倍的光照射,范围达 2 800 m。光辐射可使人迅速致盲,并使皮肤大面积灼伤溃烂,物体会燃烧。冲击波是核爆炸后产生的一种巨大气流的超压。一枚当量为 3×10^4 t 的原子弹爆炸后,在距爆心投射点 800 m 处,冲击波的运动速度可达 200 m/s。当量为 2×10^4 t 的核爆炸,在距爆心投影点 650 m 以内,超压值大于 1 000 g/cm^2。可把位于该地区域内的所有建筑物及人员彻底摧毁。早期核辐射是在核爆炸最初几十秒钟放出的中子流和 γ 射线。1 枚当量 2×10^4 t 的原子弹爆炸后,距爆心 1 100 m 以内人员可遭到极度杀伤,1 000 t 级中子弹爆炸后,在这个范围内的人员几周内会致死,在 200 m 以内的人员则当即致死。电磁脉冲的电场强度在几千米范围内可达 1×10^4 ~ 1×10^5 V,不仅能使电子装备的元器件严重受损,还能击穿绝缘,烧毁电路,冲销计算机内存,使全部无线电指挥、控制和通信设备失灵。1 颗 5×10^7 t 级原子弹爆炸后破坏半径可达 1.9×10^5 m。放射性沾染是蘑菇状烟云飘散后所降落的烟尘,对人体可造成照射或皮肤灼伤,以致死亡。图 5.11 为原子弹爆炸产生的蘑菇云。

图 5.11 原子弹爆炸产生的蘑菇云

2. 核电站

将原子核裂变释放的核能转变为电能的系统和设备,通常称为核电站,也称原子能发电站。核电站是一种高能量、少耗料的电站。以一座发电量为 1×10^7 kW 的电站为例,如果烧煤,每天需耗煤 7 000 ~ 8 000 t,一年要消耗 2×10^7 t 以上。若改用核电站,每年只消耗 1.5 t 裂变铀或钚,一次换料可以满功率连续运行一年,可以大大减少电站燃料的运输和储存问题。此外,核燃料在反应堆内燃烧过程中,同时还能产生出新的核燃料。核电站基建投资高,但燃料费用较低,发电成本也较低,并可减少污染。

(1)核电站的历史。"1942 年 12 月 2 日,人类在此实现了第一次自持键式反应,从而开始了受控的核能释放。"这段话就写在美国芝加哥大学里一座运动场的外墙上,人类制成的第一座原子反应堆就是在这个运动场看台下面的网球场中诞生的,这项工程的领导人就是意大利物理学家恩里科·费米。此后,利用核动力成为人们关注的热点。1954 年 6 月,前苏联建成了世界上第一座原子能发电站,尽管它只有 5×10^3 kW 的发电功率,但它揭开了人类和平利用核能的新纪元。核能发电作为一种新能源,受到了世界各国的重视。40 多年来,世界核电发展史证明了核电是一种经济清洁和安全的能源。发电站的综合成本比核电站要高出 38%。法国的核电成本只是燃煤火电的 52%,燃煤火电站会向大气排放大量污染物,而核电站不会排放任何污染物。到 2007 年 1 月,世界各地有 439 座动力堆在运行。在这些在役的反应堆中美国有 103 个、法国 59 个、日本 55 个、俄罗斯 31 个、英国 19 个,仅这 5 个国家就占全球在役反应堆的60%以上。在运转发电中,核电已占世界总发电量的16%。世界各国中,法国的核电站发展最快,有57座核电站,总装机容量6.2×10^8kW,核电占总发电量的77.8%。目前我国已有浙江秦山核电站、深圳大亚湾核电站、岭澳核电站和田湾核电站投入发电,红沿河核电站、宁德核电站和阳江核电站正在建设,到2010年使核电总量达到2×10^8kW。

(2)核电站原理(图5.12)。核电站的中心是核燃料的控制棒组成的反应堆,其关键设计是在核燃料中插入一定量的控制棒,它是用能吸收中子的材料制成的,利用它们吸收中子的特性控制链式反应进行的程度,铀-235所释放的能量可将循环水加热到300℃,高温水蒸气推动发电机发电。

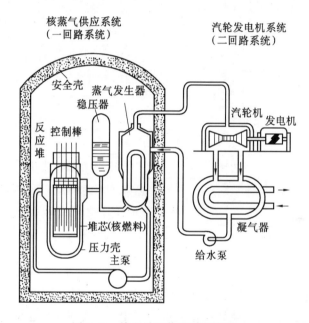

图5.12 核电站工作原理示意图

反应堆的类型繁多,有不同的分类标准,如可按中子能量、冷却剂和慢化剂、堆芯结构及用途等进行分类(表5.3)。其中,在核电工业中更多的是按照冷却剂和慢化剂分类进行分类。轻水堆、重水堆、石墨堆是工业上成熟的主要发电堆。轻水反应堆是目前技术最成熟、应用最广泛的堆型。其优点是体积小、结构和运行较简单、功率密度高、单堆功率大、造价低廉、建造周期短和安全可靠。缺点是轻水吸引中子的几率比重水和石墨大,因此仅用天然铀(天然铀浓度非常小)无法维持链式反应,需要将天然铀浓缩(浓缩度在3%左右,称作低浓铀)。目前采用轻水堆的国家,在核燃料供应上大多依赖美国和独联体。此外,轻水堆对天然铀的利用率低,仅为33%,如果系列地发展轻水堆要比系列地发展重水堆多用天然铀50%以上。尽管如此,目前轻水堆在反应堆中仍占统治地位。目前,全球正在运行的以及在建的核反应堆中,大部分是轻水反应堆,占所有反应堆的85%以上。

表 5.3 核反应堆的分类

中子能量分类	快中子堆(FWR)	中子能量大于 1 MeV
	中能中子堆	中子能量大于 0.1 eV 小于 0.1 MeV
	热中子堆	中子能量大于 0.025 eV 小于 0.1 eV
按冷却剂和慢化剂分类	轻水堆	压水堆(PWR)、沸水堆(BWR)
	重水堆	压力管式、压力容器式、重水慢化轻水冷却堆
	有机堆	重水慢化有机冷却堆
	石墨堆	石墨水冷堆、石墨气冷堆
	气冷堆	天然铀石墨堆、改进型气冷堆(AGR)、高温气冷堆、重水慢化气冷堆
	液态金属冷却堆	熔盐堆、钠冷却堆
按堆芯结构分类	均匀堆	堆芯核燃料与慢化剂、冷却剂均匀混合
	非均匀堆	堆芯核燃料与慢化剂、冷却剂呈非均匀分布,按要求排列成一定形状
按用途分类	生产堆	生产 Pu、氚以及放射性同位素
	发电堆	生产电力
	动力堆	为船舶、军舰、潜艇做动力
	实验堆	做燃料、材料的科学研究工作
	增殖堆	新生产的核燃料(Pu-239、U-233)大于消耗的(Pu-239、U-233、U-235)

核电站大体可分为两部分:一部分是利用核能生产蒸气的核岛,包括反应堆装置和回路系统;另一部分是利用蒸气发电的常规岛,包括汽轮发电机系统。核电站用的燃料是铀,用铀制成的核燃料在反应堆内发生裂变而产生大量热能,再用处于高压下的水把热能带出,在蒸气发生器内产生蒸气,蒸气推动汽轮机带着发电机一起旋转,电能就源源不断的产生出来。

对于反应堆来讲,运行时工作人员一般不接近反应堆,故辐射防护问题不大,主要问题是防止放射性泄漏。由于错误操作或意外原因,反应堆也有出事故的可能。因此核电站是一个有较大潜在危险的能源。为了防止核裂变产生的大量放射性物质外逸,核电站设置了三道安全屏障(图 5.13)第一道屏障——燃料包壳。燃料芯块叠装在锆合金管中,将管子密封起来,组成燃料元件棒,锆合金管能够把核燃料裂变产生的放射性物质密封住。第二道屏障——压力壳。燃料包壳密封万一破坏,放射性物质泄漏到水中,但仍然在密闭的一回路系统中,这个密闭的一回路系统也称为反应堆冷却剂压力边界,它可以防止一回路水泄漏。第三道屏障——安全壳。安全壳是一个内衬厚钢板、壁厚 1 m 的庞大钢筋混凝土建筑物,它将一切可能的事故限制并消灭在

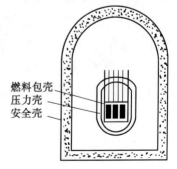

图 5.13 核电站反应堆的三道安全屏障

安全壳内。它不但能够阻挡放射性物质的外逸,而且能承受龙卷风、地震等自然灾害,还能承受外来飞行物的冲击,从而有效保护环境和居民的安全。

核电站废料处理非常棘手。铀-235裂变产生碎核具有放射性。反应堆工作一定时间后,必须更换新燃料,卸下的放射性废料存在着处理、运输、掩埋的问题。早期曾将废料直接埋入地下,但即使掩埋较深,久而久之地下水总会使这些放射性物质扩散。后来又将废料装在金属桶里,外面加一层混凝土或沥青,弃于海底,在大西洋北部和太平洋北部都有这些废料的"墓地"。经多次国际会议商讨,现在认为对用过的核燃料中还有未燃尽的铀,应尽量回收,这样既可提高资源的利用率,又减少废料的放射性。废料中还有些有使用价值的放射性物质和非放射性物质,也应提取分离,这些过程统称为"后处理"。其他放射性废料应装入特制容器,它具有防震、防腐、防泄漏等特性。然后将容器深埋在荒无人烟的岩石层里,使它长期与生物界隔离,其放射性禁锢于容器内而不扩散核污染。

(3)核电站的事故。自从有核电站以来至今整整50年,严重的核事故有两起。

第一起是发生在1986年4月26日,前苏联乌克兰地区基辅以北130 km的普里皮亚市的核电站,发生了自1945年日本遭受美国原子弹袭击以来全世界最严重的核灾难,即震惊世界的切尔诺贝利核电站泄漏事故。

当日凌晨1时,随着一声突然的震天动地巨响,火光四起,烈焰冲天,火柱高达30 m。爆炸源是4号反应堆,其厂房屋顶被炸飞,墙壁坍塌。大量的放射性物质外泄,周围环境的放射剂量高达5.16×10^6 C/kg,为允许指标的2×10^4倍,1 700 t石墨成了大火的燃料,火灾现场温度高达2 000 ℃以上。救援直升机向4号反应堆投放了5 000 t降温和吸收放射性元素的物质,并通过遥控机械为反应堆修筑了高达几米以上的绝缘罩。爆炸使299人受到大剂量辐射,19人死亡,179人送医院治疗。

此外,泄漏的放射性物质形成了放射云,随东南风飘至北欧上空,给北欧带来了核污染。此次事故产生的放射性尘降物数量是在广岛投掷的原子弹所释放的400倍。

据专家分析,核电站爆炸的客观原因可能是堆芯冷却系统发生故障,使工艺管内缺水,堆内温度上升,导致堆芯体熔化,使高温下的水蒸气与锆、石墨发生反应产生氢气,并在高温下发生爆炸引起大火。

第二起事故发生在1979年美国三里岛核电站。这次事故导致电站停止运行,没有人员伤亡和放射性物质泄漏。然而,由于核反应堆的类型不同,建设时期的技术条件不同,因此,某些核电站小的核事故仍偶尔发生。

我国采用的核电站类型都是压水堆,安全系数高,即使发生最严重的事故,造成核电站的报废,也不能发生大规模的泄漏。

3. 氢弹

利用原子弹爆炸的能量点燃氢的同位素氘、氚等轻原子核的聚变反应瞬时释放出巨大能量的核武器。又称聚变弹、热核弹。图5.14为氢弹结构图。氢弹的杀伤破坏因素与原子弹相同,但威力比原子弹大得多。原子弹的威力通常为几百至几万吨级TNT当量,氢弹的威力则可大至几千万吨级TNT当量。还可通过设计增强或减弱其某些杀伤破坏因素,其战术技术性能比原子弹更好,用途也更广泛。

1942年,美国科学家在研制原子弹的过程中,推断原子弹爆炸提供的能量有可能点燃轻核,引起聚变反应,并想以此来制造一种威力比原子弹更大的超级弹。1952年11月1

日,美国进行了世界上首次氢弹原理试验。从50年代初至60年代后期,美国、苏联、英国、中国和法国都相继研制成功氢弹,并装备部队。

氢弹的炸药是用很轻的物质——氢化锂7、氢化锂6、氘和氚等做成的。氢弹的炸药在几千万度的高温下,产生聚变热核反应,这时氘核和锂在高温下结合成氦核,并放出比原子弹更大的能量和更多的中子。所以要使氢弹爆炸,必须要供给它 $2 \times 10^7 ℃$ 以上的温度,这种高温可以通过原子弹爆炸来实现。

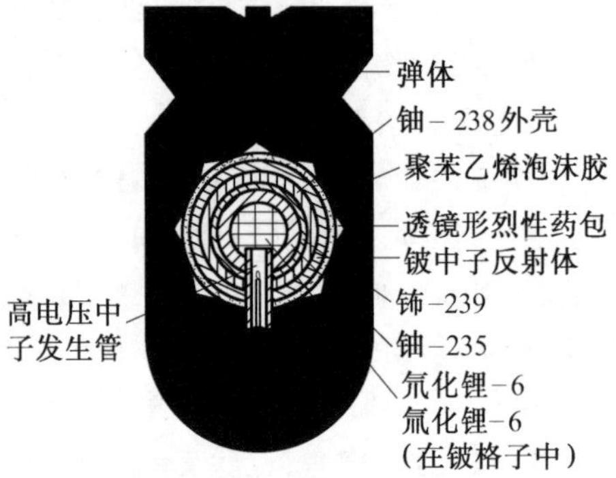

图5.14 氢弹结构

氢弹爆炸并不是由连锁裂变反应产生的,而是由聚合反应产生的。如果用氘或氚做氢弹的炸药,在氢弹外面还可以包一层铀-238,当这些炸药爆炸时,会放出很多快中子,这些快中子又可以引起铀-238的裂变,可以增加氢弹的威力。这种氢弹实际上由原子弹-氢弹-原子弹组成,所以又叫做三相热核炸弹。

5.5 现代新型能源

随着科学技术的发展和人们物质生活水平的提高,不但对能源的需求量越来越大,而且对使用能源后是否引起污染也更加注意。氢能、太阳能、生物质能和燃料电池等属于清洁型能源,而且资源极为丰富,因此是理想的未来能源。

一、氢能

1.氢能源及其特性

氢能在21世纪有可能在世界能源舞台上成为一种举足轻重的二次能源。它是一种极为优越的新能源,其主要优点有:燃烧热值高,每千克氢燃烧后的热量约为汽油的3倍,酒精的3.9倍,焦炭的4.5倍。燃烧的产物是水,是世界上最干净的能源。资源丰富,氢气可以由水制取,而水是地球上最为丰富的资源。要使氢成为广泛使用能源,关键是解决廉价制氢技术。前已述及,氢具有三种同位素,即普通氢,学名氕,相对原则质量为1;重氢,学名氘,相对原则质量为2;超重氢,学名氚,相对原则质量为3;这是一种放射性同位素,在氢的总量中其质量分数极小。普通氢占氢总量的质量分数为99.98%,重氢约占氢总量的质量分数为0.02%。在自然界中,由于氘和氚的含量很少,对氢总性质影响极微。

氢是最活泼的元素,几乎宇宙中所有的物质都与氢有关系,是宇宙中一种基本元素,不少星球都起源于氢的变化。氢也是宇宙中分布最广泛的元素,它构成了宇宙质量的75%,因此氢能被称为人类的终极能源。太阳中氢的体积分数为80%地球上自然界的氢主要存在于化合物中。氢与氧化合成水,大量储存在江、河、湖、海之中,水中含氢的质量分数为11.2%。氢在地壳中按元素质量占25%,氢燃烧后回复为水,可以循环使用。因此,氢在地球上储量极为丰富。

氢的化合力特强,它与碳可以化合成各种碳氢化合物,其中包括各种烃类燃料,所有氢是所有化石燃料之母。反之,石油、天然气、煤和生物质也可制成氢。氢可与许多金属进行可逆的吸附和解附反应,这是金属电极电解水制氢的基础,也是金属储氢的基本条件。

总之,氢的性质非常活泼,在自然界制氢的资源储量极为丰富,只要人类能够科学地控制它,它就能更好地为人类利用。

2. 氢的制取

氢能源的开发应用必须解决三个问题,即廉价氢的大批量制备、氢的储运和氢的合理有效利用。

现在世界上的氢年产量约为 3.6×10^8 t,其中绝大部分是从石油、煤炭和天然气中制取的,这就得消耗本来就很紧缺的矿物燃料;另有 4% 的氢是用电解水的方法制取的,但消耗的电能太多,很不划算,因此,人们正在积极探索研究制氢新方法。

随着太阳能研究和利用的深入,人们已开始利用阳光分解水来制取氢气。在水中放入催化剂,在阳光照射下,催化剂便能激发光化学反应,把水分解成氢和氧。二氧化钛和某些钌化合物是较适合的光水解催化剂。20 世纪 70 年代,用半导体材料钛酸锶作光电极,金属铂作暗电极,将它们连在一起,然后放入水里,通过阳光的照射,铂电极上释放出氢气,钛酸锶电极上释放出氧气,就是光电解水制取氢气法。

某些微生物能在阳光作用下制取氢。利用在光合作用下可以释放氢的微生物,通过氢化酶诱发电子,把水里的氢离子结合起来,生成氢气。许多低等生物在新陈代谢的过程中也可放出氢气。一种"红鞭毛杆菌"的细菌,制氢效能很高,每消耗五毫升淀粉营养液,就可产生 25 mL 氢气。

美国宇航部门准备把一种光合细菌——红螺菌带到太空中去,用它放出的氢气作为能源供航天器使用。这种细菌的生长与繁殖很快,而且培养方法简单易行,既可在农副产品废水废渣中培养,也可以在乳制品加工厂的垃圾中培育。

氢气密度小,不利于储存。例如,在 15 MPa 压力下,40 dm^3 钢瓶只能装 0.5 kg 氢气,若将氢气液化,则需耗费很大能量,且容器需绝热,很不安全。最有发展前途的是用固态金属氢化物贮氢。在一定的温度和压力条件下,一些金属能够大量"吸收"氢气,反应生成金属氢化物,同时放出热量。其后,将这些金属氢化物加热,它们又会分解,将储存在其中的氢释放出来。这些会"吸收"氢气的金属,称为储氢合金。其储氢能力很强。单位体积储氢的密度,是相同温度、压力条件下气态氢的 10^3 倍,也即相当于储存了 10^8 Pa 的高压氢气。储氢合金都是固体,需要用氢时通过加热或减压使储存于其中的氢释放出来,因此是一种极其简便易行的理想储氢方法。目前研究发展中的储氢合金,主要有钛系储氢合金、锆系储氢合金、铁系储氢合金及稀土系储氢合金。如镧镍金属间化合物就具有可逆吸收和释放氢气的性质,每克镧镍合金能储存 0.157 L 氢气,略为加热,就可以使氢气重新释放出来。

氢作为气体燃料,首先应用在汽车上。1976 年 5 月,美国研制出一种以氢做燃料的汽车;后来,日本也研制成功一种以液态氢为燃料的汽车;中国研制成功了一种氢能汽车,它使用储氢材料 90 kg,可行驶 40 km,时速超过 50 km。用氢作为汽车燃料,不仅干净,在低温下容易发动,而且对发动机的腐蚀作用小,可延长发动机的使用寿命。由于氢气与空气能够均匀混合,完全可省去一般汽车上所用的汽化器,能够简化现有汽车的构造。而且,只要在汽油中加入 4% 的氢气。用它作为汽车发动机燃料,就可节油 40%,而且无需对汽油发动机作多大的改进。氢气在一定压力和温度下很容易变成液体,液态氢既可用作汽车、飞机的燃料,也可用作火箭、导弹的燃料。美国飞往月球的"阿波罗"号宇宙飞船和我国发射人造卫星的长征运载火箭,都是用液态氢做燃料的。

使用氢-氧燃料电池还可以把氢能直接转化成电能，使氢能的利用更为方便。目前，这种燃料电池已在宇宙飞船和潜水艇上得到使用，效果不错。当然，由于成本较高，一时还难以普遍使用。

二、太阳能

太阳能是指太阳辐射出来的能量。太阳表面温度约为 6 000 K，总辐射功率每秒钟至少在 3.8×10^{26} W 以上，这相当于 1.3×10^{18} t 标准煤燃烧时所放出来的全部热量。太阳能是太阳内部连续不断的核聚变反应过程产生的能量。它资源丰富，既可免费使用，又无需运输，对环境无任何污染。但有两个主要缺点：一是能流密度低，二是其强度受各种因素(季节、地点、气候等)影响不能维持常量。这两个缺点限制了太阳能的使用。人们利用太阳能的方法主要有三种：① 太阳能直接转换成热能，如太阳能热水器、太阳能住宅等；② 太阳能直接转换成化学能，即光化学转换；③ 太阳能直接转换成电能，如太阳能电池。这里主要介绍太阳能电池(图5.15)。

图 5.15　太阳能电池

太阳能电池是一种由于光生伏特效应而将太阳光能直接转化为电能的器件，是一个半导体光电二极管，当太阳光照到光电二极管上时，光电二极管就会把太阳的光能变成电能，产生电流。当许多个电池串联或并联起来就可以成为有比较大的输出功率的太阳能电池方阵了。太阳能电池具有永久性、清洁性和灵活性三大优点。

太阳能电池主要有单晶硅、多晶硅、非晶态硅三种。单晶硅太阳电池变换效率最高，已达 20% 以上，但价格也最贵。非晶态硅太阳电池变换效率最低，但价格最便宜，今后最有希望用于一般发电的将是这种电池。美国波音公司开发的由砷化镓半导体同锑化镓半导体重叠而成的太阳电池，光电变换效率可达 36%，由于它太贵，目前只能限于在卫星上使用。

太阳能电池在现代高科技中得到广泛的应用，为人造卫星和宇宙飞船探测宇宙空间提供了可能、方便的能源。例如，卫星上的电源由太阳能电池方阵和蓄电池组成，当卫星朝着太阳飞行，电池方阵受太阳照射产生电能，供卫星用电，并同时向卫星上的蓄电池充电；当卫星背对太阳飞行时，蓄电池放电，保持卫星正常运行。在宇宙飞船或空间站生活的人就是依靠太阳能电池提供的能量维持化学反应，提供人体所需的氧气和水，并不断去除人体排除的二氧化碳和异味物质，主要反应如图 5.16 所示。

太阳能电池在其他方面的应用也在不断地扩大，如"太阳挑战号"是第一架太阳能电池做动力的飞机。随着对太阳能电池光电转换材料的组成、结构和性能研究的不断深入，太阳能电池的开发、应用必将逐步走向产业化、商业化，有望在 21 世纪成为人们日常生活中的重要能源。

3. 生物质能

生物质是指通过光合作用而形成的各种有机体，包括所有的动植物和微生物。而所谓生物质能，就是太阳能以化学能形式储存在生物质中的能量形式，即以生物质为载体的能量。它直接或间接地来源于绿色植物的光合作用，可转化为常规的固态、液态和气态燃料，

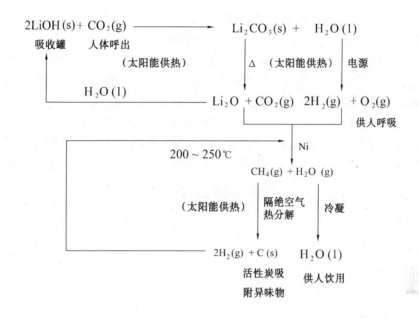

图 5.16 宇宙飞船内水和氧气的循环

取之不尽、用之不竭,是一种可再生能源,同时也是唯一一种可再生的碳源。据估计,每年地球上仅通过光合作用生成的生物质总量就达 $1.44\times10^{12}\sim1.8\times10^{12}$t(干重)。生物质能的原始能量来源于太阳,所以从广义上讲,生物质能是太阳能的一种表现形式。目前,很多国家都在积极研究和开发利用生物质能。

生物质能一直是人类赖以生存的重要能源,它是仅次于煤炭、石油和天然气而居于世界能源消费总量第四位的能源,在整个能源系统中占有重要地位。专家估计,生物质能极有可能成为未来可持续能源系统的组成部分,到 21 世纪中叶,采用新技术生产的各种生物质替代燃料将占全球总能耗的 40% 以上。

现代生物质能的利用是通过生物质的厌氧发酵制取甲烷,用热解法生成燃料气、生物油和生物炭,用生物质制造乙醇和甲醇燃料,以及利用生物工程技术培育能源植物,发展能源农场。

生物柴油是指以油料作物、野生油料植物和藻等水生植物油脂以及动物油脂、餐饮垃圾油等为原料油通过酯交换工艺制成的可代替石化柴油的再生性柴油燃料。

大规模采用酒精作为汽车燃料使近年生物质能的应用有了较大进展。这既可减小对石油能源的依赖,还可以减轻汽车尾气的污染。巴西 90% 小汽车使用酒精燃料成为以生物质能这一可再生能源为能源的典型代表。生物质中的淀粉质或糖质或可转化为糖质的原料在微生物作用下经糖化后可进一步转变为酒精。

农村沼气池的主要填料是畜粪、秸秆、污泥和水等,在严格的厌氧条件下,经过沼气细菌的作用,使复杂有机物中的部分炭化物彻底还原成甲烷。沼气的利用有生活用途和生产用途、燃料用途和非燃料用途之分。除炊事、照明、孵化外,还可作为内燃机燃料(用于驱动汽车、发电、抽水等)。沼气发酵后的沼液含丰富的维生素、氨基酸、生长素、腐殖酸等生物活性物质及氮、磷、钾、微量元素,经过滤后可浸种、喷施、制造高效有机肥。沼渣可用于制造配合饲料等。

开发利用生物质能对中国农村更具特殊意义。中国80%人口生活在农村,秸秆和薪柴等生物质能是农村的主要生活燃料。尽管煤炭等商品能源在农村的使用迅速增加,但生物质能仍占有重要地位。1998年农村生活用能总量 3.65×10^9 t标煤,其中秸秆和薪柴为 2.07×10^9 t标煤,占56.7%。因此发展生物质能技术,为农村地区提供生活和生产用能,是帮助这些地区脱贫致富、实现小康目标的一项重要任务。

人类开发利用生物质能已有悠久历史。由于资源量大,可再生性强,随着科学技术的发展,人们将不断发现和培育出高效能源植物和生物质能转化技术,生物质能的合理开发和综合利用必将对提高人类生活水平、改善全球生态平衡和人类生存环境做出更积极的贡献。

思考题与习题

1. 区别下列概念
(1) 一次能源与二次能源
(2) 再生能源与非再生能源
(3) 煤的气化与煤的液化

2. 判断
(1)燃料电池中并没有发生直接的燃烧反应,但却将燃料的化学能直接转变为电能。
(2)核聚变为中子引发的链式核反应。
(3)锂离子电池是采用金属锂作为负极活性物质的电池。
(4)化学电源是指将化学能直接转换成电能的装置。

3. 选择
(1)核聚变的原料是 ( )
  (a)氚   (b)氦
  (c)氖   (d)锂
(2)二次能源是 ( )
  (a)太阳能   (b)煤炭
  (c)氢能   (d)风能
(3)为提高$(MnO_4)^-$的氧化能力,以下可采取的措施是 ( )
  (a)降低$(MnO_4)^-$的浓度   (b)增加Mn^{2+}的浓度
  (c)提高溶液的pH值   (d)降低溶液的pH值
(4)地球上主要能源的总来源为 ( )
  (a)核裂变能   (b)太阳
  (c)地热   (d)化学能

4. 计算
(1)已知 $c(Cl^-) = 0.01$ mol·L^{-1}、$p(Cl_2) = 500$ kPa、$c(Sn^{4+}) = 1$ mol·L^{-1}、$c(Sn^{2+}) = 0.05$ mol·L^{-1},求 $\varphi(Cl_2/Cl^-)$ 及 $\varphi(Sn^{4+}/Sn^{2+})$。两个电极组成的原电池的电动势是多少?

(2)实验室中,用$MnO_2(s)$加浓盐酸(浓度12 mol/L)制取氯气的离子反应方程式为
$$MnO_2(s) + 4H^+(aq) + 2Cl^-(aq) = Mn^{2+}(aq) + Cl_2(g) + 2H_2O(l)$$
若利用该氧化还原反应组成原电池,MnO_2/Mn^{2+}为正极,Cl_2/Cl^-为负极。试计算原电池的电动势。

5. 简答

(1) 试比较煤、石油、天然气等能源的优缺点。

(2) 写出下列原电池表示式对应的原电池反应及两极反应。

(a) $(-)\text{Fe} \mid \text{Fe}^{2+}(c_1) \parallel \text{Fe}^{3+}(c_2), \text{Fe}^{2+}(c_3) \mid \text{Pt}(+)$

(b) $(-)\text{Zn} \mid \text{Zn}^{2+}(c_1) \parallel \text{Ag}^+(c_2) \mid \text{Ag}(+)$

(c) $(-)\text{Pt} \mid \text{Sn}^{2+}(c_1), \text{Sn}^{4+}(c_2) \parallel \text{H}^+(c_3) \mid \text{H}_2(p_1)(\text{Pt})(+)$

(3) 氢氧燃料电池反应的原理？有何优点？

(4) 试述获取核裂变能和核聚变能的基本原理。

(5) 获取核聚变能的最大困难是什么？

(6) 核电站防止爆炸采取了哪些措施？

(7) 试述煤的形成与分类？

(8) 你认为人类未来的新能源主要是哪些？这些能源的发展利用前景如何？对环境影响如何？

第六章 材料与化学

6.1 概 述

第五章介绍了化学与能源,其中提到了几种新型化学电源。而研究新型化学电源的关键是新电极材料的出现。新型绿色电池——金属氢化物-镍电池离不开好的储氢合金,而新型纳米$Ni(OH)_2$加入Ni电极,可望使电极效率提高20%,使其有了与锂离子电池相抗衡的能力。

一、材料的定义

材料是指人类利用单质或化合物的某些功能来制作物件时用的化学物质,即材料是具有某些功能的化学物质。这里所说的化学物质,既可以是单质,也可以是化合物。由材料的定义可知,材料与化学的密切关系。

二、材料与化学的关系

既然材料是具有某些功能的化学物质,而这些化学物质的制备绝对离不开化学,材料的合理应用同样离不开化学。因此化学既是材料科学的重要组成部分,也是材料科学的基础之一。

有人认为,材料科学包括四个组成部分:材料的组成结构、材料的合成工艺、材料的性能以及材料的应用。四者是互相联系、密不可分的。材料的组成结构是研究、制备和使用材料的基础,而化学就是研究物质的组成、结构和性能关系的科学;材料的合成当然离不开化学,对原有材料进行改性也同样离不开化学(材料改性是制备新材料的重要手段之一),如在金属表面扩渗稀土元素就是对材料改性的一种重要方法;材料的性能离不开其组成结构,近年来发展起来的分子工程学,就是将分子设计与分子施工结合起来,有目的地来制备具有所需性能的新物质和新材料;材料的应用同样离不开化学,材料的加工、合理使用,材料的保护等都与化学有密切关系。因此化学在材料科学中占有重要的地位。材料被称为发明之母、人类社会进步的里程碑、当代社会经济发展的先导、现代工业和现代农业发展的基础、国防现代化的保证、科技进步的关键等。可以毫不夸张地说,世界上的万事万物,就其和人类生存和发展关系密切的程度而言,没有任何东西能与材料相比。新材料的出现往往会带来重大的生产技术革命。

实际上,人的衣食住行都离不开材料,人的一生中都在与材料打交道,只是很多人没有意识到罢了。

化学物质中,单质的种类虽然有限,但化合物却是品种繁多。现在天然与合成化合物已有2 400多万种,而且还以每天增加7 000多种的速度递增着。这2 400多万种天然与合成化合物(主要是合成化合物)就是构成当今五彩缤纷物质世界的基础,也是材料科学发展的基础。因此说化学是材料发展的源泉并不过分。

不同的材料有不同的性质和用途,而材料性质和用途的不同来源于它们的组成或结构的不同。众所周知,一切物质都是由原子组成的。原子可组成分子,进而组成各种聚集态(如固态、液态和气态等)。因此要想了解材料的组成和结构,首先要了解原子结构。

在讲原子结构之前,先讲一个小故事。

美国有一位格林太太,她是一个漂亮、开朗、乐观的妇女。她身体健康,脸上总是挂着微笑。在她开怀大笑的时候,人们可以发现她一口整齐洁白的牙齿中间镶有两颗假牙:其中一颗是黄金的,另一颗是不锈钢的——这是一次车祸留下的痕迹。令人百思不解的是,自从车祸镶了不锈钢假牙以后,格林太太经常头痛、夜间失眠、心情烦躁……尽管一些有名的医院动用了堪称世界一流的仪器,尽管一些国际知名的专家教授绞尽了脑汁为格林太太治病,但她的病症没有丝毫减轻,反而日趋严重……这是为什么? 请同学们想一想。

一天,一位年轻的化学家来看望格林太太。他详尽地查阅了格林太太的病历,显然格林太太的病与车祸有关。出于化学家的本能,他的目光注视着格林太太的两颗不同金属的假牙……突然,他大叫着:"假牙,假牙,奇怪的假牙!"

叫声惊动了亲友、客人和佣人,人们集聚在豪华的客厅里。为了说明病因,化学家在大厅中央的桌子上摆了一台灵敏检流计,并用一块金片和一块不锈钢片连接两端。然后提醒大家,下面的实验将揭示格林太太的病因。化学家把金片和不锈钢片含于口中,令人惊奇的事情终于发生了! 电流计的指针发生了偏转——产生了电流。

化学家说"正是这种神奇的电流,残酷地折磨着格林太太!"原来这两种不同的金属片含于口中,与唾液中的电解质接触,形成了电池——"口腔电池"。这种原电池产生的微弱电流连续地、长时间地刺激格林太太的神经末梢,打乱了神经系统的正常秩序,引起了一系列病变。

为什么"口腔电池"会产生电流呢? 这与不同金属的结构有关。而研究物质的结构首先应从最基本的结构——原子结构讨论起。

6.2 原 子 结 构

原子和分子现在已是人们熟悉的名词了,但人们对原子、分子的认识却经历了漫长而艰辛的过程。原因是原子、分子非常小(原子的直径在 10^{-10} m 数量级),过去人们无法直接看到,而只能通过观察宏观现象,经过推理去认识。20 世纪 80 年代科学家们用扫描隧道显微镜和原子力显微镜才观察到原子和分子的排布情况。

在化学变化中,原子核不发生变化,只是核外电子的运动状态发生变化,使得原子的结合方式有了改变。因此要了解和掌握物质的性质和变化规律,首先必须了解原子的内部结构,特别是核外电子的运动状态。

一、原子结构的近代概念

由于原子、电子等微观粒子的运动规律与宏观物体不同,具有波粒二象性、能量量子化和统计性等特性,无法用 19 世纪末已基本建立较完整体系的经典物理学来描述,只能用 1926 年建立的量子力学来描述。而人们对微观粒子波粒二象性的认识,是量子力学产生的重要实验基础。

1. 微观粒子的波粒二象性

20世纪初,经过长期争论,人们认识到光既有波动性,又有粒子性。而电子的粒子性在19世纪已被发现。但认为电子具有波动性,是由法国物理学家德布洛依在1924年首先提出来的。1927年由美国科学家戴维逊和革末通过电子衍射实验所证实(图6.1)。当一束电子以一定的速度穿过晶体投射到照相底片上时,由于晶体起着光栅的作用,在底片上得到了明暗相间的衍射环,从而证实了微观粒子具有波动性。但是,微观粒子的波性和粒性,与经典物理学中的波性和粒性既有相同之处也有不同的地方。其主要区别是:

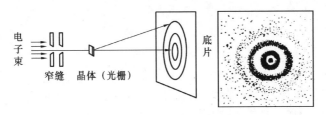

图6.1　电子衍射示意图

① 电子波是"概率波"。即波的强度与电子出现的概率成正比。
② 电子没有固定的运动轨迹,只有概率分布的规律。

微观粒子的波粒二象性,按照经典物理学的概念是无法理解的。由于电子具有上述与宏观物体运动不同的性质,所以不能用经典物理学来描述,从而诞生了描述微观系统运动规律的量子力学。量子力学如何来描述电子的运动呢?用波函数(又叫原子轨道)来描述。即原子核外电子是在不同的轨道中运动的。那么原子核外有哪些轨道呢?

2. 原子轨道

原子核外电子的运动可有1s、2s、2p、3s、3p、3d、4s、4p、4d、4f、5s、5p、5d、5f、6s、6p、6d、7s等状态,即有上述原子轨道(其中数字1、2、3等代表电子层数,电子层数越大,原子轨道距原子核的平均距离越远,能量越高;s、p、d、f代表电子亚层)。对于像氢原子这种只有一个电子的体系,原则上讲该电子可以在上述任何轨道中运动。但通常是在能量最低的1s轨道中运动,这种能量最低的状态称为基态。而多电子原子中不止一个电子,那么这些电子在诸多轨道中是如何分布的呢?

二、多电子原子的结构与元素周期表

多电子原子中不止一个电子,这就有这些电子在不同的可能状态中如何排布的问题,即核外电子排布。整个多电子原子的状态应当用所有电子运动状态的总和来描述。

1. 核外电子排布遵循的原则

(1) 保利不相容原理。一个原子轨道中,最多只能容纳两个自旋相反的电子。这一原理是保利于1925年(25岁)提出来的,保利是奥地利物理学家,20岁刚出头就写了一本讲相对论的书,得到了爱因斯坦的认可。该书在相对论的许多细节上,比爱因斯坦有许多超出。由于他在物理学上的突出贡献,1945年他获得了诺贝尔奖。

(2) 能量最低原理。在满足保利原理的前提下,电子尽先占据能量最低的轨道,使体系的总能量最低,这就是能量最低原理。那么多电子原子原子轨道能级高、低的顺序怎么确定呢?鲍林根据大量的光谱数据以及某些近似的理论计算,得到了如图6.2所示的多电子原子原子轨道能级的近似图。图中能级次序是指电子按能级高低在核外排布的次序。

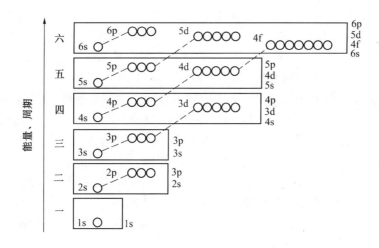

图6.2 多电子原子原子轨道近似能级图

对这个近似能级图可作如下两点说明。

① 能级图中,能量相近的能级划为一组,放在一个方框中,称为能级组。图中共列出六个能级组。

② 图中每一个小圆圈代表一个原子轨道。如 s 亚层只有一个原子轨道,p 亚层有三个能量相同的原子轨道,而 d 亚层有五个能量相同的原子轨道等。

(3) 洪特规则。在同一能级的轨道中,电子尽先占有不同的轨道,且自旋平行。这就是洪特规则。

此外,当这些轨道中的电子排布处于全充满、半充满或全空状态时,通常原子体系具有较低的能量。

按上述电子排布的一些基本原则和近似能级顺序,就可以写出绝大多数元素原子基态的电子排布式。如:

40 号元素 Zr 的电子排布为:$1s^22s^22p^63s^23p^63d^{10}4s^24p^64d^25s^2$;

24 号元素 Cr 的电子排布为:$1s^22s^22p^63s^23p^63d^54s^1$(具有半充满结构);

29 号元素 Cu 的电子排布为:$1s^22s^22p^63s^23p^63d^{10}4s^1$(具有全充满结构)等。

现在所有已经发现的元素核外电子排布式都已知道,随着元素原子序数的增加,核外电子排布也呈现周期性变化。元素核外电子排布的规律性决定了元素性质的周期性,元素周期表就是其最好的体现。

2. 原子的电子层结构和元素周期表

元素周期律是由俄国科学家门捷列夫和德国科学家迈耶尔发现的。为了这一工作,门捷列夫辛勤工作了 20 多年,一直工作到去世的前一天。

在他发现周期律后的某一天,彼德堡的一位小报记者来采访他。小报记者问:"门捷列夫先生,您是否承认您是天才?",门答:"什么是天才?终生努力就是天才"。记者又问:"听说您是在一个晚上做了一个梦,梦见了桌子上的卡片变成了一条龙,这条龙又弯成几折,醒来后您就排出了周期表?"门听完后笑着回答道:"您要知道,这个问题我大概想了 20 多年,而您却以为我坐着不动就写出来了,有这么简单吗?"元素周期律的发现,对于化学的发展起到了非常重要的作用。最常见的长式周期表是附录5给出的元素周期表。

当时人们认为元素性质是相对原子质量的函数。但如按相对原子质量递增的顺序排列,则 Co – Ni、Te – I 等元素的性质顺序有颠倒(可参见书后的周期表)。当时门捷列夫一直认为是相对原子质量测量有误。稀有气体出现以后,又有了 K – Ar 倒置。这一不合理现象困惑了科学家几十年。直到 1912 年(周期表发现 43 年后),才由英国年轻的科学家莫斯莱予以解决。莫斯莱大学毕业以后,来到了卢瑟福实验室。卢瑟福对他很重视,同事们也议论他有可能成为卢瑟福第二。在做了大量实验的基础上,莫斯莱得出结论,元素性质的变化规律不是与相对原子质量直接相关,而是与核外电子数(原子序数)直接相关。从而揭示了元素周期表的实质——元素的性质取决于元素原子的结构。莫斯莱在科学上的贡献是巨大的,但他的生命和事业却是极为短促的。第一次世界大战时,他在英国军队中当信号兵。1915 年 8 月 10 日,被土耳其人的子弹击中头部身亡,年仅 28 岁。

既然元素性质取决于原子结构,那么反映元素性质周期变化的元素周期表又和原子结构有什么关系呢?

① 周期数 = 电子层数 ,即同一周期的元素具有相同的电子层数。

② 族号数:

IA ~ VIIA、IB、IIB = 最外层电子数(A 代表主族,B 代表副族);

IIIB ~ VIIB = 最外层电子数 + 次外层 d 电子数(La、Ar 系有例外);

VIIIB 族元素的最外层电子数 + 次外层 d 电子数 = 8 ~ 10;

VIIIA 族元素最外层都已填满电子。

即同一族的元素具有特定的外层电子结构。

③ 每一周期的元素数目,是电子按能级分布的必然结果。第三周期只有 8 个元素的原因是,电子填完 $3s^23p^6$ 以后,不是接着填 3d,而是填 4s,从而进入第四周期。

不仅周期表的结构和原子的电子层结构有关,元素的性质也和原子的电子层结构有关。元素周期表就很好地反映了元素性质随原子结构变化的情况。

3. 元素性质的周期性

(1)原子半径。在同一短周期中,从左到右原子半径逐渐减小,同一主族中从上到下逐渐增大。这是因为同一周期的元素,具有相同的电子层,从左到右核电荷逐渐增加,而同一主族,从上到下电子层数逐渐增加的结果。

这里所说的原子半径,是指形成共价键或金属键等时原子间接触所显示的半径。如同种原子形成共价键时相邻原子核间距的一半,就是该原子的共价半径。

镧系、锕系元素中,从左到右,原子半径也是逐渐减小的,只是减小的幅度更小(约为主族元素的 1/10)。这是由于新增加的电子填入倒数第三层($n-2$)f 亚层上,f 电子对外层电子的屏蔽效应更大,外层电子所受到的有效核电荷增加更小,因此原子半径减小缓慢。镧系元素从镧(La)到镥(Lu)原子半径更缓慢缩小的积累叫"镧系收缩"。由于镧系收缩,使镧系以后的铪(Hf)、钽(Ta)、钨(W)等原子半径与上一周期(第五周期)相应元素锆(Zr)、铌(Nb)、钼(Mo)等非常接近。因此,锆和铪、铌和钽、钼和钨的性质非常相似,在自然界共生,并且难以分离。从元素铌和钽的发现过程可充分说明这一点。

1802 年,瑞典化学家艾克伯格从芬兰的一种矿石中发现了一种新的金属矿石。他试图用酸将其溶解以提取这一金属,但每一次都失败了。一度他放弃了实验,并把这一"难产"的未知元素叫钽(Ta)。这个名称来自古希腊神话中的英雄"坦塔罗斯"。相传坦塔罗斯是宙斯的儿子,由于不敬神,激起群神的愤怒,将他打入地狱,承受饥渴和恐惧的折磨。他站在齐脖深的水中却喝不到水,当他低头喝水时,水即刻退去。他的身后果木成林,结满蜜桃和苹果等。他刚要摘取,一阵风又把树枝吹到空中。他的头顶上悬挂着一块摇摇欲坠的巨石,随时可以把他压成肉饼。由于艾克伯格在新元素的提取过程中,也受到了类似的磨难,所以把它称为钽。

1801年,英国学者哈切特在分析一种美洲的矿石时,也发现了一种新的金属元素,取名为"钶",但也一直没有分离出来。学者们发现,钶与钽性质非常相近。经过长期的争论,得出一个错误的结论,认为两者是同一个元素。这对艾克伯格无疑又是一个很大的打击。这一错误结论一直保持了42年。直到1844年德国化学家罗兹第一次用化学法将两者分开,才弄清是两种不同的金属元素,只是性质太接近了。为了表示两种元素的"同族"和"亲缘"关系,罗兹给钶起了另一个名字——尼俄柏(尼俄柏是坦塔罗斯的女儿),即是铌(Nb)。其实两位科学家发现的都是铌、钽的混合物,只是一种矿石Nb多一些,而另一种是Ta多一些。

上述例子充分说明,原子结构的相似(具有相似的外层电子结构和相近的原子半径)带来了性质的相近。

(2)元素的金属性。元素的金属性是指原子失去电子而变成正离子的性质,元素的非金属性是指原子得到电子而变成负离子的性质。元素原子愈容易失去电子,金属性愈强;愈容易获得电子,非金属性愈强。

同一周期中从左到右金属性逐渐减弱(这是由于电子层数相同,核外电子数逐渐增加,原子半径逐渐减小的结果),同一主族中从上到下金属性逐渐增强(这是由于虽然外层电子数相同,但电子层数逐渐增加,原子半径逐渐增大的结果)。副族的情况比较复杂,这里我们不再讨论。因此周期表中的左下角是金属性很强的元素,右上角则是非金属性强的元素,而位于p区(指最后电子填在p亚层的ⅢA~ⅧA元素所在区域,He除外)对角斜线上的硼、硅、锗、砷、锑、硒和碲等都是半导体元素。

中学已学过氧化还原反应,其中有些元素的原子夺电子能力较强,做氧化剂,而有些元素原子较易失去电子,做还原剂。它们的这些性质应当与其在周期表中的位置有关。在能源与化学一章中,介绍的原电池就是借助原电池的装置实现氧化还原反应,并伴随有电流产生。原电池两极材料的不同(金属性强弱不同),两极的电极电势就不同,正是由于两极有电势差(即原电池有电动势),才会有电流产生。原电池是一种重要能源,有广泛的应用,但有时原电池也会带来损害。如金属的腐蚀主要就是原电池(实际是微电池)在作怪。上面举的一个病历,也是原电池起作用的结果。

有关元素的电离能、电子亲和能以及电负性等性质在周期表中的变化规律,在这里不再介绍。

周期表是非常有用的。在元素周期表的指导下,人们可以有计划、有目的地去寻找新的物质,它可以为我们在制备、选用和使用材料时,提供非常重要的信息。

下面我们再举几个实例来说明周期表的重要作用。先以合成制冷剂为例。在本世纪初,人们是以氨、二氧化硫和丙烷作为工业和家用电冰箱的制冷剂。但是,氨有毒,二氧化硫既有毒又有腐蚀性,丙烷是易燃的危险品。因此需要一种无毒、无味、无腐蚀性,并易液化的气体化合物,当然还要价格便宜才能受到广泛的欢迎。如何寻找这种化合物呢?美国工程师小米德莱借助了周期表。他注意到只有位于周期表右边的非金属元素能生成在室温下是气态的化合物;同时化合物的可燃性从左到右减小。实际上卤化物可用来阻止燃烧。他还注意到比较重的元素化合物通常是毒性更大。这些观察提示了氟和其他较轻的非金属元素形成的化合物应是优良的制冷剂。经过两年的实验室工作,他合成并试制了一类化合物——氟利昂。氟利昂是碳、氟和氯的化合物,具有较理想的制冷效果,被广泛用于现代电冰箱和空气调节器中。近年来,人们逐渐认识到平流层大气中的一些微量成分,如含氯(溴)自由基的物质、氮氧化物等,对臭氧的分解有催化作用。而氟利昂是平流层大气中自由氯的主要来源,对平流层中臭氧的存在构成严重威胁。因此寻找和研制无公害制冷剂是目前受到重视的研究课题。

美国化学家小米德莱不仅利用周期表研制出新型制冷剂,他还借助周期表发明了用四乙基铅作为汽油的添加剂,取得了很好的抗爆震效果。只要在1 L汽油中加入1 g四乙基铅,汽油的抗爆震性能就大大提高。防止爆震是为了提高内燃机的效率。因为要想提高内燃机的效率,必须提高内燃机的压缩比。然而,汽油和空气混合物压缩到一定体积时,就会产生爆震。这样不但损坏了汽缸,而且也浪费了燃料。因此人们迫切需要找到一种物质,它既能使汽油压缩得较紧而又不会引起爆震,以提高汽车内燃机的效率。借助于周期表的帮助,小米德莱成功地研制出了这一物质。他和他的同事首先发现,煤油的抗爆震性能比汽油好,而在煤油中溶入一些碘以后,煤油的抗爆震性能可以大大改善。但是碘太贵了,怎么办?

小米德莱和波义德(米德莱的助手)打开了元素周期表,顺着碘的足迹去寻找。与碘同族的氟、氯和溴太活泼了,会损坏气缸。他们又找到VIA族,实验表明,含氧的醇类物质可以提高汽油的抗爆性能。但是加入量太多,几乎达到汽油的一半,又行不通。而同族硫的化合物腐蚀性强,也不行。而可溶于汽油的硒和碲的化合物当时还没发现。于是他们又把目光转到VA族,通过实验发现,含氮的苯胺可以提高汽油的抗爆震性能,用同样多的汽油,可以使汽车多跑一半的路程。这个惊人的发现很快被运用到飞机上。加有甲基苯胺添加剂的汽油,成为1920年第一批横渡大西洋飞机的燃料,创造了飞机不着陆长距离飞行的世界纪录。遗憾的是,加入量是汽油的1/10,而且排除的气体太难闻。用这种燃料作汽车用油当然不会受人欢迎。

小米德莱和他的同伴继续顽强地工作,实验了上千种物质,还是没有好的结果。

后来他们又回过头来研究硒和碲,发现二乙基硒的抗爆性能比苯胺强5倍,二乙基碲比苯胺强10倍,这真是"山重水复疑无路,柳暗花明又一村"。小米德莱兴奋地做完实验,走进澡堂,想洗个澡以去掉几周来的灰尘和疲劳。但是其他人一看到小米德莱都掩鼻而逃。原来二乙基硒和二乙基碲奇臭难闻,而埋头研究的小米德莱沉浸在成功的喜悦中,一点也不觉得。这样,抗爆震性能好的物质是找到了,但仍不能应用。

小米德莱对实验进行了仔细分析发现,有良好抗爆震性能的物质都是些重元素的化合物。于是动手实验IVA族的锡,结果令人满意。有没有更好的呢?那一定是比锡更重的铅了。

1921年,他们终于发明了四乙基铅作为汽油的添加剂,抗爆震效果很好。而且制取四乙基铅的原料易得,价格便宜,还有水果香味。就这样,借助于周期表这张"化学地图"发明了性能良好的抗爆震剂。小米德莱的发现为人类创造了数以亿计的财富。所以小米德莱深有感触地提醒人们:"门捷列夫元素周期表是一张奇妙的合成图"。当然,由于四乙基铅可造成铅污染,现在已被性能更好的抗爆震剂所取代。

作为用溶胶－凝胶法制备新型纳米材料所要用到的金属醇盐往往很难制备,制备醇盐也要借助元素周期表。

迅速发展的生命科学也和周期表有密切关系。如人体内含有 60 多种元素,其中 K、Na、Ca、Mg 等 11 种是宏量元素,集中在周期表的头 20 个元素内。而必须的微量元素 Fe、Zn、Se 等 10 余种元素多属于第一长周期。其实生命活动从分子和电子的层次来看,可看成是由各种元素构成的许多生物活性物质参与化学反应的总和。人类必须的元素,缺少了不行,但摄入过多反而有害。如大家熟悉的钙,是人体所需的宏量元素,是骨骼和牙齿的主要成分,又能调控人体正常肌肉的收缩和心肌收缩,还是矿物元素的协调者(即协调矿物元素分配到身体的那一部位),血液凝固所必需的成分,同时还起细胞信使的作用,对刺激做出正常的神经反映。因此人缺钙是不行的。如果血液中 Ca^{2+} 太少,会造成神经和肌肉的超应激性,微小的刺激(如一个响声、咳嗽),就可能使人陷入痉挛性抽搐。而当血液中 Ca^{2+} 过多时,会造成神经传导和肌肉反映的减弱,使人体对任何刺激都无反映。同时钙的过量摄入,会产生动脉粥样硬化、白内障和胆结石等病症。又如锌是人体必须的微量元素,缺锌会造成侏儒症、生殖腺发育不全和皮炎等疾病;而锌过量会产生贫血等。黑龙江的地方病——克山病是由于缺硒引起的心肌坏死;大骨节病、地方性甲状腺肿、地方性克汀病则是由于严重缺碘引起的。

目前人们对于和人体有关的其他元素在周期表中的位置研究得还很不够。但是我国的科学家已初步给出了生物体内的化学元素图谱,并依此绘制出更加丰富绚丽的三维元素周期系。这张仍然反映各元素原子的电子结构周期性递变规律的三维元素周期表,不仅表明各元素的物理、化学性质,而且在一定程度上也能预示它们的生物学性质。从而给生物无机化学、配位化学和生命医学科学增添了活力。因此美国医学教授、诺贝尔奖获得者提出"要把生命理解为化学",这是千真万确的。

孤立原子单独存在毕竟很少。物质更多是以分子或固体等聚集态形式存在的。那么,分子中的原子以及固体等聚集态中的粒子,是靠什么力结合的呢?靠化学键、分子间力以及氢键等结合起来的。

6.3 化学键、分子间力和氢键

一、化学键

化学变化的实质是原子的重新排列组合,化学变化过程是旧化学键断裂和新化学键形成的过程。学习化学键知识是掌握化学知识的一把钥匙,化学键概念是化学基本理论的重要组成部分。化学键是指分子中两个相邻原子之间的强烈相互作用力。人们经过一个世纪的探讨,对化学键本质的认识逐步深化,现在认为化学键的最基本类型有三种:离子键、共价键和金属键。下面分别加以介绍。

1. 离子键和离子化合物

氯化钠(NaCl)是最典型的离子化合物。Na 是周期表中 IA 族的元素,具有很强的金属性,易失去电子。Cl 是周期表中 VIIA 族的元素,具有很强的非金属性,易获得电子。当 Na 原子和 Cl 原子接近时,Na 原子失去一个电子生成正一价离子,而 Cl 原子获得一个电子成为负一价的离子,两种离子借静电作用力相结合,这种强烈的静电作用力称为离子键,由离子键结合成的化合物叫离子化合物。

正负离子间的静电作用力是很强的,因此室温下离子化合物呈固态,熔点都较高(NaCl 的熔点是 801℃,CaF_2 的熔点是 1 360℃)。熔融状态的离子化合物可以导电。

2. 共价键和共价化合物

得失电子能力相同或相近的非金属原子组成分子(如两个氢原子组成一个氢分子)时,其原子间的结合力就不能用离子间的静电作用来解释了。它们是靠共价键来结合的。关于共价键的理论现在有三种,都比较复杂。对于共价键,我们可以简单理解为原子间是靠共有电子来结合的。如两个氢原子在组成氢分子时,两个氢原子的两个电子为两个氢原子公用(称此两电子为共有电子对)而结合成氢分子。许多共价化合物如 H_2O、HCl、NH_3、CH_4 不论在气态、液态或固态都是以独立的分子形式存在的,所以在状态发生变化时,不涉及化学键的变化,只是分子间作用力发生变化(分子间作用力要比化学键力小得多,我们后面将要介绍)。因此和离子化合物相比,它们的熔点、沸点就低得多,这类物质属分子型共价化合物。也有分子型的共价单质,如碘(I_2)、磷(P_4)和硫(S_8)等的单质都是多原子分子,原子间是以共价键结合的,它们的熔点和沸点也不高。

有些共价化合物是原子型的,如金刚砂。它的化学式是 SiC(碳化硅),C、Si 原子间以共价键结合,形成了 C 和 Si 原子相间的巨大分子。原子型共价化合物和分子型共价化合物不同,它们的熔点很高,硬度也很大。这是因为要使它们发生状态变化,将涉及 Si 和 C 之间的共价键的断裂,这是很不容易的。

3. 金属键

在已知的 112 种元素中,金属占 80% 以上。金属原子间是以金属键结合的。对金属键本质的解释有"自由电子"理论和能带理论等。按金属键的自由电子理论,金属元素的最外层电子不是固定于某个金属原子或离子,它是共有化的,可以在整个金属晶格的范围内自由运动,称为自由电子。自由电子的运动是无序的,它们为许多原子或离子所共有。这些自由电子减少了晶格中带正电荷的金属离子间的排斥力,起到把金属原子或离子连接在一起的作用,这种"连接"作用就称为金属键。

金属的一般性质与自由电子存在有密切关系。由于自由电子可以吸收各种波长的可见光,随即又发射出来,因而使金属具有光泽;自由电子可以在整块金属内运动,所以金属的导电性、导热性都很好;由于金属键没有方向性和饱和性,金属原子是以高配位的密堆积方式排列,使它在受外力作用时各密置层间可以相对滑动,但由于自由电子的存在,使各层间仍保持着不具方向的金属键的作用力,所以金属虽然发生变形而不致破裂,使金属有优异的延展性。

金属键的自由电子理论(又称自由电子气模型),虽然可以定性地解释金属的许多性质,但由于这一模型过于简单,因此不能得到好的定量结果。而能带理论则能较确切阐述金属键的本质。由于该理论需要更多的基础知识,这里不再介绍。

金属键、共价键和离子键是三类不同的化学键,结合力的特征不同。但它们之间既有联系,又有区别,还有过渡状态。掌握化学键的基本知识,有助于了解化学变化的本质和规律,以便更有效地应用。

二、分子间作用力和氢键

从上面的讨论可知,原子所以能够组成分子靠的是化学键的作用。不仅原子间有相互作用，分子间同样也有相互作用。为什么 CH_4、SiH_4、GeH_4 和 SnH_4 的沸点依次升高？为什么 F_2、Cl_2、Br_2 和 I_2 的状态由气态、液态到固态？这些都是由于分子间力作用的结果。

早在 1873 年荷兰物理学家范德华就注意到这种作用力的存在，并进行卓有成效的研究，所以人们称分子间力为范德华力。

相对化学键来说，分子间力相当微弱，一般在几到几十 $kJ·mol^{-1}$，而通常共价键键能约为 $150\sim500\ kJ·mol^{-1}$。然而就是分子间这种微弱的作用力对物质的熔点、沸点、表面张力和稳定性等都有相当大的影响。1930 年伦敦应用量子力学原理阐明了分子间力的本质是一种电性引力。为了说明这种引力的由来，我们先介绍有关极性分子和非极性分子的概念。

在任何分子中都有带正电荷的原子核和带负电荷的电子，对于每一种电荷都可以设想其集中于一点，这点叫电荷重心。

正、负电荷重心重合的分子称为非极性分子。正、负电荷重心不重合的分子叫极性分子，如 HF 分子。由于氟的非金属性强，故在分子中电子偏向 F，F 端带负电，H 端带正电，分子的正负电荷重心不重合。离子型分子可以看成是它的极端情况。

极性分子是一种偶极子，具有正、负两极。当它们靠近一定距离时，就有同极相斥，异极相吸的静电引力——称为取向力。极性分子与非极性分子之间作用力则是由极性分子偶极电场使临近的非极性分子发生电荷位移而相互作用产生的，称为诱导力。非极性分子与非极性分子之间的作用力来自电子在不停运动瞬间总会偏于这一端或那一端而产生的瞬间静电引力，称为色散力。通常将色散力、取向力和诱导力统称为分子间力。极性分子间不仅具有取向力，也有诱导力、色散力；而极性分子与非极性分子间不仅有诱导力，也有色散力；而非极性分子间只有色散力。物质的许多物理性质（如沸点、熔点、黏度和表面张力等）都与此有关。一般说来，除了极性很强的分子以外，分子间力都是以色散力为主。而色散力又随相对分子质量的增加而增大。因此，F_2、Cl_2、Br_2、I_2 的熔、沸点逐渐增加，其存在状态也是由气态到固态。HF、HCl、HBr、HI 的熔、沸点，从 HCl 到 HI 确是逐渐增加，但 HF 却最高，这是由于存在氢键的结果。

当氢原子与电负性很大而半径很小的原子（如 F、O、N）形成共价型氢化物 HX 时，由于原子间共有电子对的强烈偏移，氢原子几乎呈质子状态。这个几乎"赤裸"的质子可以和另一个电负性大且含有孤对电子的原子 Y 产生静电吸引（X—H…Y），这种引力称为氢键。氢键比分子间力强，比化学键弱。HF 的熔、沸点高就是有氢键作用的结果。第 VI 主族氧（O）、硫（S）、硒（Se）、碲（Te）的氢化物，以相对分子质量最小的 H_2O 的熔、沸点最高，也是这个道理。氢键的重要性主要体现在生命科学中。生物体内存在各式各样的氢键。如 DNA 双螺旋结构中就有大量氢键相连而成稳定的复杂结构。

分子与分子以分子间力连接起来而形成的分子聚集体称为超分子，对超分子的研究已成为分子科学的前沿热点。这种分子间的作用力是几种作用力，即主要是分子间力、氢键等的协同作用。通过叠加和协同，分子间的弱相互作用在一定条件下可转为强结合能。超分子实际是普遍存在的，如在生物化学中，酶和其底物（反应物）、激素及其受体、抗体和抗原都可归属于超分子。

有了原子的电子结构、元素周期表、化学键、分子间力以及氢键等基础知识后，就可以进一步讨论材料与化学了。

6.4 材料与化学

本节重点讨论材料的化学组成、结构(粒子的排列方式与化学键)等对其性能的影响。首先简单介绍材料的分类方法。

一、材料的分类方法

材料可按不同的方法分类。若按用途分类,可将材料分为结构材料和功能材料两大类。若按材料的成分和特性分类,可分为金属材料、无机非金属材料、高分子材料和复合材料等。下面我们按后一种分类方法对几种类型的材料作简单介绍。

二、金属材料

金属材料的发展有着悠久的历史,人类在早期就使用铜和铜合金,后来又发展到使用铁和铁合金。产业革命后钢铁的大规模发展和应用,使金属在材料中占有绝对优势。第二次世界大战以后,随着合成高分子材料、无机非金属材料以及各种复合材料的发展,使其部分取代了金属材料,极大地冲击了金属材料的主导地位。尽管如此,金属材料在一个国家国民经济中仍占有举足轻重的地位。尤其在发展中国家,金属材料仍然占有材料工业的主导地位,如中国年产钢铁近 9×10^7 t。

1. 金属单质

在元素周期表中,金属元素占80%以上。金属具有金属光泽,传热、导电性和延展性等优良性能,可被加工成各种材料,广泛应用于国民经济的各个部门。

金属的优异性能来源于它的内部结构。金属内部结构是由金属原子规则的周期性排列(组成金属晶体)所决定的。按金属键的自由电子理论,周期排列的金属原子和离子处于自由电子的气氛中,两者紧密地胶合在一起,形成金属晶体。金属的一般性质与自由电子的存在有密切关系。

我们通常所见的金属单质(即纯金属)并不纯。就以铁为例,我们通常所见的铁是黑黑的,很容易生锈,这是不纯的结果。如果铁的质量分数达到99.95%,则铁就是银白色的,还可以像黄金一样拉长,即使在 -269℃时拉长也不会断裂,放置数年也不会生锈。人们还发现,超高纯度铜也与用镍和铜制造的白铜一样,变得雪白银亮。

2. 合金

纯金属虽然有一些可贵的性能,但由于它们的强度和硬度都偏低,而且价格也较高,不能满足工程上的各种要求,因此工业上应用并不多,而大量使用的是合金。合金是由两种或两种以上的金属元素或金属元素与非金属融合在一起所得到的具有金属特性的物质。合金的种类很多,由于组成和结构的不同,性质上也有很大差异。下面仅以不锈钢和形状记忆合金为例来加以说明。

(1) 不锈钢。不锈钢是人们从垃圾堆中偶然发现的。那是1913年,英国科学家亨利-布莱尔利接受英国军部的委托,要研制一种制造枪膛用的不易磨损的合金钢。布莱尔利做了许多实验都没有成功,就将这些式样丢到实验室外的废料堆里了。很久以后,有人意外发现,虽经风吹、日晒,有几块合金钢仍然闪闪发光。经分析发现,是加了质量分数为12.8% Cr 的结果。这充分说明了组分的变化(当然结构也有了变化)引起了性质的变化。

这种合金钢不仅不生锈,而且不怕酸和碱。但由于价格高,而且比较软,军部没有给予重视。

后来布莱尔利和别人合办了一家餐具厂,专门生产这种合金钢餐刀。于是这种漂亮、耐用和不锈的餐刀很快风靡欧洲,"不锈钢"的名字也不胫而走,也使许多科学家对它研究的兴趣越来越大。人们又向这种合金钢中加入了 Ni、Mo、Cu、Ti 和稀土元素等,以改变它的性能。也有人提高了这种不锈钢中的 Cr 质量分数,结果表明,随着 Cr 质量分数的增加,不锈钢的耐热性、耐蚀性增加;但当 Cr 的质量分数达 40% 以上时,则合金处于疏松、干巴巴状态。因此科学家得出结论,不锈钢中 Cr 的质量分数不能超过 30%。

但是到了 1994 年,日本东北大学的安彦兼次副教授却对这一极限提出了怀疑(大胆的怀疑往往是新发现的开始)。他总结过去人们的工作发现,他们用的都是普通纯度的 Fe、Cr,如果采用高纯的 Fe、Cr 将会是如何呢?

当他用 $w(Fe) = 99.995\%$ 的铁和 $w(Cr) = 99.99\%$ 的铬进行实验时,奇迹出现了。当 $w(Cr) = 50\%$ 时,不仅没有出现疏松状态,而且成为耐热性好于不锈钢的稳定合金。用它加工的无缝钢管耐热性达 1 000℃ 以上,是高超音速飞机发动机上求之不得的材料。这一发现不仅改变了人们对不锈钢的认识,也修正了以往对金属研究的许多结果。同时还发现了超纯金属的许多意想不到的性质。如在 100 万个 Fe 原子中,加入 10 个 P 原子,就变得很脆;如再加入 1 个 B 原子,则金属就不易开裂了。

超高纯度金属的这一研究,已引起科学家的高度重视。科学家们正在努力从事这方面的研究,探索超高纯度金属世界的秘密。

上述实例又说明了组成结构对性能的影响,也提示我们对单质的纯度应认真考虑。

(2)形状记忆合金。20 世纪 60 年代初的一天,美国海军军械实验室的研究人员领来一批镍钛合金丝,也许是在制造过程中处理不当,合金丝被弄弯了,他们只能一根一根地将合金丝较直。有人顺手将较直的合金丝放在炉子旁边。这时意外的事情发生了,一些较直的合金丝在炉温的烘烤下,不一会都恢复到原来弯曲的形状。于是研究人员不得不重新校直合金丝。起初,他们没有领悟到其中的原因,还是把校直的合金丝放在炉旁,结果合金丝又弯了。这种现象重复出现了多次,直至人们把校直的金属丝换了一个地方堆放,不再受到炉温的烘烤以后,合金丝才继续保持挺直的形状。

要是你碰到这种意外的事情会怎么办?也许开始时会感到奇怪,后来较直的合金丝不再弯曲了,便以为问题解决了,也就不再思索了。其实,早在 1951 年的金镉合金实验和 1953 年的铟铊合金实验中都出现过类似的现象,却都没有引起人们的应有重视。

科学的发现需要我们做有心人,处处留意这些看似偶然的意外事件,勤于思索,善于思索,透过现象看本质,进行深入细致的研究。

美国海军军械实验室的研究人员正是紧紧抓住了上述的意外事件,开始反复的实验研究,终于发现了由 $w(Ni) = 50\%$ 的镍和 $w(Ti) = 50\%$ 的钛组成的合金在温度升到 40℃ 以上时,能"记住"自己原来的形状。科学家把这种现象称为"形状记忆效应"。1963 年,在美国海军科学会议上,他们宣布了自己的研究成果,并向会议代表演示了"形状记忆效应"实验。后来,经过许多科学家的辛勤劳动,人们又发现铜锌铝合金、铜镍铝合金和铁铂合金等也具有"形状记忆效应"。科学家把这类合金叫做"形状记忆合金"。

那么,为什么记忆合金具有和一般金属不同的特性呢?要阐明它的机理需要冶金学、金属物理学和化学等多种学科的知识,至今还有不少问题未能完全搞清楚。

从根本上说，形状记忆合金的特性是由它的内部晶体结构所决定的。这类合金在一定的温度范围内具有一定的外形，而且合金内部的原子排列具有和外形相适应的可逆转变结构。形状记忆合金都有一定的转变温度，在转变温度以上，加工成欲记忆的形状，合金内部原子则排列成一种稳定的晶体结构。把它冷却到转变温度以下，施加外力改变它的形状，此时它的原子结合方式并未发生变化(即没有化学键的改变)，只是原子离开原来位置，在邻近位置上暂时停留着。如果把这种形变后的记忆合金加热到转变温度以上，由于原子获得了向稳定晶体结构转变所需的能量，就又重新回到原来的位置，从而又恢复了以前的形状。

形状记忆合金有着广泛的应用。它为宇航事业做出了很大贡献。为了将月球上收集到的各种信息发回地球，必须在月球上架设好几米的半月形天线。然而要把这种"庞然大物"直接放进宇宙飞船的船舱中是很困难的。美国航宇局先用镍钛合金在40℃以上制成半球形的月面天线(这种合金非常强硬，刚度很好)，再让天线冷却到28℃以下。这时合金内部的晶体结构发生了改变，变得非常柔软，所以很容易把天线折叠成小球似的一团，放进宇宙飞船的船舱里。到达月球后，宇航员把变软的天线放在月面上，借助于阳光照射或其他热源的烘烤使环境温度超过40℃，这时天线犹如一把折叠伞那样自动张开，迅速投入正常工作。形状记忆合金还是连接零件的"能手"。用它做铆钉，只要先加热到转变温度以上，把铆钉的两脚分开并弯曲，再冷却到转变温度以下把它拉直，插入被连接零件的孔中，最后再将其加热到转变温度以上，让它记起以前的形状，它就会自动地把两个零件紧紧地铆住，免去了锤击的麻烦。这种铆钉尤其适合在具有化学介质、放射性介质或其他恶劣的工作环境中应用。美国制造的F-14飞机上的液压系统管道，由于结构紧凑而无法焊接，用形状记忆合金制造连接套管，解决了这个困难。迄今为止，人们已经使用了10多万个形状记忆合金接头，无一损坏，十分安全。

形状记忆合金在医疗器械方面也有广泛应用。例如，在治疗骨折的外科手术中，用形状记忆合金制造人工骨骼拉杆，依靠人的体温即可将骨缝接合固定，大大加快了骨折愈合的速度。同样，将形状记忆合金连接在弯曲的脊椎骨上，依靠人的体温使合金伸直，就可以达到矫正脊椎骨的目的。而用形状记忆合金来补牙，尽管蛀洞七弯八绕，也能镶嵌得十分紧密。此外，它还可用于制作人造心脏瓣膜、人造关节、人工肾微型泵和脑动脉瘤手术钳等。

三、无机非金属材料

无机非金属材料又称陶瓷材料，它包括的范围非常广泛。陶瓷材料可分为传统陶瓷材料和精细陶瓷材料。前者的主要成分是各种氧化物；后者的主要成分除了氧化物外，还有氮化物、碳化物、硅化物和硼化物等。传统陶瓷产品如陶瓷器、玻璃、水泥、耐火材料、建筑材料和搪瓷等，主要是烧结体；而精细陶瓷产品可以是烧结体，也可以是单晶、纤维、薄膜和粉末，它们具有强度高、硬度大、耐高温、耐腐蚀，并可有声、电、光、热、磁等多方面的功能，是新一代的特种陶瓷。它们的用途极为广泛，遍及现代科技的各个领域。这里只简单介绍精细陶瓷材料，按陶瓷的使用性能分类，精细陶瓷可分为结构陶瓷和功能陶瓷两大类。

1. 结构陶瓷材料

结构陶瓷突出的优点是具有耐高温、高强度、高硬度、耐磨损、抗腐蚀等性能，因此在冶金、宇航、能源以及机械等领域都有重要应用。结构陶瓷种类繁多，下面只介绍其中的几种。

(1) 氮化硅(Si_3N_4)陶瓷材料。氮化硅陶瓷材料是一种新型结构材料。由于材料中的粒子是靠共价键结合，因此具有熔点高、硬度大、绝缘性能好和优良的抗氧化性能等优点。工作温度保持在1 200℃时,其强度不会下降,耐酸,热膨胀系数小,具有优良的力学性能。被称为"像钢一样强,像金刚石一样硬,像铝一样轻"的全能材料。可用做轴承、燃气轮机的燃烧室、无水冷陶瓷发动机中的活塞顶盖和机械密封环等。

(2)氧化锆(ZrO_2)增韧陶瓷材料。由于陶瓷材料的抗机械冲击性差,因此限制了它的使用范围。氧化锆增韧陶瓷是在陶瓷基体中加入氧化锆,从而提高了陶瓷材料的强度和韧性,拓宽了应用范围。它可以代替金属制造模具、泵机的轮叶以及制造发动机构件等。用增韧氧化锆陶瓷做成的剪刀,既不会生锈,也不导电,可以用来剪切带电的导线。

(3)新型透明陶瓷材料。现代电光源对于灯管材料的耐高温、耐腐蚀性以及透光性有很高的要求。新型透明陶瓷材料的出现,引起了电光源发展过程中的一次重大飞跃,带来了巨大的社会效益和经济效益。氧化铝透明陶瓷是高压钠灯(工作温度1 200℃,腐蚀性强)很理想的灯管材料,它在高温下不与钠蒸气发生反应,又能把95%以上的可见光传送出来,这种灯是目前世界上发光效率最高的灯。

一般陶瓷不透明的主要原因是,由于有杂质、小气孔、晶界等对光的散射和吸收造成的。通过选用高纯原料和合理工艺,已研制出多种透明陶瓷材料。

用氧化铝、氧化镁混合在1 800℃高温下制成的全透明镁铝尖晶石陶瓷,外观很像玻璃,硬度大、强度高、化学稳定性好,可以作为飞机的挡风材料,也可以作为高级轿车的防弹窗、坦克的观察窗以及飞机、导弹、雷达天线罩等。氧化钍–氧化钇透明陶瓷的熔点高达3 100℃。

2. 功能陶瓷材料

功能陶瓷材料是以声、光、电、磁、热和力学性能及其相互转换为主要特征的材料。它的种类繁多,用途各异。已在能源开发、空间技术、电子通讯、生物技术、计算机技术、信息处理等方面得到广泛的应用。当前功能陶瓷正向可靠性高、微型化、薄膜化、多功能和高效能等方向发展。下面分别介绍几种重要的功能陶瓷材料。

(1)压电陶瓷材料。压电陶瓷材料是一种应用较早、较广泛的功能陶瓷。压电材料是实现机械能与电能相互转换的工作物质。

当压电材料受到机械应力时,会引起电极化,其极化值与机械应力成正比,其符号则取决于应力的方向,这种现象称为正压电效应;反之,材料在电场作用下,产生一个在数量上与电场强度成正比的应变,这种现象称逆压电效应。

由于压电陶瓷具有机械能与电能之间的转换和逆转换的功能,因此压电陶瓷的应用十分广泛。如压电陶瓷在非常强的机械冲击波作用下,可把以极化强度的形式储存在压电陶瓷中的能量在微秒的瞬间释放出来,产生瞬间电流达1×10^5 A的高压脉冲,用于原子武器的引爆。

而压电陶瓷逆压电效应的典型应用是将交流电信号转换成机械震动,如用于超声波发射、压电扬声器等。压电材料目前还广泛地用来制作电视滤波器、雷达延迟线等声表面波器件。

(2)敏感陶瓷材料。电性能随热、湿、气、光等外界条件的变化而发生敏感改变的陶瓷统称敏感陶瓷。通过不同的掺杂和加工工艺可以得到对周围环境起敏感反应的各种敏感陶瓷材料。如热敏陶瓷、湿敏陶瓷、气敏陶瓷、光敏陶瓷等。

(3)高温超导陶瓷。早在20世纪60年代末,就曾发现具有钙钛矿结构的

($Ba_{1-x}Pb_xTiO_2$)陶瓷是超导体。但 T_c(临界温度)很低,没有实用价值。1986年,贝德诺兹和米勒发现 La-Ba-Cu-O 系氧化物材料存在 35 K 的超导转变。1987年由美国和中国分别独立发现的 Y-Ba-Cu-O 体系 T_c 为 90 K,用液氮冷冻即可实现超导(氮的沸点为 77 K)。以后又发现了 Bi-Sr-Ca-Cu-O、Ti-Ba-Ca-Cu-O 等一系列具有高温超导性能的新材料,高温超导材料的广泛应用前景受到全世界的瞩目。

(4)生物功能陶瓷材料。生物功能陶瓷是功能陶瓷的一个重要分支,种类也很多。目前主要用于人工骨或人造关节,形态修复和整形外科材料,人造牙根和假牙等。羟基磷灰石陶瓷就是一种生物陶瓷材料,将它植入人体内与其他材料相比有显著的优点:它的组成接近于生物骨质的无机成分,强度接近天然致密骨,生物相容性好,随着羟基磷灰石的降解和新骨的长入,新骨与材料直接结合并融为一体。因此,先进生物陶瓷材料的研制越来越受到人们的重视。

近年来出现的纳米陶瓷具有韧性,有的甚至出现超塑性。如室温下合成的 TiO_2 纳米陶瓷,它可以弯曲,韧性很好。因此人们寄希望于发展纳米技术,以解决陶瓷材料的脆性问题。纳米陶瓷被称为是 21 世纪陶瓷。

在纳米材料发展的初期,纳米材料是指纳米颗粒(粒径为 1~100 nm)和由它们组成的纳米薄膜和固体。现在,广义的纳米材料是指在三维空间中至少有一维处于纳米尺度范围或由它们作为基本单元构成的材料。这种结构使纳米材料具有不寻常的表面效应、界面效应和量子效应等,故而呈现出一系列独特的性质。例如,金的熔点是 1 063 ℃,而纳米金只有 330 ℃。又如纳米铂黑催化剂,由于表面积大,表面活性高,可使乙烯氢化的反应温度从 600 ℃降至室温;纳米铁的抗断裂应力比普通铁高 12 倍等。纳米材料的问世引起人们的浓厚兴趣和关注。

四、高分子材料

由几个或几十个原子通过化学键结合形成的分子,相对分子质量在几十到几百,这种分子叫小分子。然而有的分子是由一千个以上原子通过共价键结合形成,相对分子质量可达几万到几百万,这类分子称为高分子(或称聚合物)。聚合物有三类:有机聚合物、无机聚合物和金属配位聚合物。我们这里只讨论有机聚合物。

1. 有机高分子化合物的组成

有机高分子化合物(有机聚合物)也称高聚物,它是由许许多多有机小分子聚合而成的。虽然有机高分子化合物的相对分子质量非常大,但是其基本化学结构并不复杂,一般都是由一个或若干个简单的结构单元重复连接而成。这些重复的结构单元称为链节,有机高分子化合物分子中所含的链节数称为聚合度。例如,聚氯乙烯的结构式

$$-CH_2CH-CH_2CH-CH_2CH-CH_2CH-CH_2CH- \atop \ \ \ \ \ \ \ |\ \ \ \ \ \ \ \ \ \ \ \ \ \ |\ \ \ \ \ \ \ \ \ \ \ \ \ \ |\ \ \ \ \ \ \ \ \ \ \ \ \ \ |\ \ \ \ \ \ \ \ \ \ \ \ \ \ | \atop \ \ \ \ \ \ \ Cl\ \ \ \ \ \ \ \ \ \ \ Cl\ \ \ \ \ \ \ \ \ \ \ Cl\ \ \ \ \ \ \ \ \ \ \ Cl\ \ \ \ \ \ \ \ \ \ \ Cl$$

此结构式也可简写成 $-[CH_2CH]_n-$,其中 $-CH_2-CH-$ 为链节,n 表示聚合度。
                  $\ \ \ \ \ \ \ \ |$ $\ \ \ \ \ \ \ \ \ \ \ |$
                  $\ \ \ \ \ \ \ Cl$ $\ \ \ \ \ \ \ \ \ \ Cl$

显然,有机高分子化合物分子的聚合度可以用来衡量其分子的大小。不过,同一种有机高分子化合物的分子所含有的链节数并不完全相同,因此它们的相对分子质量也有差异。事实上,有机高分子化合物没有确定的相对分子质量和确定的聚合度。它是由许多链节结

构相同而聚合度不同的大分子化合物混合而成的,其相对分子质量和聚合度指的是平均相对分子质量和平均聚合度。

各种有机高分子化合物是由不同的结构单元所组成,能够产生这些结构单元的低分子化合物称为单体。

2. 有机高分子化合物的合成

有机高分子化合物是由低分子有机物(单体)相互连接在一起而形成的,这个形成的过程就称为聚合反应。聚合反应类型很多,根据聚合反应的方式,主要可分为加成聚合(简称加聚)和缩合聚合(简称缩聚)。

(1)加聚反应。具有不饱和键(含有双、三键)的单体经加成反应形成有机高分子化合物,这类反应称为加聚反应。其产物称为共聚物。例如,聚氯乙烯是由一种单体氯乙烯聚合而成,属均聚物;丁苯橡胶是由丁二烯、苯乙烯两种单体聚合而成,属共聚物。

$$n CH_2=CH\text{—}Cl \xrightarrow{\text{均聚反应}} \text{—}[CH_2\text{—}CH\text{—}Cl]_n \qquad (6.1)$$
氯乙烯 → 聚氯乙烯

$$n CH_2=CH\text{—}CH=CH_2 + n\, C_6H_5CH=CH_2 \xrightarrow{\text{共聚反应}} \text{—}[CH_2\text{—}CH=CH\text{—}CH_2\text{—}CH(C_6H_5)\text{—}CH_2]_n \qquad (6.2)$$
丁二烯 + 苯乙烯 → 丁苯橡胶

由聚氯乙烯可以制成聚氯乙烯纤维——氯纶。氯纶的特点是:保暖性强,比棉花高50%;耐腐蚀,不怕任何酸碱;弹性较强,大于棉纤维但略逊于羊毛;不起皱;电绝缘性好;吸湿性好,易干等。因此它特别适于做化工及化学实验室的防护服装。

它的致命缺点是耐热性太差,65℃即发生收缩,75℃软化粘连。因此,不能用高于50℃的热水洗;穿着时不能靠近火炉或暖气片等高温热源;它的染色性也差,还不耐光。

(2)缩聚反应。缩聚反应,顾名思义就是单体在聚合过程中,同时缩减掉一部分低分子化合物。由缩聚反应得到的聚合物称为缩聚物。在缩聚反应中,由于有一部分低分子缩减掉了,因而缩聚物的链节与单体有所不同。例如,当己二酸与己二胺进行缩聚反应时,己二酸分子上的羧基与己二胺分子上的氨基相互在各自分子两端发生缩合,生成聚酰胺–66(尼龙–66),聚酰胺–66的每个链节都是由己二酸与己二胺分子间脱水缩合而成。

$$NH_2\text{—}(CH_2)_6\text{—}NH_2 + HO\text{—}CO\text{—}(CH_2)_4COOH \xrightarrow{\text{缩聚反应}}$$
己二胺 + 己二酸

$$NH_2\text{—}(CH_2)_6NHCO\text{—}(CH_2)_4COOH \longrightarrow \text{—}[NH\text{—}(CH_2)_6\text{—}NHCO\text{—}(CH_2)_4CO]_n \qquad (6.3)$$
尼龙–66

尼龙–66(即绵纶,66是指己二酸和己二胺各由6个碳原子组成)是最早的一种有实用价值的人造纤维。1927年,才华出众的化学家卡罗瑟斯被聘为杜邦公司的合成人造纤维的负责人。经过8年的努力,投入了2 700万美圆,有230多位研究和工程技术人员参加,终于取得成功,这是集团作战取得的成果。尼龙-66的应用是大家都熟悉的。

3.有机高分子化合物的结构和性能

有机高分子化合物几乎无挥发性,常温下常以固态或液态存在。固态高聚物按其结构形态,可分为晶态和非晶态。前者分子排列规则有序;而后者分子排列无规则。同一种有机高分子化合物可以兼具晶态和非晶态两种结构。大多数的合成树脂都是非晶态结构。

组成有机高分子链的原子之间是以共价键相结合的,高分子链一般具有链型和体型两种不同的形式,如图6.3所示。不同高聚物性能间的差别,与其分子结构、分子间作用力、分子链的柔顺性、聚合度和分子的极性等因素有关。

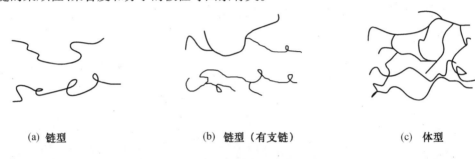

(a) 链型　　　　　　(b) 链型（有支链）　　　　　(c) 体型

图6.3　高聚物分子结构示意图

(1)有机高分子链的结构和柔顺性。链型(包括带支链的)高聚物的长链分子通常呈卷曲状,且相互缠绕,显示一定的柔顺性和弹性。由于高分子链间作用力较弱,大多数链型高聚物可溶解于合适的溶剂,且加热时会变软,冷却时又变硬,可反复加工成型,被称为热塑性高聚物。聚氯乙烯、未硫化的天然橡胶、高压聚乙烯等有机高分子化合物,都是热塑性高聚物。

体型高聚物是链型(含带支链的)高聚物分子间以化学键交联而形成的具有空间网状结构的有机高分子化合物,一般弹性和可塑性较小,而硬度和脆性较大。在一般溶剂中不溶解,一次加工成型后不再能熔化,被称为热固性高聚物。热固性高聚物具有耐热、耐溶剂和尺寸稳定等优点。如酚醛树脂、硫化橡胶以及离子交换树脂等都是体型高聚物。

(2) 有机高分子化合物的物理形态。非晶态链状高聚物无确定的熔点,在不同的温度范围内可呈现三种不同的物理形态,即玻璃态、高弹态和粘流态(图6.4)。

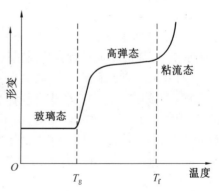

图6.4　链型非晶态聚合物的物理形态与温度的关系

由图6.4可以看出,当温度低于T_g时,由于高分子的热运动和链节的自由旋转都较困难,高分子化合物处于像玻璃一样硬的状态,称为玻璃态,T_g称为玻璃化温度。常温下的塑料就处于这种状态。当温度升至T_g与T_f之间时,高聚物的高分子链仍不能自由移动,但其链节可以自由转动。此时,在较小的外力作用下,可产生较大的形变,除去外力后又能逐渐恢复原状,像橡胶那样表现出很高的弹性,这种状态称为高弹态(也称橡胶态)。当温度升至 T_f 以上时,高分子链可以自由移动,高聚物处于可流动状态,称为粘流态。T_f 称为粘流化温度。T_g 的高低决定了它在室温下所处的状态,以及是橡胶还是塑料等。T_g 高于室温的高聚物常称为塑料。T_g 低于室温的高聚物常称为橡胶(表6.2)。用做塑料的高聚物 T_g 要高;而用做橡胶,T_g 与 T_f 之间的差值则决定着橡胶类物质的使用温度范围。

表6.2 一些非晶态高聚物的 T_g 和 T_f 值

高 聚 物	T_g/℃	T_f/℃
聚氯乙烯	81	175
聚苯乙烯	100	135
聚甲基丙烯酸甲酯	105	150
聚丁二烯(顺丁橡胶)	-108	—
天然橡胶	-73	122
聚二甲基硅氧烷(硅橡胶)	-125	250

4. 高聚物的分类

高聚物的种类繁多,若按聚合物性质和用途来说,可分为塑料、纤维和橡胶三大类(当然还有黏合剂和涂料);若按聚合物主链的元素组成分类,也可分为三大类,即碳链类、杂原子链类以及元素有机聚合物;若按应用功能分类,可分为普通聚合物和功能高分子。

塑料、橡胶、合成纤维(如尼龙、涤纶和腈纶等)的用途大家早已熟悉。功能高分子同样有广泛的应用。功能高分子包括:光敏高分子(感光树脂、光致变色高分子和光导电高分子等);导电高分子(高分子半导体、高分子导体和超导高分子等);高分子催化剂与试剂;微生物降解高分子;交换型高分子(离子交换树脂和电子交换树脂);生物医药高分子(高分子药物、医用高分子和仿生高分子等);高分子吸附剂和高分子膜等。下面仅以功能高分子材料为例,简单加以说明。

5. 功能高分子

功能高分子材料是一类具有特定的物理、化学和生物等功能的高分子材料。这种材料种类很多,用途广泛,是目前高聚物的开发研究非常活跃的领域。制备功能高分子材料的方法主要有两种,一是先合成含有功能基团的单体,然后再通过聚合反应得到;二是通过反应,在原有的高分子链上引入功能基团得到。下面对几种有重要用途或有广泛应用前景的功能高分子做简要介绍。

(1) 导电高分子。高分子材料一般具有绝缘性,这是由它的结构所决定的。例如聚乙烯或聚苯乙烯,分子链通过 σ 键连接,电子不能移动,所以是绝缘体。但是聚乙炔类高分子,分子中存在共轭 π 键,π 电子可在整个共轭体系中自由流动,因此具有导电性。从实用性来看,最主要的导电高分子材料有两种:① 具有共轭碳链的高分子(如聚乙炔、聚苯);② 主链含有杂原子的共轭高分子(如聚苯胺、聚吡咯)。

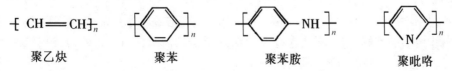

聚乙炔   聚苯   聚苯胺   聚吡咯

导电高分子材料的质量比金属材料轻,且具有高分子所特有的可塑性、良好的机械柔顺性、成膜性、透明性以及黏着性等。正在研究的主要应用是制作塑料电池、太阳能电池和透明电极等。用导电高分子材料做成的塑料电池具有质量轻、工作电压高、输出功率大等优点。但聚乙炔的缺点是稳定性、加工性能较差。聚苯胺、聚噻吩的稳定性比聚乙炔好,已引起人们的重视。

(2) 聚合物光纤。聚合物光纤是能传递图像的纤维。聚合物光纤由高折射率的均匀塑料芯材和低折射率的塑料涂层(又称鞘材)组成。光线能在芯部沿两层材料的界面以反复全反射的形式被传送。因芯材的种类不同,光纤可分为石英光纤、玻璃光纤以及聚合物光纤等三类。三类光纤中,前两类的传输损耗小,而聚合物光纤的传输损耗大,石英光纤在长距离通讯方面已经实用化,玻璃光纤也已在医疗检测用的胃镜等方面得到应用。但无机光纤的缺点是价格高、易断、加工性能差等。聚合物光纤光传输损耗虽大,不利于远距离光通信,但价格便宜、轻便、韧性好,耐冲击强度高,加工性能好,因此在短距离通信、光传感器等方面的应用已经实用化。从发展来看,为建立高速信息网络中心,电话、电传、电视等各种通信手段都可以进入网络,需要进行频繁的连接,聚合物光纤的优点将更加突出。因此近年来,对聚合物光纤的开发研究已引起更大地关注。

已达到实用化的聚合物光纤芯材主要采用取甲基丙烯酸甲酯,鞘材主要采用氟塑料。如用氘原子取代聚甲基丙烯酸甲酯酯基上的氢原子,传输损耗可大大降低,但价格昂贵。

(3) 高吸水性高分子材料。所谓高吸水性高分子材料是指具有与水接触后能迅速吸收高于自身质量数百倍以上水的高分子材料。在日常生活中能吸收水分的物质很多,如聚氨酯海绵、棉花、手纸等。它们能够吸收的水分最高可达自身质量的 20 倍,然而我们这里所要介绍的高吸水性高分子材料是指其吸水能力超过自身质量数百倍的吸附树脂,它属于功能高分子范畴。

最早的高吸水性高分子材料是在 1974 年由美国农业部的研究人员首先研制的,这类高分子材料可用淀粉、纤维素等天然高分子与丙烯酸、苯乙烯磺酸进行接枝共聚得到,也可用聚乙烯醇与聚丙烯酸盐交联得到。由于其重要的应用价值,在科研和生产方面都取得了快速发展。

高吸水性高分子材料从结构上来说,主要具有以下特点:

① 分子中具有强吸水基团,如羟基、羧基等,聚合物分子能够与水分子形成氢键或其他化学键,因此对水等强极性物质有一定吸附能力。

② 聚合物为体型高分子,在溶剂中一般不溶,吸水后能迅速溶胀,体积增大许多倍,由于水被包裹在呈凝胶状的分子网络内部,不易流失和挥发。

③ 聚合物具有较高的相对分子质量,相对分子质量增加,会使溶解度下降,吸水后机械强度增加,同时吸水能力也可以提高。

正是基于上述考虑,人们已合成出淀粉衍生物系列、纤维素衍生物系列以及聚丙烯酸型和聚乙烯醇系列等高分子吸水剂。

高吸水树脂中的强亲水基团与水的吸附作用强烈,很容易被水所溶胀;而交联构成的三维结构又阻止树脂的溶解,因此构成含有大量水的凝胶状物质。当受到外力或被植物吸收时,所吸附的水分可以源源不断地脱附出来。

高吸水性高分子由于具有特殊的吸水性能,从一开发就被用以代替纸浆和吸水纸作为吸收材料,引起了卫生餐巾、生理卫生巾和纸尿布制造商的兴趣,先后被开发成产品,推向市场。此外,利用这类高分子材料的高度保水性能,在农用保水剂、保墒剂、泥浆凝固剂和混凝土添加剂等方面也具有广阔应用潜力。

五、复合材料

前面简单地介绍了金属材料、无机非金属材料和有机高分子材料,都各有其优缺点。如果将两种或两种以上不同的材料通过复合工艺组合成新的复合材料,它不仅克服了单一材料的缺点,而且会产生单一材料通常不具备的新的性能。

复合材料中一类组分为基体,起粘接作用;另一类为增强体,起增强作用。高分子(塑料、树脂)、金属、陶瓷等材料都可以作为基体,掺入增强体后就成为复合材料了。

自然界的许多物质都可以看成复合材料。竹材和木材是纤维素(抗拉强度大)和木质素(把纤维粘接在一起)的复合物;动物的骨骼是由硬而脆的无机磷酸盐和软而韧的蛋白质骨胶复合而成的既强又韧的物质。在自然界的启发下,人类利用复合原理在生产和生活中创造了许多人工复合材料。如在泥浆中掺入稻草秆,就是最原始的建筑用复合材料。现在建筑工程中用的混凝土是水泥、砂、石子组成的复合材料。轮胎是橡胶和纤维的复合体等。

复合材料的品种繁多,要按增强体的形态分类,复合材料可分为:颗粒增强复合材料、夹层增强复合材料和纤维增强复合材料。

目前发展较快的是纤维增强复合材料。要按基体分类,也可分为三类:树脂基复合材料、金属基复合材料和陶瓷基复合材料。

1. 纤维增强树脂基复合材料

(1)玻璃钢。玻璃钢是由玻璃纤维和不饱和聚酯、环氧、酚醛和有机硅树脂等复合而成的材料。如将玻璃熔化并以极快的速度拉成细丝,则这种玻璃纤维非常柔软,可以纺织。玻璃纤维的强度很高,比天然纤维或化学纤维高出 5~30 倍。在制造玻璃钢时,可将直径 5~10 μm 的玻璃纤维制成纱、带材或织物加到树脂中,也可以把玻璃纤维切成短纤维加到基体中。玻璃钢不仅强度高、质量轻、绝缘性能好,而且耐腐蚀、抗冲击性强。玻璃钢已广泛用于飞机、汽车、轮船、建筑、石油化工设备和家具等行业。

(2)碳纤维增强塑料。碳纤维是将有机纤维(如聚丙烯腈纤维)在 200~300℃的空气中加热使其氧化,再在 1 000~1 500℃的惰性气体中炭化而制得的。具有耐高温、质轻、硬度大和强度高等特点。

碳纤维增强塑料根据使用温度的不同选择不同的树脂基体,如环氧树脂的使用温度为 150~200℃,聚双马来酰亚胺为 200~250℃,而聚酰亚胺则超过 300℃。碳纤维增强塑料主要用于飞机和宇航飞行器上作为结构材料,宇宙飞行器外表面的防热层,火箭喷嘴等。

除了玻璃纤维、碳纤维外,作为纤维增强材料的还有硼纤维、碳化硅纤维和芳纶纤维等。芳纶纤维增强塑料除用于飞机、造船外,还用于体育用品,如羽毛球拍、撑杆跳用的撑竿、高尔夫球杆以及弓箭等。

2.纤维增强金属基复合材料

树脂基复合材料已有较大发展,但其耐热性一般不超过 300℃,不导电,传热性差,也是其主要缺点。这就限制了它们在某些条件下的使用。

采用高强度、耐热纤维与金属组成金属基复合材料,即可保持金属原有的耐热、导电和导热等性能,又可提高强度,降低相对密度。

基体金属用的较多的是铝、镁、钛以及某些合金。

碳纤维是金属基复合材料中应用最广泛的增强材料。碳纤维增强铝的复合材料具有耐高温、耐热疲劳、耐紫外线和耐潮湿等性能,适合于做飞机的结构材料。

碳化硅纤维增强铝的复合材料比铝轻10%,强度高10%,刚性高1倍,具有更好的化学稳定性、耐热性和高温抗氧化性。它们主要用于汽车工业和飞机制造业。用碳化硅纤维增强钛的复合材料制成的板材和管材已用来制造导弹壳体和空间部件等。

3. 纤维增强陶瓷基复合材料

纤维增强陶瓷基复合材料可以增加陶瓷的韧性,这是解决陶瓷脆性的途径之一。由纤维增强陶瓷做成的陶瓷瓦片,用黏结剂贴在航天飞机的机身上,使航天飞机能安全地穿越大气层返回地球。

近年来发展起来的纳米复合材料,显示出很好的发展前景。纳米复合材料是指至少有一种组分材料的分散相尺度小于100 nm量级的复合材料,它的性能优于相同组分的常规复合材料,尤其是在物理力学性能方面。

与常规的有机-无机复合材料相比,纳米复合材料具有独特的纳米尺寸效应,具有大的比表面积和强的界面相互作用,使高分子和无机材料的界面之间存在着强的化学结合力,达到理想的粘接性能,可消除高分子基体与无机材料基体的热膨胀系数不匹配的问题,可以充分发挥无机材料的优异的力学性能和高的耐热性。

有机-无机纳米复合材料中的有机相可以是塑料、尼龙、有机玻璃和橡胶等;无机相可以是金属、氧化物、陶瓷和半导体等。复合后的材料,既有高分子材料的良好加工使用性能,又具备无机材料的光、电、磁等功能特性。这些材料在光学、电子学、机械、生物学等领域有广阔的应用前景。

由钛基纳米金属粉与高分子聚合物制成的纳米复合材料,作为防腐涂料已在槽车、煤矿单体液压支柱等的防腐上取得良好结果,还可望在舰船的防腐上获得应用。

思考题与习题

1. 下列说法是否正确?如不正确应如何改正?并说明原因。

(1) 原子轨道即是原子中电子运动的固定轨道。

(2) 镧系收缩是指镧系元素的原子半径随原子序数的增加,而依次更缓慢减小的现象。

(3) 超分子是指相对分子质量特大的分子。

(4) 有机高分子化合物没有确定的相对分子质量和确定的聚合度。它是由许多链节结构不同而聚合度也不同的大分子混合而成。

(5) 同一种高聚物可以兼具晶态和非晶态两种结构。

2. 填空题。

(1) 碳和硅是同族元素,CO_2 和 SiO_2 又都是共价化合物,而 CO_2 是气体,SiO_2 是固体,其原因是_____。

(2) HCl、HBr 和 HI 的熔沸点依次升高的原因是_____。

(3) 加成聚合和缩合聚合反应的主要区别是_____。

(4) 非晶态链状高聚物在不同的温度范围内可呈现三种不同的物理形态,即_____。

(5)制备功能高分子材料的方法主要有两种,一是_____,二是_____。

(6)聚合物光纤一般是由两种_____聚合物制成的芯–鞘形复合丝。

(7)高吸水树脂的结构特点是_____。

(8)复合材料按基体分类,可分为三类,分别是_____。_____。

(9)陶瓷材料不透明的主要原因是_____。

3.填充下表。

元素	外层电子构型	原子中未成对电子数	周期	族	金属或非金属
甲	$3d^14s^2$				
乙			3	VIIA	
丙		3	3		

第七章 食品与化学

众所周知,大自然中一切物质都是由化学元素组成的,人体也不例外。各种化学元素在人体中有着不同的功能,人体通过呼吸、饮水、进食,与地球表面进行物质交换和能量交换,并达到某种动态平衡。所以生命现象就是生物体发生的各种物质转化以及能量转化的总过程。在生命活动过程中,化学元素和营养物质则通过食物链循环转化,再通过微生物分解返回环境。

健康长寿是人类的共同愿望。许多资料表明,危害人类健康的疾病都与体内某些元素的失衡有关。因此,了解生命元素的功能,并正确理解饮食、营养与健康的关系,树立平衡营养观念,通过食物链方法补充和调节体内元素的平衡,会有益于预防疾病、增强体质、保持身体健康。

7.1 食品营养学

人们为了维持生命与健康,保证正常的生长发育和从事各项活动,每天必须从食物中摄取一定数量的营养物质。食物中能够被人体消化吸收和利用的各种营养成分,叫营养素。除氧外,人体需要的营养素主要有:蛋白质、脂类、碳水化合物、无机盐、维生素和水等六类,它们都存在于食物中,是人体组织细胞生长、发育、修补和维持器官功能所必需的物质。

营养素对人体的功用有三个方面:
① 作为能源物质,提供人体所需的能量。如碳水化合物、脂类等。
② 作为人体结构的物质基础,供给身体生长、发育和修补组织所需要的原料。如蛋白质、脂类等。
③ 调节生理功能。如维生素、无机盐等。

各类营养素在人体内都有其主要生理功能,又有次要生理功能。各种营养素之间相互联系、相互配合、错综复杂地维护着人体一切生理活动的正常进行。

一、碳水化合物

1. 碳水化合物的来源与种类

碳水化合物(即糖类)是食品的重要成分,它广泛存在于植物体中,是绿色植物进行光合作用的产物,质量分数为干植物体的 50%~80%。动物体内不能制造碳水化合物,是以食用植物的碳水化合物为能源的,因此,碳水化合物主要是由植物性食品供给。

从化学结构特点来说,碳水化合物(糖类)是一类多羟基醛或多羟基酮以及它们分子间的缩水产物。这些缩水产物经水解后,仍可产生多羟基醛或多羟基酮。

食品中的碳水化合物一般可分为三大类:

(1) 单糖。单糖是最简单的多羟基醛或多羟基酮,它们不能再进行水解。单糖有多种,其中最重要的是葡萄糖和果糖。葡萄糖和果糖的分子式均为 $C_6H_{12}O_6$。葡萄糖是一个己醛糖,果糖是一个己酮糖。它们的链状结构是

第七章 食品与化学

$$
\begin{array}{c@{\qquad\qquad}c}
\text{CHO} & \text{CH}_2\text{OH} \\
| & | \\
\text{H—C—OH} & \text{C=O} \\
| & | \\
\text{HO—C—H} & \text{HO—C—H} \\
| & | \\
\text{H—C—OH} & \text{H—C—OH} \\
| & | \\
\text{H—C—OH} & \text{H—C—OH} \\
| & | \\
\text{CH}_2\text{OH} & \text{CH}_2\text{OH} \\
\text{葡萄糖(己醛糖)} & \text{果糖(己酮糖)}
\end{array}
$$

葡萄糖在自然界分布极广,多存在于蜂蜜、成熟的葡萄和其他果汁以及植物的根、茎、叶、花中。在动物血液中也含有葡萄糖。它是人体内新陈代谢不可缺少的重要营养物质。果糖也广布于植物中。它与葡萄糖共同存在于蜂蜜及许多果汁中,它们都是蔗糖的组成部分。纯单糖都是结晶,极易溶于水,有甜味。其相对甜度(取蔗糖甜度为100)见表7.1。

表7.1 几种常见糖及甜味剂的相对甜度

甜味剂	相对甜度	甜味剂	相对甜度
蔗糖	100	木糖醇	100~140
果糖	173	糖精	20 000~70 000
葡萄糖	74	糖精钠	20 000~50 000
麦芽糖	32~60		
乳糖	16~27		

(2) 低聚糖。经水解后产生二分子、三分子或少数分子单糖的碳水化合物称为低聚糖。其中以二糖最重要,最常见的二糖是蔗糖、麦芽糖、乳糖,具有 $C_{12}H_{22}O_{11}$ 通式。蔗糖是自然界中分布最广的二糖,在甘蔗和甜菜中含量很多,故又称甜菜糖。蔗糖的甜味超过葡萄糖,但不及果糖。淀粉受麦芽或唾液酵素作用可部分水解成麦芽糖,其甜味不及蔗糖。乳糖是哺乳动物乳汁中主要的糖。牛奶中乳糖的质量分数为4%,人乳中乳糖的质量分数为5%~7%。

目前功能性低聚糖因具独特的生理功能,业已引起广泛关注,可替代或部分替代蔗糖应用于饮料、糖果、糕点、冰淇淋、乳制品及调味料等450多种食品中。

已经确认功能性低聚糖的主要生理功能包括以下四个方面:

① 很难或不被人体消化吸收,所提供的能量值很低或根本没有。可在低能量食品中发挥作用,最大限度地满足了那些喜爱甜品又担心发胖者的要求,还可供糖尿病人、肥胖病人和低血糖病人食用。

② 活化肠道内双歧杆菌并促进其生长繁殖。双歧杆菌是人体肠道内的有益菌,其菌数会随年龄的增大而逐渐减少。婴儿出生后3~5 d肠道内双歧杆菌数占绝对优势(90%以上),之后逐渐减少,直至老年人临死前完全消失。因此,肠道内双歧杆菌数的多少便成为衡量人体健康与否的指标之一。随着医药科学的发展,广谱和强力的抗菌素广泛应用于治疗各种疾病,使人体肠道内正常的菌群平衡受到不同程度的破坏,因而有目的地增加肠道中有

益菌的数量十分必要。摄取双歧杆菌活菌制品固然简便可靠,但这类产品从生产到销售都受到许多条件的限制,而通过摄入功能性低聚糖来促使肠道内双歧杆菌的自然增殖显得更切实可行。

③ 不会引起牙齿龋变,有利于保持口腔卫生。龋齿是由于口腔微生物特别是突变链球菌侵蚀而引起的,功能性低聚糖因不是这些口腔微生物合适的作用底物,因此不会引起牙齿龋变。

④ 由于功能性低聚糖难以被人体消化吸收,属于水溶性膳食纤维,具有膳食纤维的部分生理功能,如降低血清胆固醇和预防结肠癌等。功能性低聚糖与通常为高分子的膳食纤维不同,它属于小分子物质,添加到食品中基本上不会改变食品原有的组织结构及物化性质。

目前,开发生产的功能性低聚糖有大豆低聚糖、低聚果糖、低聚半乳糖、低聚木糖等。

(3) 多糖。经水解后产生多个分子单糖的碳水化合物称为多糖。例如淀粉、植物的纤维素、动物中的糖原和甲壳多糖等。多糖是由许多单糖分子通过苷键连接起来的天然高分子化合物,一般不溶于水,有的即使溶于水,也只能生成胶体溶液。它们虽属糖类,但没有甜味,也无还原性。

淀粉是绿色植物进行光合作用的产物,植物把淀粉贮藏在根、种子中作为贮备的养料。淀粉主要来自马铃薯和小麦。其他如大米、高粱、玉米等也含有大量淀粉。淀粉和水加热到 55℃以上则膨胀,比原来大 5~6 倍到 20~30 倍的体积,形成一种黏液,此种变化称为糊化,淀粉糊化后才能消化。在食物的调理中蒸煮及加热等作用就是要使其糊化。在一般淀粉中都含有 α 淀粉(直链淀粉,是可溶性淀粉)及 β 淀粉(支链淀粉,是不溶性淀粉)两种。玉米淀粉、马铃薯淀粉分别含有 27% 和 20% 的 α 淀粉,其余部分为 β 淀粉。有的豆类淀粉全部为 α 淀粉,有的淀粉(如糯米、糯玉米淀粉)则全是 β 淀粉。淀粉煮时呈柔软状态者,则为 α 淀粉,可供食用并易消化,故若把淀粉加工成 α 淀粉而不使其复原为 β 淀粉,则为加水即可随时可食用的方便食品。

纤维素是自然界最大量存在的多糖,是植物的主要成分,嫩叶的干物中纤维素的质量分数约为 10%,而老叶的干物中纤维素的质量分数则达 20%。哺乳动物没有纤维素酶,不能消化纤维素作为能源。但现已证明,纤维素在食品营养上已不再是惰性物质,应视为膳食中不可缺少的成分。

2. 碳水化合物的营养和生理功能

(1) 供给热能。在人们的饮食中,碳水化合物占的比例最大。因为它最容易获得,也最便宜,更重要的是它释放热能较快,特别是葡萄糖能较快地被氧化产生热能。每克葡萄糖在体内氧化约产生17 kJ 的热能,其氧化反应为

$$C_6H_{12}O_6(s) + 6O_2(g) = 6CO_2(g) + 6H_2O(l)$$

从营养学观点来考虑,碳水化合物在总热量中,所占的比例以 50%~70% 为宜,对一个中等劳动量的成年人来说,每天每千克体重需要可被消化的碳水化合物为 5~7 g。

(2) 构成机体组织。人体的许多组织中,都需要有糖参加,它是构成人体组织的一类重要物质。例如,血液中有血糖,在正常人血液中其含量有一定范围,即每 100 cm³ 血液中,含葡萄糖 85~100 mg,超过 100 mg 或过低也是不正常的现象,血糖含量是检查人体是否正常的一种重要常规指标。肝脏中有肝糖原,它是人体贮藏的能源,成年人体内肝糖含量约 为

300~400 g,此外肌肉中有肌糖原,体黏液中有糖蛋白,脑神经中有糖脂,人体细胞中有核糖等。

(3) 保肝解毒作用。当肝糖原贮备较充足时,肝脏对某些化学毒物(如 CCl_4、砷等)有较强的解毒作用,对各种细菌感染所引起的毒血症也有较强的解毒作用。因此保证身体的糖供给,尤其肝脏患病时能供给充足的糖,使肝脏中有丰富的糖原,在一定程度上可以保护肝脏免受损害,又能维持正常的解毒作用。

(4) 控制脂肪和蛋白质的代谢。在饮食中如得不到所需要的糖类时,则体内需要氧化更多的脂肪来满足人体热量的消耗。脂肪在氧化时会积累较多的中间产物酮酸,当人体内酮酸的积累量过大,又不能及时排出体外时,就会引起酮酸中毒。其症状是恶心、疲乏、呕吐及呼吸急促,严重者可致昏迷。一般饮食中,碳水化合物、脂肪和蛋白质的比例恰当,是不会发生酮酸中毒的。

碳水化合物有利于蛋白质在体内的代谢。当蛋白质与碳水化合物一起被人体摄入时,使体内积存的氮比单独摄入蛋白质时要多。摄入体内的蛋白质,经分解形成氨基酸,并在体内重新合成人体蛋白质或进一步代谢都需要较多的热能。摄入体内的糖类释放的热能有利于蛋白质的合成和代谢,并能减少蛋白质消耗于产生热能的损失,因此碳水化合物起节约蛋白质的作用。还应特别指出的是食物纤维的独特作用。以前认为膳食中的纤维不具有营养意义,因为人体内没有能消化它的消化酶,唯一的作用似乎仅是通便而已。近年来国外一些病理学家对一些疾病的调查发现,在非洲有些地区,由于人们的饮食中食物纤维较多,盲肠炎、结肠癌的发病率比饮食中食物纤维很少的欧美人少得多。经研究,从营养学观点,对食物纤维的生理功能有了新的认识:

① 促进结肠功能,预防结肠癌。食物纤维因其强吸水性,在肠道中体积容易膨胀,从而增大了粪便体积,不但使人体内代谢产生的毒物得以稀释,而且它可以加强肠道的蠕动,缩短粪便在结肠中的停留时间,减少有毒物的积累和与结肠接触的时间,从而有助于预防结肠炎及结肠癌。

② 降低胆固醇和血脂。某些食物纤维能与胆酸盐和食物中的胆固醇及甘油三酯结合,并从粪便中排出,从而减少脂类的吸收。为了补偿其丢失,脂类在体内的代谢会加速,减少贮存,从而有利于降低血中胆固醇和甘油三酯,减少冠心病的发病率。

③ 促进消化,防止便秘。食物纤维在体内虽不能被消化吸收,但它对肠壁有刺激作用,能引起肠壁收缩蠕动,促进消化液的分泌,有利于食物的消化,特别是能促进粪便的排泄和防止便秘。

国外一些学者建议,每天饮食中粗纤维的含量增加到 10~12 g,比较合理。

3. 碳水化合物的需要量

膳食中碳水化合物的供给量,主要依饮食习惯、生活水平和劳动强度的不同而异,一般认为每日需糖量平均以占总热能供给量的 50%~70% 为宜。成年人中、轻体力劳动者每人每天约需 400~450 g,重体力劳动者约为 500~600 g。其食物来源主要是植物性食品,如谷类、薯类、豆类等,其中含有大量的淀粉和少量的单糖、二糖。蔬菜和水果中除含少量的单糖外还是食物纤维的主要来源。此外,动物性食品中的乳类及肝也是碳水化合物的来源之一。

二、蛋白质

1. 蛋白质的来源、组成和分类

蛋白质是构成生物体的基本物质,不论是简单的低等生物,还是复杂的高等生物,其复杂的生命活动都是由蛋白质分子来实现的。病毒、细菌、激素、植物和动物细胞原生质都是以蛋白质为基础的。人体和动物体内最重要的组成成分是蛋白质。据估算,人体中的蛋白质分子多达10万种,蛋白质占人体的质量分数为15%~18%,干重的50%。植物体内蛋白质的含量相差悬殊,在新鲜植物组织中一般蛋白质的质量分数只有0.5%~3%,在植物种子中蛋白质的质量分数达15%,豆类种子中含量最多,例如大豆中蛋白质的质量分数可达40%。常用食物中蛋白质的含量见表7.2。

表7.2 常用食物中的蛋白质含量及生理价值

食物	蛋白质含量 (g·(100 g)$^{-1}$)	生理价值	食物	蛋白质含量 (g·(100 g)$^{-1}$)	生理价值
猪肉	13.3~18.5	74	玉米	8.6	60
牛肉	15.8~21.7	76	高粱	9.5	56
羊肉	14.3~18.7	69	小米	9.7	57
鲤鱼	17~18	83	大豆	39.2	64
鸡蛋	13.4	94	豆腐	4.7	65
牛奶	3.3	85	花生	25.8	59
大米	8.5	77	白菜	1.1	76
小麦	12.4	67	红薯	1.3	72

蛋白质是一种化学结构非常复杂的含氮有机高分子化合物。组成蛋白质的元素主要有碳、氢、氧和氮四种,有的蛋白质中还含有硫、磷(如牛奶中的酪蛋白)、铁(血中的血红蛋白)、镁(绿色蔬菜中的叶绿蛋白)、碘(甲状腺中的甲状腺球蛋白)等其他元素。含氮是蛋白质组成上的特征(不同于糖类和脂肪),且各种蛋白质的含氮量很接近,其平均值为16%。

人体摄食蛋白质是为取得所需的各种氨基酸,然后利用它们作为原料合成机体所需的各种蛋白质和生命活性物质。因此,氨基酸是肌肉、皮肤、血液以及酶、激素等机体组成不可缺少的物质。组成蛋白质的氨基酸有22种,其中一部分可以在体内合成,称为非必需氨基酸,而另一部分人体则不能合成或合成速度远不能适应机体的需要,这类氨基酸称为必需氨基酸。

人体的必需氨基酸有赖氨酸、亮氨酸、异亮氨酸、蛋氨酸(又称甲硫氨酸)、苯丙氨酸、苏氨酸、色氨酸、缬氨酸。另外组氨酸是婴儿所必需的。现也有资料表明,组氨酸对成人亦属必需氨基酸。从营养学观点来讲,这9种必需氨基酸是食物蛋白质的关键成分。

机体在蛋白质的代谢过程中,对每种必需氨基酸的需要和利用都有一定的范围。某种氨基酸过多或不足都会影响其他一些氨基酸的利用。所以,为满足蛋白质合成的要求,各种必需氨基酸之间应有一定的比例。这种必需氨基酸之间相互搭配的比例关系称为必需氨基酸需要量模式或氨基酸计分模式。可见,膳食蛋白质中必需氨基酸的模式越接近人体蛋白质的组成,被人体消化、吸收后,就越容易被机体利用,其营养价值就越高。

食物蛋白质中,按照人体的需要及其比例关系相对不足的氨基酸称为限制氨基酸。限制氨基酸中缺乏最多的称为第一限制氨基酸,这些氨基酸限制着机体对蛋白质的利用,并决定了蛋白质的质量。

食物中最主要的限制氨基酸为赖氨酸和蛋氨酸。赖氨酸在谷物蛋白质和一些其他植物蛋白质中含量很少。蛋氨酸在大豆、花生、牛奶和肉类蛋白质中相对偏低。所以,赖氨酸是谷类植物蛋白质的第一限制氨基酸。因此,在一些焙烤食品,特别是以谷类为基础的婴、幼儿食品中常常添加适量的赖氨酸予以强化,提高营养价值。此外,小麦、大麦、燕麦和大米还缺乏苏氨酸、玉米缺乏色氨酸。

由上可见,对食品进行氨基酸强化,对于充分利用蛋白质和提高食品质量起着重要作用,并且与人体健康有着直接关系。

2. 蛋白质的营养生理功能

生命的产生、延续与消亡,无一不与蛋白质有关,也就是说,人体的每一种生命活动和生理功能都是由蛋白质来实现的,所以,蛋白质在生命活动中起着极为重要的作用。蛋白质的功能很多,主要的营养生理功能有以下几个方面:

(1) 构成和修补机体组织。人体的神经、肌肉、皮肤、内脏、血液、骨骼等组织,甚至毛发、指甲无不含有蛋白质。身体的生长发育、衰老组织的更新、疾病和损伤后组织细胞的修复都是依靠食物蛋白质源源不断地供给氨基酸进入人体重新组合,在遗传基因的严格控制下合成各种各样人体所需的蛋白质来完成的。所以无论对婴幼儿、儿童或成年人都必须每天摄入一定量的蛋白质作为构成和修补的组织材料。

(2) 调节生理功能。人体的各种生命活动,如食物的消化、吸收、传送,营养物的合成、分解,肌肉的活动,血液的循环等,都是通过成千上万种生化反应来完成的,在这些反应中各有其特定的酶来催化,同时还要有各种各样的激素来调节,而酶和激素(如胰岛素、肾上腺素等)主要是由蛋白质组成的。例如,血浆白蛋白能协助维持细胞内外液的正常渗透压,血液中的血红蛋白能够维持体液的酸碱平衡等。

(3) 运输功能。人体内输送 O_2 和带走 CO_2 是通过血红蛋白来完成的。血液中的脂质蛋白随着血液输送脂质。人体内能量代谢中的生物氧化过程,某些细胞色素蛋白如细胞色素 C 等起着电子传递的作用。

(4) 增强机体的免疫能力。为了保护机体免受细菌和病毒的侵害,人体中有一类叫做抗体的物质,抗体有许多种,都是免疫球蛋白(占人体血浆蛋白总量的 20%)。如免疫球蛋白 A 是身体分泌液(眼泪、黏液和唾液)中存在的一类主要抗体,并且是抵御入侵的细菌和病毒的第二道防线。而被称为抑制病毒的法宝和抗癌生力军的干扰素,也是糖和蛋白质的复合物(糖蛋白),是抵抗病毒感染的第一道防线。

(5) 供给热能。每克蛋白质氧化可释放 16.7 kJ 热能,人体每天所需的热能约 10% ~ 15% 来自蛋白质。但提供热能不是蛋白质的主要功能,只有碳水化合物和脂肪供应不足时,人体会动用蛋白质提供热能。

3. 蛋白质的营养价值和供给量

蛋白质所含氨基酸的品种、数量和比例,决定蛋白质的营养价值。食物蛋白质中氨基酸的含量和比例愈接近人体蛋白质,或说所含必需氨基酸品种齐全、比例适当,它的营养价值就愈高,或称生理价值就愈高。它是评定食物蛋白质营养价值高低的常用方法,生理价值表示蛋白质被机体吸收后在体内的利用率。常用食物蛋白的生理价值见表 7.2。从表可见,动物性食品蛋白质的生理价值一般都比植物性食品的生理价值高,其中,以鸡蛋最高,牛乳次之,植物性食品蛋白质的生理价值以大米、白菜较高。在评价一种蛋白质营养价值时,首先应考虑蛋白质的含量,不能脱离含量单纯考虑氨基酸的质量,因为质量再好,若含量很低,亦难满足人体需要。此外,还应注意下列几点:

(1) 蛋白质的消化率与利用率的关系。蛋白质消化率愈高,被机体吸收利用的可能性愈大,营养价值也愈高。一般地说,植物性蛋白质消化率低于动物蛋白质,因植物性食品中蛋白质被纤维所包围,不易与消化酶接触。若将植物性食品加工烹调软化或去除纤维,亦可提高其蛋白质的消化率。如大豆整粒食用时,不管是炒还是煮,消化率仅为 60%;若将大豆加工制成豆腐或豆浆时,消化率可提高至 90%。按一般常用方法烹调食品时,蛋白质的消化率是:奶类 97% ~ 98%,蛋类 98%,肉类 92% ~ 94%,米饭 82%,面包 79%,玉米面窝头 66%。

蛋白含量高的食品,其营养价值亦高。日常食用的几大类食品中,水产品的蛋白质含量比较高,每 100 g 中所含蛋白质:黄鱼肉约为 17.6 g,虾米约为 59.1 g,海带为 8.2 g,紫菜为 24.5 g。水产品是高蛋白低脂肪的食品,鱼肉的蛋白质中氨基酸的种类也比较齐全,只缺少甘氨酸,而甘氨酸为非必需氨基酸,人体可以合成;鱼肉的消化率也较高,这是因为鱼的结缔组织(如软骨、韧带和肌腱等)比禽畜类少而含水分较多,所以极易咀嚼。

(2) 蛋白质的互补作用。当食用两种或两种以上食物蛋白质时,其中所含有的必需氨基酸就可以相互配合,取长补短,使氨基酸比值更接近人体需要的模式,从而提高了混合蛋白质的生理价值。这种作用称为蛋白质的互补作用。互补作用在饮食的选择、调配和提高蛋白质的营养价值方面有重要意义。如谷类蛋白质缺乏赖氨酸,而色氨酸较多;大豆蛋白质中则赖氨酸较多,色氨酸较少。如混合食用,可以使蛋白质的利用率提高 10% ~ 32%,如再混食肉类,其生理价值就提高更多。

在日常生活中,注意食物种类多样化的膳食营养结构,避免偏食,在膳食中要提倡荤素搭配,粮、豆、菜混食,粗细粮混合等调配方法。

(3) 蛋白质的供给量。人体组织蛋白质不断分解为氨基酸,又不断从食物提供的氨基酸和组织蛋白质分解的氨基酸中合成补充。由于消耗的结果,每天必须供给一定量的蛋白质,以保持体内蛋白质的动态平衡。人体各组织器官生理活动的程度不同,蛋白质的合成和分解速度也不同。如肝内蛋白质代谢极活跃,蛋白质每 10 d 更新一次,肌肉蛋白质 180 d 才更新一次。

一个人每天需要蛋白质的数量要根据年龄、生理特点和健康状况而定。儿童所需要蛋白质相对要比成年人多。例如,初生婴儿所需的蛋白质每日每千克体重约为 2~4 g,而成年人仅为 1~1.5 g,妊娠妇女所需的蛋白质也比一般妇女要多,在妊娠后半期每日每人约需增加 15~25 g。成年女子每人每日需 65 g,成年男子根据体力劳动强度的不同,每人每日需 80~110 g。显然,供给量要比需要量充裕。根据营养学的要求,成年人每天在饮食中的蛋白质的比例,以热量计应该占总热量的 10%～12%,对儿童、青少年来说应占 12%～14%。从目前世界各国饮食中蛋白质供应情况看,大多数发展中国家还达不到这一水平。当饮食中提供的蛋白质不足时,儿童、青少年的生长迟缓、消瘦、发育不良;成年人则经常感到疲倦无力,体重下降,抗病力减弱。所以保证饮食中蛋白质的比例,对增强人们的体质有重要意义。

三、油脂

1. 脂类和必需脂肪酸的来源、组成与结构

脂类是一类重要的营养物质,它以各种形式存在于人体的各种组织中,是构成人体组织细胞的重要成分之一,在人体内具有重要的生理作用。

几乎一切天然食物中都含有脂类,在植物组织中,脂类主要存在于种子或果仁中,在根、茎、叶中含量较少,动物体中主要存在于皮下组织、腹腔、肝及肌肉间的结缔组织中。许多微生物细胞中也能积累脂肪。目前人类食用和工业用的脂类主要来源于植物和动物。

脂类是脂肪和类脂的总称。脂肪主要是由一分子甘油和三分子脂肪酸形成的甘油三酯(或称三酸甘油酯)。按其脂肪酸是否含有双键,可分为饱和脂肪酸和不饱和脂肪酸。含饱和脂肪酸较多的在常温下呈固态,称为"脂",如动物脂肪——猪油、牛油、羊油;含不饱和脂肪酸较多的在常温下呈液态,称为"油",如植物油——菜油、花生油、豆油、芝麻油等。由动植物组织提取的油脂都是不同脂肪酸混合甘油酯的混合物。

$$\begin{array}{l} CH_2-O-\overset{O}{\underset{\|}{C}}-R_1 \quad \text{甘油三酯}\\ CH-O-\overset{O}{\underset{\|}{C}}-R_2 \quad (R_1、R_2、R_3 \text{ 相同的称为单纯甘油酯,不同的称为混合甘油酯})\\ CH_2-O-\overset{O}{\underset{\|}{C}}-R_3 \end{array}$$

类脂包括糖脂、磷脂、固醇类和脂蛋白等。在营养学上特别重要的是磷脂和固醇两类化合物。重要的磷脂有卵磷脂和脑磷脂。卵磷脂主要存在于动物的脑、肾、肝、心、蛋黄和大豆、花生、核桃、蘑菇等植物中;脑磷脂主要存在于脑、骨髓和血液中。固醇类又分为胆固醇和类固醇(包括豆固醇、谷固醇和酵母固醇等)。胆固醇主要存在于脑、神经组织、肝、肾和蛋黄中;类固醇中的豆固醇存在于大豆中,谷固醇存在于谷胚中,酵母固醇存在于酵母和蕈类中。

脂类按其元素组成主要为 C、H、O 三种,有的还含有 P、N 及 S 等。

不同的脂肪又有其不同的性质和生理营养功能,主要是因为它们含有不同的脂肪酸。自然界的脂肪酸多含偶数碳原子,分布最广的有软脂酸[$CH_3(CH_2)_{14}COOH$]、硬脂酸[$CH_3(CH_2)_{16}COOH$]和油酸[$CH_3(CH_2)_7CH=CH(CH_2)_7COOH$,]三种。脂肪酸可分为三类:

(1) 饱和脂肪酸。碳链中不含双键的链状羧酸,如软脂酸、硬脂酸。多存在于动物脂肪中,植物脂肪中含量很少,但椰子油、棕榈油中饱和脂肪酸含量很高。主要食用油中的各类脂肪酸的质量分数见表 7.3。

表 7.3 主要食用油脂中的各类脂肪酸的质量分数

油脂名称	饱和脂肪酸		不饱和脂肪酸				其他
	C_{10}以下	C_{12}以上	油酸	亚油酸	亚麻酸	花生四烯酸	
大豆油	8	15	25	51	9		
菜子油		6	19	14	8		芥酸 40%
棉子油		34	24	40			十六碳烯酸 2%
花生油		17	58	21		2.6	
向日葵油		17	29	52			
茶籽油		10	80	10			
米糠油		17	47.6	34	0.8		谷固醇
玉米胚油		17	29	54			
核桃油		5.5	18	73	3		
椰子油	12	79	7	2			十四碳烯酸 2%
奶油(牛)	8		58	25	2		十六碳烯酸 4%
芝麻油		16.8	36.5	46.7			
橄榄油		16	64	16	2		十六碳烯酸 2%
猪油		45	42	9		0.3～1	
棕榈油		53.0	38	9			
牛油		54.4	40.7	1.8			
可可脂		59.8	28.1	2.1			

注：表中的%数为质量分数。

(2) 单不饱和脂肪酸。碳链中仅有 1 个双键的脂肪酸，如油酸。各种动植物油中都含有油酸，其中茶油、橄榄油、花生油和奶油中含油酸较多。

(3) 多不饱和脂肪酸。碳链中含有两个或两个以上双键的脂肪酸，如亚油酸、亚麻酸、花生四烯酸等。它们的分子式依次为

$$CH_3(CH_2)_3(CH_2CH=CH)_2(CH_2)_7COOH$$

亚油酸(9,12-十八碳二烯酸)

$$CH_3(CH_2CH=CH)_3(CH_2)_7COOH$$

亚麻酸(9,12,15-十八碳三烯酸)

$$CH_3(CH_2)_3(CH_2CH=CH)_4(CH_2)_3COOH$$

花生四烯酸(5,8,11,14-二十碳四烯酸)

人体正常生长所不可缺少而体内不能合成，必须从食物中获取的脂肪酸称为必需脂肪酸，例如，亚油酸、亚麻酸和花生四烯酸。必需脂肪酸具有重要的生理意义，它不仅是组织细胞的组成成分，而且还与类脂质代谢有密切关系，同时对胆固醇代谢起重要作用。

亚油酸是分布最广的一种不饱和脂肪酸。常见的植物油中亚油酸的平均质量分数是：红花籽油为 75%、月见草油为 70%、葵花籽油为 60%、棉籽油为 45%、大豆油为 50%、玉米

胚芽油为50%、小麦胚芽油为50%。其他具有潜在重要性的亚油酸来源有：芝麻油(45%)、辣椒籽油(72%)、樱桃核仁油(44.8%)、橄榄核油(85%)、多香果油(66%~71%)、苍耳籽油(57.3%)、伊朗胡桃油(42.5%~55.2%)、米糠油(35%)和花生油(25%)。显然，植物油中亚油酸的含量很丰富，分布也很广泛。因此，世界各地消费者从食用动物脂肪逐步转向食用植物油脂。据美国心脏病协会推荐的标准，日常膳食总能量中多不饱和脂肪酸应占10%，对于成年人来说，折算成亚油酸数量每天每人大约为15~35 g，约含563.3~1 316.7 kJ的能量。

α-亚麻酸为全顺9,12,15-十八碳三烯酸

$$[CH_3CH_2CH=CHCH_2CH=CH—CH—CH_2CH=CH(CH_2)_7COOH]$$

存在于许多植物油如大麻籽油(质量分数为35%)、亚麻籽油(质量分数为45%~50%)和苏籽油(质量分数为65%)中。动物贮存性脂肪中的亚麻酸含量很少(质量分数小于1%)，但马脂中的质量分数为却高达15%，海洋动物脂肪中可能含有少量的亚麻酸。一般来说，当油脂中的亚麻酸质量分数为达到35%，这种油因极易氧化而不能食用，只适合于作干性油。

γ-亚麻酸是α-亚麻酸的同分异构体，为全顺-6,9,12-十八碳三烯酸，在月见草油中的含量较为丰富(质量分数为3%~15%，典型值为8%)，玻璃苣油(质量分数为15%~25%)和黑醋栗油(质量分数为12%~20%)也含有相当数量的γ-亚麻酸。γ-亚麻酸在母乳中的含量较多，体重为5 kg的婴儿每天约吸入800 ml的母乳，可获得115~325 mg的γ-亚麻酸。

花生四烯酸是5,8,11,14-二十碳四烯酸，为亚油酸的一种代谢产物，主要存在于花生油中。据分析，典型的美国膳食每天可提供50~600 mg的花生四烯酸。母乳含有一定数量的花生四烯酸，在授乳开始第一周后母乳中的数量约占类脂物总量的0.4%，据此推算出母乳喂养婴儿每天每千克体重的花生四烯酸摄入量为21 mg。花生四烯酸广泛分布于动物的中性脂肪中，它是牛乳脂、猪脂肪、牛脂肪、血液磷脂、肝磷脂和脑磷脂含量较少的一种成分(质量分数约为1%)，同时也是肾上腺磷脂混合脂肪酸的一种主要成分(质量分数为15%)。

如缺乏必需脂肪酸，则机体的所有系统都会出现异常。因为所有生物膜组织功能的正常发挥都需要必需脂肪酸，同时它们还是某些生理调节物质(如前列腺素)的前体。

事实上，人们很早就认识到必需脂肪酸的重要作用。1929年，明尼苏达大学G.M.Burr等用不含脂肪的膳食喂养大白鼠引起了必需脂肪酸缺乏症，明显的症状有皮肤起鳞、生长停滞、尾部坏死、肾功能衰退、生殖功能丧失以及典型的眼睛疾病等。后来查明，这些症状主要是由于亚油酸缺乏所致，此外亚麻酸缺乏也是一个原因。Mohrhauer等人研究表明，亚油酸和花生四烯酸是维持大白鼠正常生长和正常生理功能(如组织的功能和脂质的合成等)所必需的。Holman等人指出，动物缺乏必需脂肪酸会出现很多症状，尤其是中枢神经系统、视网膜和血小板功能异常。

不饱和脂肪酸的一个作用是使胆固醇酯化，从而降低体内血清和肝脏的胆固醇水平。在没有亚油酸和亚麻酸等必需脂肪酸时，胆固醇就会被更多的饱和脂肪酸所酯化，容易在动脉血液中积聚使得胆固醇的代谢程度降低，导致动脉粥样硬化的出现。因此，除作为必需脂肪酸外，亚油酸等还具有降低血液胆固醇的作用。Stout认为，循环胰岛素数量异常与动脉粥样硬化有一定关系，一些微血管或大血管病变常会引起糖尿病发生；亚油酸等既然可以防止动脉硬化，对糖尿病也因此有一定的预防作用。棕榈酸和硬脂酸能增加血小板性血栓的

形成,而亚油酸却有减少这种可能的倾向,故能抑制动脉血栓的形成,而动脉血栓常是造成急性心肌梗塞发作死亡的主要诱因。也有试验表明,增加亚油酸摄入量能够预防高血压。

2. 脂类的营养生理功能

(1) 供给和贮存热能。每克脂肪在体内氧化可供给热量约 38 kJ,比等量的碳水化合物和蛋白质的供热量大1倍多。在脂肪中常见的硬脂酸的氧化反应为

$$C_{17}H_{35}COOH(s) + 26O_2(g) \Longrightarrow 18CO_2(g) + 18H_2O(l)$$

从食物中获得的脂肪,一部分贮存在体内,如大网膜、肠系膜等处。脂肪贮存占有空间小,能量却比较大,这是人类在进化过程中选择脂肪作为自身能量贮备形式的重要原因。当人体的能量消耗多于摄入时,就动用贮存的脂肪来补充热能。所以贮存脂肪是贮备能量的一种方式。正常情况下人的能量60%以上来源于碳水化合物,来源于脂肪的不到30%;当人处于饥饿状态或手术后禁食期,50%~85%的能量来源于贮存脂肪的氧化。冬眠动物和骆驼也都是靠贮存脂肪来维持其在"禁食"期间的生存的。

(2) 构成身体组织。脂肪是构成人体细胞的主要成分,如类脂中的磷脂、糖脂和胆固醇是组成人体细胞膜的类脂层的基本原料。糖脂在脑和神经组织中含量最多。脂肪在人体内也占有一定的比重,男子脂肪一般占体重的质量分数为10%~20%,女子体内脂肪的比重高于男子。

(3) 维持体温、保护脏器。脂肪是热的不良导体,分布在皮下的脂肪具有减少体内热量的过度散失和防止外界辐射热侵入的作用,对维持人的体温和御寒起着重要作用。分布在器官、关节和神经组织等周围的脂肪组织,既对重要脏器起固定支持和保护作用,又犹如软垫使内脏免受外力撞击、防止震动和摩擦损伤。

(4) 促进脂溶性维生素的吸收。脂肪是脂溶性维生素的良好溶剂,维生素 A、D、K、E 均能溶于脂肪而不溶于水,这些维生素随着脂肪的吸收而同时被吸收,当膳食中脂肪缺乏或发生吸收障碍时,体内脂溶性维生素就会因此而缺乏。

(5) 供给必需脂肪酸、调节生理功能。必需脂肪酸是细胞的重要构成物质,尤其是线粒体和细胞膜;它又是合成人体重要激素——前列腺素的必要前提。必需脂肪酸在体内具有多种调节人体生理功能的作用,如它能促进人体发育;维持皮肤和毛细血管的健康;增加乳汁的分泌;减轻放射线照射所造成的皮肤损伤;降低血胆固醇和减少血小板粘附性作用,防止血栓形成,有助于防止冠状动脉粥样硬化性心脏病(简称冠心病);参与前列腺素和精子的合成等。亚油酸缺乏时,会发生皮肤病,生长发育缓慢,出现毛发干燥或断裂,育龄男女青年严重缺乏亚油酸,可导致生育异常(不孕或畸胎)及乳分泌减少等现象。正常成年人每日最少需要供给亚油酸6~8 g,以占总热能的1%~2%为宜。

(6) 提高食品的饱腹感和美味。脂肪饮食在胃中停留的时间长,产生饱腹感,脂肪还有润肠作用。烹调食物时加入脂肪,可以改善食品的味道,增进食欲。

3. 脂肪的营养价值

(1) 脂肪营养价值的评定。食物中的各种脂肪,因其来源和组成成分的不同,使其营养价值有所差异。评定一种脂肪营养价值的高低,主要取决于脂肪的消化吸收率,以及必需脂肪酸的含量和脂溶性维生素的含量。

当脂肪中不饱和脂肪酸和低级脂肪酸含量越高时,其熔点越低,也较容易消化和被小肠吸收及利用。脂肪中含必需脂肪酸多,其营养价值就高。所以,植物油因其含有较多的必需

脂肪酸,其营养价值就较动物脂肪高。动物的贮备脂肪(板油)几乎不含维生素,一般器官组织中的脂肪含有少量维生素,而肝脏中的脂肪含有丰富的维生素 A、D,奶和蛋黄的脂肪中维生素 A、D 也很丰富。植物油中维生素 A、D 较为缺乏,但维生素 E 较动物脂肪为高。

(2) 营养价值较高的脂肪食品。

① 大豆油。在植物油中营养价值最高,含质量分数为 18.4% 的脂肪,含有丰富的卵磷脂和维生素 E,含亚油酸的质量分数高达 51%。人体缺乏亚油酸时,胆固醇代谢就会受到影响。因此 豆油烹调对身体大有益处,尤其对老年人更是一种理想的食用油。

② 葵花籽油。含亚油酸的质量分数高达 55%,并含在丰富的谷固醇和维生素 E。葵花籽油有阻碍胆固醇吸收的作用。所以它是心血管病人的良好食用油。被称为"高级营养油"。

③ 鱼肝油。含有丰富的不饱和脂肪酸、维生素 A 和 D,这使鱼肝油具有药用价值,用于维生素 A、D 缺乏症(如夜盲症、佝偻病及软骨病等)和产奶及婴幼儿的滋养剂。鱼肝油虽有好的营养价值,但不能作为烹调用油。

④ 奶油。奶油一般是从牛乳中提炼的乳脂,含有维生素 A、D,但含饱和脂肪酸和胆固醇都较高。所以在市场上往往被用植物油制造的"人造奶油"所代替,可使人造奶油少含饱和脂肪酸,因而对身体更有好处。奶油可供食用和制糕点、糖果等。

(3) 脂肪的供给量。脂肪的供给量在欧美一些发达国家曾走过弯路,他们在经济不发达时供给量较低,经济发达之后,供给量又偏高,至出现相当多的人患"文明病"之后,供给量又在降低。我国就全国经济情况而论,当前仍处于偏低水平,但从某些地区和大中城市来看,也有出现偏高的倾向,近年来"文明病"也在上升,已逐渐引起人们的重视。例如,不吃或少吃肥肉的人比较多了,采用植物油为烹调油的比较多了。如果在大中城市和富裕地区不再增加脂肪供给量,可以避免"文明病"的增多。脂肪供给量以保持何种程度为好呢? 这应该以年龄、体型、季节及劳动强度来定。每人每日膳食中由脂肪供给的热能应占总热能的 20%~25%。例如,一位轻体力劳动者每日如需总热能 10 880 kJ,则脂肪供热应有 2 176~2 720 kJ,相当于每日供给 57~72 g 脂肪(包括食物中的脂肪和烹调用油),其余的热量由碳水化合物和蛋白质来补足。当然,对于患有"文明病"者,此供应量仍属偏高。一些富含脂肪食物的脂肪含量见表 7.4。

表 7.4 富含脂肪的食物

食 物 名 称	w(脂肪)/%
纯油脂:牛油、羊油、猪油、花生油、芝麻油、豆油	90~100
各种肉类:牛肉、羊肉、猪肉	10~50
蛋类	6~30
乳及其制品	2~90
硬果类:榛子、核桃、花生、葵花子	30~60
黄豆类	12~20
腐竹	4

如果要求严格一点,在脂肪供给量中,饱和脂肪酸、单不饱和脂肪酸与多不饱和脂肪酸最好各占 1/3。这就是说,要多吃植物油,但又不要完全吃植物油,近来有资料表明,海鱼类富含多不饱和脂肪酸,其降低血清胆固醇的作用超过植物油,还能降低甘油三酯,具有抗血栓作用,有利于防治高血脂症和冠心病,因此主张多选食鱼类。

四、维生素

维生素是维持人体正常生理功能必不可少的一大类低分子有机化合物,虽然人体对维生素的需要量很少,但其所起的作用极为重要。一些生物机体能够合成一部分维生素,而人体则不能,必须从食物中取得。但是,任何一种天然食物也不可能含有人体所需的全部维生素。维生素虽然不能为机体提供热能,也不是构成机体的物质,但若缺乏任何一种维生素,都会引起某种特征的疾病,称为维生素缺乏症。早期轻度缺乏维生素,并无明显的临床症状,此时称为维生素不足;长期严重缺乏维生素,则可能造成死亡。实际上,健康人只要有适当的膳食,无需增补维生素。造成维生素缺乏的原因除食物中含量不足外,还与机体消化吸收障碍和需要量增加有关。而食物中含量不足与食品加工密切有关。

维生素种类多,化学性质与分子结构差异很大,其分类一般按其溶解性,分为脂溶性维生素和水溶性维生素两大类,表 7.5 列出了主要维生素的分类、功能和来源。脂溶性维生素都溶于脂肪和脂溶剂,而不溶于水,可随脂肪为人体吸收并在体内储积,排泄率不高。水溶性维生素能溶于水而不溶于脂肪或脂溶剂,吸收后体内贮存很少,过量的多从尿中排出。

表 7.5 重要维生素的分类、功能和来源

分类	名称	生理营养功能	来源
脂溶性维生素	VA(视黄醇)	合成视紫红质,防治干眼病、夜盲症、视神经萎缩、促进生长	鱼肝油、绿色蔬菜
	VD(抗佝偻病维生素)	调节 Ca、P 代谢,预防佝偻病和软骨病	鱼肝油、蛋黄、乳类、酵母
	VE(生育酚)	预防不育症和习惯性流产,抗氧化剂	鸡蛋、肉、肝、鱼、植物油
	VK(凝血维生素)	凝血酶原和辅酶 Q 的合成,促进血液凝固	菠菜、苜蓿、白菜、肝
水溶性维生素	VB_1(硫胺素)	抗神经炎,预防脚气病	酵母、谷类、肝、豆、瘦肉
	VB_2(核黄素)	预防舌及口角炎,促进生长	酵母、肝、蛋、蔬菜
	VPP(尼克酸、烟酸)	预防癞皮病,形成辅酶Ⅰ、Ⅱ的成分	酵母、米糠、肝、谷类
	VB_6(吡哆醇)	预防皮炎,参与氨基酸代谢	酵母、五谷、肝、蛋、乳
	VB_{11}(叶酸)	预防恶性贫血	肝、植物的叶
	VB_{12}(钴胺素、辅酶 B_{12})	预防恶性贫血	肝、肉、蛋、鱼
	VH(生物素)	预防皮肤病,促进脂类代谢	肝、酵母
	VC(抗坏血酸)	防治坏血病,还原剂,促进胆固醇代谢	新鲜蔬菜和水果

我国食品营养强化剂使用卫生标准规定了维生素 A、维生素 D、维生素 E、维生素 B_1、维生素 B_2、维生素 B_6、维生素 B_{12}、维生素 C、维生素 K、烟酸、胆碱、肌醇、叶酸、泛酸和生物素等 15 种维生素的使用量及使用范围。其中维生素 A、维生素 D、维生素 E、维生素 K 属于脂溶

性维生素,其他属于水溶性维生素。

脂溶性维生素 A、E 制剂是以油状存在,只溶于油类或脂溶剂。在食品中强化时,由于难以计量准确,很难控制强化量。但利用微胶囊包埋技术制成的粉末可以均匀地分散在水中并形成乳化液,使计量更准确,使用更方便。

根据化学结构的不同,维生素 D 有麦角钙化醇(D_2)和胆钙化醇(D_3)两种,均为无色针状结晶或白色结晶性粉末,不溶于水,维生素 D_2 的人体吸收效果不如 D_3,目前维生素 D_3 已经有可以分散于水的微胶囊粉末,因此在强化维生素 D 时,应尽可能选择 D_3。

由于采用维生素 A、E 油剂复配的营养素直接暴露在空气中,油剂容易酸败,使维生素含量下降,用油剂生产的复合营养素还有溶解性差、易结块等缺点,对其他维生素的稳定性也有不良影响。因此,食品企业应尽量选择利用微胶囊粉复配的复合营养素。

食品企业在开发营养强化食品时,应注意各种维生素的应用量和适用范围,由于脂溶性维生素在人体内有蓄积作用,食品中用量过多或重复强化,容易在人体内积累造成中毒,因此,供成人食用的谷物制品及饮料中不必强化维生素 A、D、E、K,同时要注意在婴儿食品中强化脂溶性维生素时不能超过国标规定的限量。

五、无机盐

人体内元素除 C、H、O、N(以有机物和水的形式存在,占人体质量的 96%)外的其余各种元素统称为无机盐或称矿物质。无机盐是构成机体组织和维持正常生理活动所不可缺少的物质。人体内的无机盐一部分来自作为食物的动植物组织,一部分来自饮水、食盐和食品添加剂。与有机营养素不同,无机盐既不能在人体内合成,除排泄外也不能在体内代谢过程中消失。

1. 无机盐的分类和生理功能

(1)无机盐的分类。从营养的角度出发,一般把无机盐分为必需元素、非必需元素和有毒元素。必需元素是指在正常机体组织中存在,而且含量比较固定,缺乏时会发生组织上和生理上的异常,当补充这种元素后,即可恢复正常或防止异常情况的出现。必须指出,所有必需元素在摄取过量时也会有害。

人体内的无机盐有 50 多种,其中已确定有 21 种元素为人体必需的,一般将在人体中的质量分数为 0.01% 以上的元素,称为常量元素,共有 Ca、Mg、Na、K、P、S、Cl 等 7 种(在人体中的质量分数共约 3.6%)。在人体中的质量分数为 0.01% 以下的元素,称为微量元素(在人体中的质量分数共为 0.4%),其中有 14 种目前已被公认为必需微量元素,即 V、Cr、Mn、Fe、Co、Ni、Cu、Zn、Mo、F、Si、Sn、Se、I 等。

(2) 无机盐的生理功能。在生物元素中,除 C、H、O、N 参与各种有机物和水外,其余矿物质各具有一定的化学形态和生理功能。

这些形态包括它们的游离水合离子(如水合 Na^+、K^+ 和 Cl^-),与生物大分子(如蛋白质和酶)或小分子(如卟啉)配体形成的配合物,以及构成某一器官或组织的难溶化合物(如牙釉质中的羟基磷灰石 $Ca_{10}(OH)_2(PO_4)_6$ 等)。这些元素的生理功能,主要有以下几个方面:

① 构成人体组织。如 Ca、Mg、P 是骨骼和牙齿的重要成分;P、S 是构成组织蛋白的成分;Fe 是血红蛋白和细胞色素的重要成分;胰岛素中含有 Zn 等。

② 调节生理功能。如维持组织细胞的渗透压,调节体液的酸碱平衡,维持肌肉神经的兴奋性和心脏的节律性。

③ 组成金属酶或作为酶的激活剂。现已鉴定出有 3 000 种以上酶存在,约有 1/3 的酶在它们本身结构中含有金属离子或者虽本身不含金属但必须有金属离子存在才具有活性,前者称为金属酶,后者称为金属激活酶。例如生物中重要代谢物的合成与降解都需要锌酶的参与,近年还发现锌酶可以控制生物遗传物质的复制、转录与翻译。

④ 运载和"信使"作用。如含 Fe^{2+} 的血红蛋白对 O_2 和 CO_2 起运载作用,Ca^{2+} 能激活多种酶起到传递生命信息的"信使"作用。

2. 常量元素的生理功能

(1) 钙。钙是人体内最多的一类无机盐,它在人体中的质量分数为 1.5% ~ 2.0%,一般成年人体内含钙量约为 1 200 g。

① 钙的生理功能。钙是构成骨骼和牙齿的主要成分,人体 99% 的钙存在于骨骼和牙齿中,其余的 1% 的钙存在于软组织、细胞外液和血液中,这部分钙通称为混合钙池,在维持正常生理活动中起着重要作用。钙能维持神经肌肉的正常兴奋和心跳规律,血钙增高可抑制神经肌肉的兴奋,如血钙降低,则引起神经肌肉兴奋性增强,而产生手足抽搐(俗称"抽风")。钙对体内多种酶有激活作用,钙还参与血凝(钙能将凝血酶元激活成凝血酶)过程和抑制毒物(如铅)的吸收。

人体内如果缺钙,对儿童会造成骨质生长不良和骨化不全,出现囟门晚闭、出牙晚、"鸡胸"或佝偻病,成年人则患软骨病,易发生骨折、出血和瘫痪等疾病,高血压、脑血管病等也与缺钙有关。

② 人体缺钙的原因及对钙吸收的影响因素。钙是人体内含量最多的一种无机盐,但也是人体最容易缺乏的无机盐。中国人普遍缺钙,故应特别引起重视。从营养学角度看,造成人体缺钙的原因,第一是膳食中缺乏富含钙的食物;第二为特殊生理阶段,机体对钙的需要量增加;第三是膳食或机体内存在某种或多种影响钙吸收的因素。

影响钙吸收的因素很多,主要有以下几点:

Ⅰ. 食物中的维生素 D、乳糖、蛋白质,都能促进钙盐的溶解,有利于钙的吸收。

Ⅱ. 肠内的酸度有利于钙的吸收。如乳酸、醋酸、氨基酸等均能促进钙盐的溶解,有利于钙的吸收。所以,如糖醋鱼、小酥鱼、糖醋排骨等菜肴,均有利于钙的吸收。

Ⅲ. 胆汁有利于钙的吸收。钙的吸收只限于水溶性钙盐,但非水溶性钙盐因胆汁作用可变为水溶性。胆汁的存在可提高脂酸钙(一种不溶性钙盐)的可溶性,帮助钙的吸收。

Ⅳ. 脂肪供给过多,会影响钙的吸收,因为脂肪分解产生的脂肪酸如果在肠道内未被吸收,而与钙结合形成皂钙,则使钙吸收率降低。

Ⅴ. 年龄和肠道状况与钙的吸收也有关系。钙的吸收随年龄的增长而逐渐减少,所以老年人多发生骨质疏松,易骨折,也难愈合。腹泻和肠道蠕动太快。食物在肠道停留时间过短,也有碍于钙的吸收。

Ⅵ. 某些蔬菜中的草酸和谷类中的植酸(六磷酸肌醇)分别能与钙形成不溶性的草酸钙和植酸钙,影响钙的吸收。含草酸多的蔬菜有菠菜、茭白、竹笋、牛皮菜等。含植酸多的谷类有荞麦、燕麦等。对含草酸高的蔬菜在烹调时经沸水焯后可减少 60%、旺火热油快炒可减少 25% 的草酸。

③ 钙的食物来源和供给量。钙的食物来源以乳制品为最好,不仅含量丰富,而且又易于吸收利用,是婴幼儿的良好钙源,如人乳每 100 g 含钙 30 mg,牛乳每 100 g 含钙 104 mg。

我国膳食中钙的主要来源是蔬菜和豆类。如甘蓝、小青菜、大白菜、小白菜及豆类制品。此外，虾皮、芝麻酱、骨头汤、核桃、海带、紫菜等含钙也很丰富，见表7.6。

我国规定每日膳食中钙的供给量为：成年男女 800 mg，孕妇（怀孕 7~9 个月）、乳母为 1 500 mg。但我国膳食钙不足是一个普遍的问题，为此专家们建议应提倡多喝牛奶，因牛奶不但富含钙且容易为人体吸收，其次是豆制品及各种活性钙制剂。

国标中可以用于营养强化的钙盐有十几种，其中柠檬酸钙、葡萄糖酸钙、乳酸钙、乙酸钙、氨基酸钙等钙盐可溶于水，使用方便，但价格较高。在含有蛋白质的液态食品（如液态奶、植物蛋白饮料等）中使用，容易引起蛋白质变性，破坏产品原有的性状。碳酸钙、生物钙、活性钙、骨钙、磷酸氢钙、乳钙等不溶于水，在液态食品中使用时会产生沉淀。

表7.6 含钙丰富的食物

食物名称	钙含量($mg \cdot kg^{-1}$)	食物	钙含量($mg \cdot kg^{-1}$)	食物名称	钙含量($mg \cdot kg^{-1}$)
牛奶	104	带鱼	28	稻米（籼、糙）	14
牛奶粉（全脂）	676	海带（干）	348	糯米（江米）	26
鸡蛋	48	猪肉	6	富强面粉	27
鸡蛋黄	112	黄豆	191	玉米面（黄）	22
鸭蛋	62	青豆	200	大白菜	69
鹅蛋	34	黑豆	224	芹菜	80
鹌鹑蛋	47	豆腐	164	韭菜	42
鸽蛋	108	芝麻酱	1 170	苋菜（绿）	187
虾皮	991	花生仁（炒）	284	芥蓝（甘蓝）	128
虾米	555	枣（干）	64	葱头（洋葱）	24
河蟹	126	核桃仁	108	金针菜（黄花菜）	301
大黄鱼	53	南瓜子（炒）	235	马铃薯	8
小黄鱼	78	西瓜子（炒）	237	发菜	875

许多生物学试验表明，不同钙盐在人体中的吸收利用率无显著性差异。从总的能够吸收利用的钙来考虑，碳酸钙是最经济、最安全、人体吸收利用率相对较高、含钙量也较高的钙盐。

生物钙、活性钙是用牡蛎壳加工的钙盐，由于近海污染日益严重，容易被重金属污染，应注意检测原料的重金属含量。骨钙是用动物骨头加工而成，由于动物体内很大部分重金属沉积于骨骼中，也容易引起重金属超标。另外，骨头来源及成分复杂，使骨钙质量难以控制。乳钙是生产脱盐乳清粉后的副产品。由于牛奶中的钙是与蛋白质结合在一起，其人体吸收利用率可以达到90%以上。经干燥处理后，失去生物活性，形成无机盐，其化学成分主要是柠檬酸钙的碳酸钙，与普通无机盐没有太大差异，价格却比普通无机盐高很多。食品企业在使用时应考虑实际补钙效果和成本。

葡萄糖酸钙可溶解于水中,口感较好,适用于钙强化饮料。氨基酸钙的人体吸收利用率较其他钙盐高,但由于价格较高,一般食品企业不容易接受。乳酸钙是目前食品企业使用较多的钙盐,食品企业应注意选择具有左旋结构的乳酸钙,即 L - 乳酸钙,这种乳酸钙的人体吸收效果好一些。国内生产的乳酸钙一般都是采用发酵工艺,有些产品有一种发酵后产生的特殊气味,因此应根据产品特点及工艺选择不同品质的乳酸钙。乙酸钙具有特殊的乙酸气味。除可用于生产高钙醋和酸味饮料外,一般食品中不宜使用。

(2) 磷。磷是人体必需的元素之一,是机体不可缺少的营养素。磷在成年人体内的含量约为 600~900 g,在人体中的质量分数约为 1%。

① 磷的生理功能。磷可与钙结合成为磷酸钙,是构成骨骼和牙齿的主要物质,人体中 87.6% 以上的磷存在于骨骼和牙齿中。其余的分散于体液、血细胞之中。磷是细胞核蛋白、磷脂和某些辅酶的主要成分,磷酸盐还能组成体内酸碱缓冲体系,维持体内的酸碱平衡;磷还参与体内的能量转化,人体内代谢所产生的能量主要是以三磷酸腺苷(ATP)的形式被利用、贮存或转化的,ATP 含有的高能磷酸键,为人体的生命活动提供能量;磷还参与葡萄糖、脂肪和蛋白质的代谢。

② 磷的吸收和利用。磷需要在人体十二指肠内经酶转变为磷酸化合物的形式,方能被人体吸收,膳食中所含的磷,约有 70% 在十二指肠上部被吸收。维生素 D 和植酸也影响磷的吸收,摄入足量的维生素 D 可以促进磷的吸收。当维生素 D 缺乏时,常会使血液中的无机磷酸盐含量下降,所以佝偻病患者,血钙往往正常,而血清磷含量降低。谷类中的植酸磷利用率很低,如谷粒通过用热水浸泡,面食经过发酵等处理后则可降低植酸的浓度,提高对磷的吸收率。影响磷吸收的因素与钙大致相似。

③ 磷的供给量和食物来源。至今还尚未制订供给量标准,人体对磷的需要量较钙为多,一般成年人每日需要 1.3~1.5 g。儿童每日为 1.0~1.5 g,孕妇和乳母每日需磷为 2.5~2.8 g。

磷的食物来源很广泛,故一般不缺乏磷,但膳食中磷的供给量也是不可忽视的。磷存在于动植物食品中,如肉、鱼、虾、蛋、奶中含量丰富,豆类、杏仁、核桃、南瓜子、蔬菜也是磷的良好来源。一般说来,如果膳食中钙和蛋白质含量充足,那么,磷也能够满足机体的需要。

(3) 镁。镁是人体必需的营养元素,约占人体质量的 0.05%。人体内 70% 的镁以磷酸盐形式存在于骨骼和牙齿中,其余分布在软组织和体液中,Mg^{2+} 是细胞中的主要阳离子。镁能与体内许多重要成分形成多种酶的激活剂,对维持心肌正常生理功能有重要作用。若缺镁会导致冠状动脉病变,心肌坏死,出现抑郁、肌肉软弱无力和晕眩等症状,儿童严重缺镁,会出现惊厥、表情淡漠。

镁广泛分布在植物中,肉和脏器也富含镁,但奶中则较少。因此,平时应多吃绿色蔬菜、水果,以补充镁。成年人每日镁的需要量为 200~300 mg。

(4) 钠、钾和氯。钠、钾和氯是人体必需的营养元素,分别约占人体质量的 0.15%、0.35% 和 0.15%。在体内以离子状态存在于一切组织液之中,细胞内以 K^+ 含量多,而细胞外液(血浆、淋巴、消化液)中则 Na^+ 含量多。Na^+ 和 K^+ 是人体内维持渗透压的最重要阳离子,而 Cl^- 则是维持渗透压的最重要的阴离子。它们对于维持血浆和组织液的渗透平衡有重要的作用,血浆渗透压发生变化,就将导致细胞损伤甚至死亡。

人体中的 Na^+ 和 Cl^- 主要来自食盐,K^+ 主要来自水果、蔬菜等植物性食物。我国人民

普遍存在摄取 Na^+ 过多而 K^+ 偏少的不良情况。如果膳食中钠过多钾过少，钠钾比值偏高，血压就会升高。摄入钠盐过多，会对高血压、心脏病、肾功能衰竭等患者造成很大的危害，此类病人应进食低钠膳食。钠摄入不足或由于过度炎热，剧烈运动后大量出汗造成大量 NaCl 随汗流失，也会引起抽筋，甚至虚脱、神志不清等。缺钾可对心肌产生损害，引起心肌细胞变性和坏死，还可引起肾、肠及骨骼的损害，出现肌肉无力、水肿、精神异常等。钾过多则可引起四肢苍白发凉、嗜睡、动作迟笨、心跳减慢以至突然停止。每人每日宜从食物摄取 2～4 g 钾。

3. 微量元素与人体健康

微量元素化学是一门新兴的综合性功能边缘学科，它是生物无机化学的一个重要分支，仅就微量元素与人体健康的关系而言，人的生、老、病、死无不与微量元素有关。已有许多资料证明，危害人类健康最大的各种心脑血管病和癌症与人体内元素（尤其是微量元素）平衡失调有关，如各种心脏病与 Co、Zn、Cr、Mn 等元素不平衡有关，脑血管病与 Ca、Mg、Se、Zn 等不足有关，肝癌与 Mn、Fe、Ba 低而 Cu 高等有关。我国的四大地方病也是由于元素不平衡造成的，如克山病（产生心肌病变等）和大骨节病与硒等缺乏有关；地方性甲状腺肿和克汀病（又称呆小病）则是由于严重缺碘引起的。因此，人类健康长寿最关键的因素之一是维系人体内几十种元素的平衡。若体内元素平衡失调，就会导致患某种疾病，而治疗疾病就是补充和调节人体元素平衡。人体内元素的平衡有两种含义：一是某种元素在人体内含量要适宜；二是人体内的各种元素之间要有一个合适比例才能协调工作，才会有益于健康。随着微量元素分析技术水平的提高，以及实验生命化学的发展，人们已经可以用分子和电子的观点来解释某些生命过程。现在人们怀着极大期望，通过对它研究使一些疑难病症得以突破。微量元素按其生化作用和生物效应可分为三大类：微量营养元素（或必需微量元素）、有毒元素和作用尚未确定的元素。表 7.7 列出了一部分微量元素的分类状况。这些元素在周期表中分布见表 7.8（表中未列作用尚未确定的元素）。

表 7.7　一些微量元素的分类

类　　别	生　物　效　应	元　　素
微量营养元素	参与生物体的新陈代谢过程，包含在酶和蛋白质之中，是生物组织不可缺少的组成部分	Fe、Zn、Cu、Mn、Co、Mo、F、Se、Ni、Cr、V 等
有毒元素	障碍各种代谢活动，抑制蛋白合成过程的酶系统，影响正常的生理机能	Ba、Cd、Hg、Pb、Tl、As 等
作用尚未确定的元素	总是存在于生物体内，但是否为机体所必需，尚不清楚	Rb、Ba、Al、稀土、铂系等

注：① 有些元素的分类尚有不同看法，例如 As、Cd 在一定浓度范围内，对生物会是有益的、必需的。
　　② 我国科学工作者对稀土元素的生物效应作了广泛研究，发现稀土元素可促进农作物和家畜的生长，具有十分明显的生物效应，尽管其机制尚不十分清楚。
　　③ 微量元素的生物属性与其浓度有密切关系。

表 7.8　与生命有关元素在周期表中的分布

	I A	II A	III B	IV B	V B	VI B	VII B	VIII A	I B	II B	III A	IV A	V A	VI A	VII A	0
1	H^1															
2											B^2	C^1	N^1	O^1	F^2	
3	Na^1	Mg^1										Si^2	P^1	S^1	Cl^1	
4	K^1	Ca^1			V^2	Cr^2	Mn^2	$Fe^2\ Co^2\ Ni^2$	Cu^2	Zn^2	Ga^3	Ge^3		Se^2	Br^2	
5		Sr^2				Mo^2				Cd^3	In^3	Sn^2	Sb^3	Te^3	I^2	
6										Hg^3	Tl^3	Pb^3	Bi^3			

角标:1 为常量营养元素;2 为微量营养元素;3 为有毒元素

人体内也含非必需微量元素,甚至有毒元素,如 Pb、Hg、Cd 等,这和食物、水质和大气的污染关系甚大。几种主要必需微量元素的生理功能、供给量及食物来源简介如下。

(1)铁。铁是人体所必需的微量元素之一。成人体内含铁约为 4～5 g,其中约有 60%～70%存在于血红蛋白中,3%存在于肌红蛋白中,0.2%～1%存在于细胞色素酶中,其余则主要以铁蛋白和含铁血黄素的形式贮存于肝脏、脾脏和骨髓的网状内皮系统等组织器官中。

① 铁的生理功能。铁在人体内的主要功能是以血红蛋白的形式参加氧的转运、交换和组织呼吸过程。此外,它除参加血红蛋白、肌红蛋白、细胞色素酶与某些酶的合成外还与许多酶的活性有关。如果铁的摄入不足、吸收利用不良时,将使机体出现缺铁性或营养性贫血。缺铁性贫血存在于全世界所有国家。轻度贫血患者症状一般不明显;较重患者,表现为面色苍白,稍微活动就心跳加快、气急,还伴随头晕、眼花、耳鸣、记忆力减退、四肢无力、食欲减退、免疫功能下降、容易感冒;缺铁严重者,还能造成贫血性心脏病,检查时可发现心脏增大等体征。

② 铁的吸收和利用。铁主要在小肠上部被吸收。铁的吸收也受多种因素影响,一般认为动植物食品混合食用,可提高植物食品内铁的吸收率。凡容易在消化道中转变成离子状态的铁,都易于吸收,Fe^{2+} 又比 Fe^{3+} 更易于吸收。抗坏血酸和半胱氨酸等可促进铁的吸收。如果食物中(主要是谷类)存在大量的磷酸盐或植酸盐,就会与铁形成不溶性磷酸铁和植酸铁而阻碍对铁的吸收。铁在体内的吸收和利用还与膳食中钙、磷的比例及维生素含量有关,如在磷过多、钙过少及维生素 A、D、C 缺乏的情况下,也影响铁的吸收和利用。血红蛋白和肌红蛋白中的铁(血红素铁)与卟啉环结合,不受植酸和磷酸的影响,直接被吸收。所以植物食品中铁的吸收率较低,多在 10%以下,如大米为 1%,菠菜和大豆为 7%,玉米和黑豆为 3%,小麦为 5%;而动物食品中的铁的吸收率较高,如鱼类为 11%,动物的肌肉和肝脏可达 22%,但鸡蛋仅为 3%。

③ 铁的供给量和食物来源。铁的供给量,世界卫生组织建议成年男性每日 5～9 mg,成年女性每日 14～28 mg。我国推荐的每日供应量为:成年男子 12 mg,成年女子 18 mg、孕妇和乳母 28 mg,婴幼儿 10 mg。

铁的主要来源:动物食品中以肝脏、瘦肉、蛋黄、鱼类及其他水产品中含量较多,植物食品以豆类、硬果类、叶菜和山楂、草莓等水果中含铁量较多。此外葛仙米(俗称地耳)、发菜、干蘑菇、黑木耳、紫菜、海带、青虾等也含有丰富的铁元素。我国人民的膳食中一般含铁不足。单纯喂人乳和牛乳的婴幼儿,容易发生缺铁性贫血。因人乳和牛乳中含铁很少,婴、幼儿应该补充含铁丰富的食物。常见食品的含铁量见表7.9。

表7.9 常用食品的含铁量

食物名称	含铁量 [mg·(100 g)$^{-1}$]	食物名称	含铁量 [mg·(100 g)$^{-1}$]	食物名称	含铁量 [mg·(100 g)$^{-1}$]
猪肝	26.2	绿豆	6.5	杏仁(炒)	3.9
排骨	1.4	花生仁(炒)	6.9	核桃仁	3.2
牛肝	6.6	黄花菜(干)	16.5	白果(干)	0.2
羊肝	7.5	黄花菜(鲜)	8.1	莲子(干,江苏)	3.6
鸡肝	12.0	小米	5.1	松子仁	4.3
蛋黄	6.5	黄豆	8.2	蛋糕(烤)	4.4
瘦猪肉	3.0	黑豆	7.0	口蘑	19.4
牛乳	0.3	大米	2.3	芹菜	1.2
芝麻(黑)	22.7	标准面粉	3.0	藕粉(杭州)	17.9
芝麻(白)	14.1	富强粉	2.7	鸡蛋粉(全蛋粉)	10.5
芝麻酱	9.8	干枣	2.3	紫菜	54
豇豆	7.1	葡萄(干)	9.1	菠菜	2.9

由于中国人的饮食习惯,缺铁性贫血患者较多。全国营养状况普查数据也显示,儿童、青少年缺铁性贫血的发病率较高,再加上女性所特有的月经期失血和怀孕、哺乳等特殊生理时期,我国缺铁性贫血人群数量巨大,所以铁营养强化食品存在巨大的市场潜力,许多食品企业也将铁营养强化食品作为主流产品推向市场。已经批准使用的铁盐有硫酸亚铁、葡萄糖酸亚铁、乳酸亚铁、柠檬酸铁、柠檬酸铁铵、富马酸亚铁等,另外血红素铁、碳酸亚铁、琥珀酸亚铁、还原铁、电解铁等也能用于食品中铁的营养强化,最新批准使用的铁营养强化剂还有卟啉铁、甘氨酸铁、焦磷酸铁、乙二胺四乙酸铁钠等。

膳食中铁一般分为两类,血红素铁和非血红素铁。血红素铁主要是血红素中结合的铁,存在于动物的肌肉和血液中。卟啉铁和由猪血提取的血红素铁都属于这一类。当人体铁缺乏时,对血红素铁的吸收率可以达到40%以上。存在于植物性食物和乳制品中的铁盐都属于非血红素铁,人体吸收率为5%~10%。许多研究表明,乙二胺四乙酸铁钠(NaFeEDTA)的吸收明显高于其他非血红素铁(平均吸收率为硫酸亚铁的2倍),受膳食因素影响也较小。

铁盐用于食品营养强化时,有3个问题应该注意:①稳定性。硫酸亚铁属于离子型化合物,溶解于水后解离出的亚铁离子极不稳定,在食品加工过程中大部分被氧化为三价离子,吸收率降低,失去营养强化作用,因此硫酸亚铁已逐渐被淘汰,葡萄糖酸亚铁、乳酸亚铁、柠檬酸亚铁等小分子化合物的稳定性也较差,卟啉铁和血红素铁稳定性好、吸收好,但价格很高,一般食品企业无法接受;②气味。大多数铁盐都有一种特殊的"铁锈味",对食品的口感影响较大,有的铁盐本身就有"铁锈味",如乳酸亚铁,有的铁盐经加工后产生"铁锈味",如硫酸亚铁、葡萄糖酸亚铁等,这种"铁锈味"会严重影响强化食品的可口性,特别是生产供婴幼儿食用的食品时,一定要避免这种铁盐;③色泽。一些铁盐的颜色较深,如柠檬酸铁铵、柠檬酸铁、富马酸亚铁、葡萄糖酸亚铁、血红素铁等,其颜色多为棕色、红褐色等,在使用时应考虑对食品色泽的影响,特别是应用干混工艺添加时,其深颜色颗粒物常常会引起消费者误解,认为食品中含有异物而遭到质量投诉。另外,由于亚铁离子经加工后很容易氧化为三价离子,其颜色为棕色,对食品的色泽也会产生一定影响。

(2) 碘。碘亦是人体必需的微量元素,成年人身体内含碘量约为 20~50 mg,其中 20% 存在于甲状腺中。

① 碘的生理功能。碘是合成甲状腺素的主要成分,甲状腺所分泌的甲状腺素对肌体可以发挥重要的作用。甲状腺素最显著的作用是促进许多组织的氧化作用,增加氧的消耗和热能的产生;促进生长发育和蛋白质代谢。体内缺碘,甲状腺素合成量减少,体内含碘量降低,可引起脑垂体促甲状腺激素分泌增加,不断地刺激甲状腺而引起甲状腺肿大,民间叫"瘿瓜瓜"或"大脖子病"。有资料介绍,我国是碘缺乏病流行比较严重的国家,尤其是西南、西北及内陆山区。全国有 1 762 个县有碘缺乏病,是引起地方性甲状腺肿病(有 700 多万人)及地方性克汀病(近 20 万人)的流行区域。前者,除患甲状腺肿大外,还出现心慌、气短、头痛、眩晕,劳动时还可加重。严重时,发生全身黏液性水肿,这种病还有明显的遗传倾向。严重缺碘的妇女所生的婴儿,会发生克汀病又称呆小病。其患者生长迟缓,发育不全(如性器官发育停止等),智力低下,聋哑痴呆,在高发病区流传着这样的民谣:"一代甲(指甲状腺肿),二代傻(指呆小病),三代四代断根芽"。这很形象地道出了缺碘的严重后果。地方性呆小病,是因胎儿及婴儿期严重缺碘引起的中枢神经系统损害,甲状腺功能低下及生长发育停滞为主的病变。在我国由于碘供应不足而造成智力低下的儿童估计达 800 余万人。

② 碘的供给量和食物来源。人体所需要的碘,一般都从饮水、食物和食盐中获得。含碘高的食物主要为海产的动植物如海带、紫菜、海蜇、海虾、海蟹、海盐等,见表 7.10。

表 7.10 含碘量较高的海产品食物

食物名称	含碘量 $[\mu g \cdot (100\ kg)^{-1}]$	食物名称	含铁量 $[\mu g \cdot (100\ kg)^{-1}]$	食物名称	含碘量 $[\mu g \cdot (100\ kg)^{-1}]$
海带(干)	240 000	海参	6 000	海盐(山东)	29~40
紫菜(干)	18 000	龙虾(干)	600	湖盐(青海)	298
海蜇(干)	1 320	带鱼(鲜)	80	井盐(四川)	753
淡菜	1 200	黄花鱼(鲜)	120	再制盐	100
干贝	1 200	干发菜	18 000		

补碘的方法很多,如常吃海带、紫菜等含碘丰富的海产品。但最方便、经济、有效的办法是食用加碘盐(普通食盐中加入适量 KI 或 KIO_3 而制成)。但患甲状腺功能亢进的人,因治疗疾病的需要,不宜食用碘盐,如吃碘盐会加重病情。

碘的推荐量(每人每日)为:婴儿 1~6 个月 40 μg,7~12 个月 50 μg,成年人 150 μg,孕妇 175 μg,乳母 200 μg。

(3) 锌。正常成年人体内含锌约为 2.5 g,分布于人体一切器官和血液中,人体血液中质量分数为 80%~85% 的锌在红细胞内,质量分数为 3%~5% 的锌在白细胞内,其余的锌在血浆中。肝、骨骼、眼虹膜、视网膜等处均含有锌。

锌主要在小肠吸收,平均每日需从膳食中摄入约 15 mg。

在世界范围内都存在人体严重缺锌的问题。我国儿童缺锌情况更为普遍。据中国预防医学对19个省市学龄前儿童头发中含锌量的测定,大约有60%的儿童锌含量低于正常值。

在各类金属酶中,对锌酶的研究最为详尽。因为锌酶涉及生命过程的各个方面。生物体中重要代谢物的合成与降解,都需要锌酶的参与。近年还发现锌酶可以控制生物遗传物质的复制、转录与翻译。目前,已从生物体分离出来的锌酶已超过200种,这些酶在人体代谢过程中起重要作用。儿童缺锌可导致生长发育不良,严重时可使性腺发育不全,孕妇缺锌可使胎儿中枢神经畸形,婴儿脑发育不全、智力低下,出生后即使补锌也无济于事;老年人缺锌常引起免疫功能不良,抵抗力低下,食欲不振,但补锌后可以得到改善;锌不足也影响人的视觉(因锌与VA的代谢有关)。若长期食用含锌量高的食物,可以增强人的耐力,而且血压普遍有所降低,心搏有力。

(4) 硒。硒作为一个人体必需的微量元素,其发现和确定有一个曲折的过程。19世纪60年代由于一些牧草中含硒量过高(含硒量 50~500 $mg \cdot kg^{-1}$,其中紫云英高达 1~10 $g \cdot kg^{-1}$)而导致牲畜中毒。人吃了含硒高的麦粉制品也出现指甲破裂、风湿病、眼睛红肿及肝肾中毒等。在硒冶炼厂及加工厂工作的工人,容易得胃肠疾病、神经过敏和紫斑症等。由于硒的一些化合物(如硒酸盐、H_2Se、SeF_6 等)都是剧毒的,因而有人对硒望而生畏,谈硒色变。在此后近百年间,人们的注意力集中在硒的毒性研究方面。20世纪40年代末,发现某些(含硒的)天然物质(如某些酵母或动物脏器)能够防止大鼠食饵性肝坏死。1957年证明硒是防止食饵性肝坏死的一种保护因子。近几十年来硒又挽救了许多牲畜和动物免于因缺硒而死亡。1972年证明硒是谷胱甘肽过氧化物酶(GSH-Px)的活性成分,它能特异催化还原型谷胱甘肽(GSH)与过氧化物的氧化还原反应,清除人体内有害的过氧化物,保护机体免受氧化损害,使硒的生物无机化学成为研究热点。70年代我国科学工作者搞清了严重威胁人体健康的我国地方性流行病——克山病的发病原因与缺硒有关,并用补硒(口服 Na_2SeO_3)方法防治了千百万人的克山病,其成绩引起了全世界的瞩目。继而又对防治另一种缺硒的地方性疾病——大骨节病也取得成功。此后对硒的研究不断增多,发现硒有抗癌作用,一些地区癌症的死亡率与缺硒有关;还发现艾滋病患者的含硒水平显著低于正常人。以上事实也说明微量元素硒与癌症、免疫和健康有着密切的关系。

硒在生物体内具有多方面的生化功能:

① 通过 GSH-Px 清除体内的过氧化物来保护机体免受氧化损害(每摩尔红细胞中的谷胱甘肽过氧化酶中含有 4 mol Se)。非酶形式的有机硒化物也具有抗氧化作用,主要是清除脂质过氧化自由基中间产物及分解脂质过氧化物等。

② 增加血液中的抗体含量,起免疫作用。

③ 防止血压升高和血栓形成。

④ 保护视力。含硒的谷胱甘肽过氧化物酶可与另一种很好的抗氧化剂维生素 E 发挥协同效应,减轻视网膜上的氧化损伤,使因黄斑部分退变而减退的视力得到恢复。

⑤ 硒还是许多重金属的天然解毒剂。因硒可与许多重金属(如 Hg、As)相结合,使其不能被机体吸收而排出体外,实现解毒作用。

⑥ 抗癌作用。有人根据试验认为,一个体重 60 kg 的成年人,每天吸收 0.8 mg 硒,就不易得肝癌、结肠癌和其他消化道癌症。

硒的食物来源:肉类食物中硒含量最高,乳蛋类则受饲料的影响,谷类和豆类中硒含量又比水果和蔬菜高。海产品(如虾、蟹)的硒含量高,但被人体的吸收利用率较低。谷类等植物中的含硒量因生长土壤硒含量的多寡有非常明显的差别。

中国营养学会1988年正式制订了我国硒的供给量标准,成人每日为50 μg,儿童1岁以内15 μg、1~3岁为20 μg等。必须注意,硒的过量摄入(如超过200 μg·d^{-1}),无论是职业原因、环境条件或药物因素,都可能使硒相关的酶失活,或反而产生自由基,对人体健康造成危害。

7.2 常见食物的化学特征与平衡膳食

食物的构成与各国的生产特点和各民族的文化传统有关,根据我国的实际情况,食物一般分为主食和副食两类,分别讨论其营养特点。

一、主食

主食即通常的粮食,包括谷物和豆类,其共同特点是均为干品,湿存时水的质量分数一般在2%以下。

1. 谷物

谷物包括米、面、玉米、高粱、小米、荞麦等,其主成分如表7.11所示。

谷物的主成分为糖质,以淀粉为多。通常大米、小麦、玉米等主要为直链淀粉。粳米与糯米淀粉结构略异,前者支链占20%,后者则几乎全为支链,由于支链物加热后易缠结,所以糯米饭比较粘。

谷物(特别是麦类)含相当多的蛋白质,但含脂肪较少,在其脂肪酸中,油酸的质量分数为45%、亚油酸的质量分数为33%。因此,以谷物为主食时,必须补足副食,以保证蛋白质和脂肪的全面供应。

表7.11 常见谷物的化学成分 ($w/\%$)

谷物名称	糖	蛋白质	脂肪	灰分
米				
糙(粳)米	73.4	8.8	2.2	1.30
糙(糯)米	72.1	8.5	3.2	0.90
白米	76.3	7.2	0.77	0.70
麦				
小麦	72.2	13	1.9	1.5
大麦	74.7	8.8	0.9	0.9
荞麦	61.5	17.3	5.1	10.8
杂粮				
玉米	85	10	4.3	0.1
高粱	60	10	3.3	0.7
小米	73	10	3	1

2. 豆类

豆类包括大豆、花生、芝麻、葵子及杂豆等,其主成分如表7.12所示。

表7.12 常见豆类的化学成分 （w/%）

名称	糖	蛋白质	脂肪	灰分
大豆	14.6	38	17.8	4.5
花生	20	30	45	3
芝麻	14	20	51	5
葵子	2	30	63	4
绿豆	55	22	1.6	3.0
豌豆	56	22	1.0	2.2
蚕豆	50	25	1.0	3.0

(1)大豆。除表上所述者外,大豆所含的氨基酸中除胱氨酸及蛋氨酸较少外,其他与动物性蛋白相似,故为植物蛋白的名品;且含大量维生素B及多种其他维生素和较多的磷脂质(质量分数达1.5%),其中大部分为卵磷质及少量脑磷脂,所以其营养价值甚高。磷脂质呈浆状,提取后可作食品加工的乳化剂;经精制可作营养强壮剂、高血压预防剂等。

(2)花生。营养价值甚高,其所含蛋白质中9种必需氨基酸均全,脂肪含量高,钾、磷的质量分数为1%,V_B及菸碱酸较丰富,但缺V_C,此外其消化率仅次于牛肉及蛋类,优于大豆。消化时间较谷类长。

二、副食

副食可分肉、蔬菜及果品三类。在我国古代常按其来源分为陆产与水产;也有按宗教习惯分为荤、素两类;西方国家则分为动物性与植物性两类。

1. 肉

肉通常指鸡、鸭、鱼及其他禽兽(家养及野生)的体内可食用部分,包括肌肉、结缔组织、脂肪及脏器(脑、舌、心、肺、肝、脾、肾、肠、胃等)以及血和骨筋及胶原,以肌肉为主。

(1)肌肉。肌肉即瘦肉,其主成分为蛋白质(20%),干物中约占80%,含必需氨基酸甚多,且组成匹配好,因而肉成为营养之必备品;富含维生素,以肝脏,特别是鸡肝、牛肝最丰富,其V_A可达$400\sim500$ mg·$(100 \text{ g})^{-1}$(指100克基体所含微量成分的毫克数)。肉的消化吸收率在95%以上,以牛肉最高,猪、羊、鸡稍次。肉中均含有胆固醇,以鹿肉和马肉最低(胆固醇的质量分数为1%),牛、猪肉亦不高(1.5%),其他较高的有鲸鱼(3.91%)、兔(4.38%)和袋鼠肉(7.85%)。

(2)鱼及水产。不论是淡水或海水产,除含高蛋白外,均以维生素多及无机微量元素高为特点。例如,乌贼的肝脏含铜占其灰分的4%,亦含相当多的锌、钴、镍。另一特点是水产的蛋白质中的硫等非氮化合物约占30%,使其味极鲜美。

(3)蛋。各类禽蛋的主要成分均为蛋白质(质量分数约为18%),其中鹌鹑蛋和鹅蛋的含量较高。一般蛋之成分如表7.13所示。蛋的食用部分为蛋清和蛋黄,二者成分不同,蛋清除水分外(质量分数为86%)几乎全为蛋白质;蛋黄则含多种成分:脂肪的质量分数为18.0%,卵磷脂及其他磷脂的质量分数为11.0%,蛋黄磷蛋白质的质量分数为14.5%,蛋黄素、胆固醇、血蛋白的质量分数共5.7%,灰分的质量分数为1.0%,其余的质量分数为水分

49.5%(pH 约为 6.3)。蛋含的氨基酸品种最全(18 种),消化率在 95%以上,胃内停留时间最短。蛋的维生素甚多,维 A、维 B、菸碱酸、泛酸丰富,营养价值甚高。

表 7.13　几种蛋的一般成分(质量分数)

品种	壳	水分	蛋白质	脂质	糖	灰分	热量/(J·g^{-1})
鸡蛋	11.4	73.7	12.6	12.0	0.67	1.07	701
鸭蛋	12.0	71.0	12.8	15.0	0.30	1.08	810
鹅蛋	14.2	69.5	14.0	14.4	1.30	0.90	832
火鸡蛋	13.8	73.7	13.4	11.2	0.80	0.90	688
鸽蛋	10.0	76.8	13.5	8.4	0.10	1.10	571
鹌鹑蛋	9.4	67.5	16.6	14.6	0.10	1.23	982

肉、鱼、蛋中含人体必需的氨基酸和脂肪酸最丰富。必需氨基酸有组氨酸、异亮氨酸、赖氨酸、蛋氨酸、苯丙氨酸、色氨酸、缬氨酸、亮氨酸,体内能自制的重要氨基酸有丙氨酸、精氨酸、(半)胱氨酸、谷氨酸、酪氨酸等 14 种;必要脂肪酸有亚油酸、亚麻酸和花生四烯酸,缺乏它们时,得皮炎、生长缓慢、水分消耗增加和生殖能力下降。

在肉、鱼、蛋中均含有胆固醇。生理上细胞膜的组成、激素合成都需要它,维 D 的合成也以胆固醇为原料。把胆固醇与心血管病联系起来,只吃蛋白不吃蛋黄,完全是误解。

2. 蔬菜

指含水分质量分数为 90%以上,可作维生素、无机盐和纤维之源的植物,按外观可分叶(白菜、菠菜)、茎(芹)、根(萝卜、薯)、果(茄、瓜)四类,其中也包括各种海菜以及蕈类等,特点如表 7.14 所示。

表 7.14　各类蔬菜的特点

品名	干品的主成分	主要特点	备注
白菜	糖(4.4%)	多种必需氨基酸,V_C 尤多	成分与肉相近,供素食者用
菠菜	蛋白质(25%~30%)	富 V_C,多种维生素,高铁	与优良的动物蛋白相近
马铃薯	淀粉(70%~90%)	富色氨酸和有机碱	蛋白质及营养与谷物相近
甘薯	糖,淀粉(90%)	粗蛋白4%,富纤维素	可作主食代用品
萝卜	粗蛋白(17%)	富 V_C,淀粉效素	助消化,通气,利便
胡萝卜	糖(20%)	富 V_A(1 300~3 000 IU)	营养价值高
黄瓜	糖(48%)	富 V_C	水分达97%,实用水果
茄子	糖(61%)	必需氨基酸多,富 V_C	
紫菜	蛋白质(36%)	全为美味的酰胺类,氨基酸,富维生素,高维(20 mg·(100 g)$^{-1}$	富含碘
香菇	蛋白质(40%)	富氨基酸,高 V_D	有特殊鲜味,可防癌

注:表中的%数均为质量分数。

蔬菜的价值还在于其特殊成分及其特殊作用。纤维素和果胶质使肠蠕动,促进消化;蔬菜中酵素含量较多,有助于消化及各种生理功能;多种维生素,特别是 V_C;有鲜味及各种刺激性成分,如蕈类之鲜味,葱类之辛辣味等。还有几种重要蔬菜的特点值得注意。

(1)豆制品。豆制品包括各类豆腐(南、北豆腐、油豆腐、香干、酱豆腐等)及豆芽菜。豆制品源于我国,特别是豆腐以其蛋白质含量高(干品中蛋白质的质量分数为42%,比动物肉类中含量最高的鸡肉蛋白质的质量分数为23%高出1倍,为鱼类的2~2.5倍),且属全蛋白,消化吸收率达96%(高于一般动物蛋白),尤其是胆固醇低(质量分数为1%以下),更宜于老年人及心脏病患者食用,因而近年风靡西方及东南亚市场。

① 豆腐是利用 Ca^{2+}、Mg^{2+} 使大豆的水溶性蛋白质凝固制得的,通常先用热水将大豆浸泡,泡涨后磨细,此时植物细胞组织破坏,蛋白质游离;用布袋过滤,淀粉及尚未磨细的部分成为豆渣,剩下的液汁为生豆浆;向生豆浆加入卤汁氯化钙或石膏溶液,由于电荷作用,蛋白质凝聚成豆腐脑,再经适当压滤即成豆腐。制豆腐时如温度及卤汁浓度较低,则得富含水分及弹性好的南豆腐;反之则呈较硬的北豆腐。

② 其他制品有白豆腐干、油豆腐干。将豆腐晾干,得白豆腐干;将其切成小块油炸成焦黄色,是为油豆腐;豆腐干涂以酱色佐料,适当熏烤,即得香干。

③ 豆芽菜有黄、红豆芽两种,通常将豆子在32℃时背光用水泡胀约10 d,根芽可达15 cm,以长约2 cm者,营养较佳;其 V_C 较豆中大增,达 $0.25~0.30$ mg·$(100\ g)^{-1}$,蛋白质、糖含量亦高;每日见光30 min,V_C 及磷含量将有所提高。

(2)萝卜叶。萝卜叶常被弃去,其实其营养均较其根部为优。干品含蛋白质达30%,且多为易消化之纯品,可补谷物蛋白质之不足;富含维生素,V_C 达 90 mg·$(100\ g)^{-1}$;微量元素中铁量丰富。本品实为高营养蔬菜。

(3)甜椒。甜椒或称柿子椒、灯笼椒,以其肥大肉厚似灯笼状而得名,通常呈翠绿色,过熟者亦有呈鲜艳之红色的。除主含蛋白质及糖外,维生素含量丰富,特别是 V_C 高达 200 mg·$(100\ g)^{-1}$,是蔬菜及果品中最多的,有高营养价值。

(4)洋葱。洋葱除含蛋白质、糖等外,其特点是有特殊的刺激性及辣味,与蒜、韭类似,有特殊香味。呈味物的主成分为丙烯硫化物,有催泪、抗菌作用,兼有 V_B 之功效,助消化。

(5)芦笋。芦笋干品含蛋白质的质量分数 $30\%~35\%$,主含天冬素。本品分绿、白两种,含多种维生素,尤以绿色者更多,其中 V_C 达 31 mg·$(100\ g)^{-1}$。磷含量亦丰富,尖端为 100 mg·$(100\ g)^{-1}$,茎部较少,亦有30 mg·$(100\ g)^{-1}$。罐装芦笋有特殊香味,因含二巯基异丁酸,有抗癌效果,备受推崇。

(6)苜蓿。苜蓿盛产于俄国。据研究其蛋白质含量为小麦、玉米的千多倍,且几乎可全部为人体吸收;本品还含多种维生素,V_E 尤其丰富,它对习惯性流产、不育症、皮肤血管炎、硬皮症及肠肌痉挛均有防治作用,还可防止记忆力衰退、延缓衰老。每公顷牧场提供的苜蓿蛋白为同样地面提供牛肉蛋白的7倍,有植物牛肉之称。

(7)木耳。木耳有黑、白两种,前者可生长于桑、榕枯木上,后者为银耳,在芸果木上毓较多,均可人工栽培。它们不含叶绿素,无合成淀粉功用,寄生于高等植物内,利用其营养成长发育。本品富含蛋白质和维生素,有特殊芳香风味,增进食欲。白木耳可入药,有强精补肾、止咳润肺、提神健脑、娇嫩皮肤和防癌之功效。

3. 果品

果品分浆果(葡萄、草莓、香蕉、凤梨)、仁果(苹果、柿、枇杷、柑橘)、核果(桃、梅、杏、李)、坚果(栗、核桃、白果、榛子)四类,除后者为干果外,前三者约含质量分数为90%的水分,故称水果,主要成分为糖(质量分数为10%),发热量约 200 $J \cdot g^{-1}$,多数缺脂肪及蛋白质,但含某些特殊营养成分。各种果品特点如表 7.15 所示。

还有几种重要果品及瓜子的特点有参考意义。

(1)柑桔。柑桔包括橙子、柠檬、柚子。含糖分的质量分数为10%,柠檬酸的质量分数为2%~9%,V_C 为 80 $mg \cdot (100\ g)^{-1}$。柑橘类的果皮约为全果实质量分数之20%~50%,其中水分的质量分数为74.3%,糖的质量分数为4.4%,果胶的质量分数为4.2%,蛋白质的质量分数为1.7%,精油的质量分数为1%,V_C 为 40 $mg \cdot (100\ g)^{-1}$,有药用意义。

(2)核桃。核桃的可食部分为50%,主要成分:水的质量分数为4.1%,蛋白质的质量分数为23.1%,脂肪的质量分数为60.3%,糖的质量分数为8.4%。发热量 2 600 $J \cdot g^{-1}$。核桃的蛋白质中多含必需氨基酸,营养甚为丰富。

(3)西红柿。西红柿干品中糖的质量分数为50%,果胶质的质量分数为30%,水质中主要为苹果酸,V_C 为13~44 $mg \cdot (100\ g)^{-1}$。

(4)瓜子及果仁。瓜子及果仁是一类重要的瓜果产物,常见的有南瓜子、西瓜子及杏仁等。它们均富含蛋白质及脂肪(参见表 7.16),且多为必需氨基酸和必需脂肪酸,故营养价值甚高。

表 7.15 各类果品的特点

品名	主 成 分	主要特点[$mg \cdot (100\ g^{-1})$]	备 注
苹果、梨	糖(10)	酵素、维生素多,V_C(4)	助消化、耐贮存
草莓	酸(1)	酯达 160 多种,无机质多	助消化
柿	糖(15)	维生素多,V_C(30~50)	贮存后更甜,柿叶中 V_C 达 200~300 mg
桃	糖(9)	有机酸多,香,V_C(10)	不耐贮存
葡萄	糖(15)	酸达 1%,V_C(5)	适于酿酒
香蕉	糖(17)、蛋白质(1.3)	酯多,香,V_C(10)	温度不宜过 25℃
栗	糖(40)蛋白质(3.1)	V_C(30),锰含量高	可代替谷物

表 7.16 几种瓜子果仁的主要成分

品名	糖	蛋白质	脂肪	纤维素
南瓜子	13.8	29.4	49	1.7
西瓜子	41.6	19.0	27.4	3.3
杏 仁	14.3	21.0	64.9	3.0
松 子	17.2	14.6	60.8	1.2

三、合理营养与平衡膳食

1. 合理营养的概念和意义

食物是营养素的"载体",人体所需的营养素必须通过食物获得。一方面,每一类营养素都有其特殊的生理功能,都是不可缺少和不可替代的。人体对每一类营养素都有其特殊的生理功能,都是不可缺少和不可替代的。人体对每一类营养素都有一个最佳的需要量,同时,各类营养素又是在互相配合、互相影响下对人体发挥生理功能的,所以人体所需的各类营养素之间又有一个最佳的配合量。另一方面,各类食物中所含的营养成分是多种多样、千差万别的。人体需求的全部营养素,只有通过食用不同类的食物获得,任何一种单一食物都不可能满足人体对各类营养的全部需要。因此人们就必须研究营养素的数量、质量及比例的供给问题。

合理营养就是使人体的营养生理需求与人体通过膳食摄入的各种营养物质之间保持平衡。显然,合理营养还必须按照每个人的工作性质及其个体特征(年龄、性别、体重)按时把含有对生命最适量营养素的食物供给机体。从广义上说,合理营养是健康长寿和力量的保证。因此,合理营养应该从胚胎时期开始,即为了下代人的健康成长,必须首先重视孕妇的合理营养。

现阶段人们在食物消费上存在一些明显的不合理现象,不文明饮食、营养过剩与营养不良、营养失衡的两极状况十分突出。比如在一些大中城市和富裕地区,随着经济的迅速发展,"高档膳食"备受青睐,经常暴饮暴食,越吃越"高级",结果吃出了很多肥胖儿和"大肚皮",有的还因此而患病。在一些经济较落后的地区,有些农民在集市卖了鸡蛋换回麦乳精、巧克力给小孩吃,这样非但没有补充营养,反而造成营养失衡。可见,营养是关系到人民健康和民族繁衍昌盛的大事。

2. 平衡膳食的组成

我国从20世纪50年代到90年代,曾出现过几次膳食构成演变,我国人民的体质发生了意想不到的变化,最明显的是新一代比上一代身材长高了,体质更强健了,头脑更聪明了,而且平均寿命也从建国初的35岁提高到70岁。这与膳食营养不断得到提高是密不可分的。1993年6月13日经国务院批准正式颁布实施的《九十年代中国食物结构改革与发展纲要》是一个指导我国食物生产和消费向科学卫生营养合理方向发展的纲领性文件,对"在吃饱的基础上如何吃得营养、吃得合理"作了筹划,提出建立科学、合理的膳食与营养结构,宣传和推广营养科学,即"食物要多样,粗细要搭配,三餐要合理,饥饱要适当,甜食不宜多,油脂要适量,饮酒要节制,食盐要限量"。这些要求对于设计食谱、科学用餐、平衡膳食有极为现实的指导意义。表7.17给出了我国人民每日饮食中营养成分的供给量。

表7.17 我国人民每日饮食中营养成分的供给量
（中国营养学会1988年10月修订）

类	别	热能 MJ	蛋白质 g	钙 mg	铁 mg	视黄醇当量* μg	VB_2 mg	VPP mg	VB_1 mg	VC mg	VD μg
成年男子 （年龄18~40岁） （体重63 kg）	极轻体力劳动	10.0	70	800	12	800	1.2	12	1.2	60	5
	轻体力劳动	10.9	80	800	12	800	1.3	13	1.3	60	5
	中等体力劳动	12.6	90	800	12	800	1.5	15	1.5	60	5
	重体力劳动	14.2	100	800	12	800	1.7	17	1.7	60	5
	极重体力劳动	16.7	110	800	12	800	2.0	20	2.0	60	5
成年女子 （年龄18~40岁） （体重53 kg）	极轻体力劳动	8.8	65	800	18	800	1.1	11	1.1	60	5
	轻体力劳动	9.6	70	800	18	800	1.2	12	1.2	60	5
	中等体力劳动	11.3	80	800	18	800	1.4	14	1.4	60	5
	重体力劳动	12.6	90	800	18	800	1.6	16	1.6	60	5
	孕妇（第4~6个月）	+0.8	+15	1 000	28	1 000	1.8	18	1.8	80	10
	孕妇（第7~9个月）	+0.8	+25	1 500	28	1 000	1.8	18	1.8	80	10
	乳母	+3.3	+25	1 500	28	1 200	2.1	21	2.1	100	10
少年男子	16~18岁	11.7	90	1 000	15	800	1.8	18	1.8	60	10
	13~16岁	10.0	80	1 200	15	800	1.6	16	1.6	60	10
少年女子	16~18岁	10.0	80	1 000	20	800	1.6	16	1.6	60	10
	13~16岁	9.6	80	1 200	20	800	1.5	15	1.5	60	10
儿童 （不分性别）	10~13岁	9.2	70	1 000	12	750	1.3	14	1.4	50	10
	7~10岁	8.4	60	800	10	750	1.2	12	1.2	45	10
	5~7岁	6.7	50	800	10	750	1.0	10	1.0	45	10
	3~5岁	5.9	45	800	10	500	0.8	8	0.8	40	10
	2~3岁	5.0	40	600	10	400	0.7	7	0.7	35	10
	1~2岁	4.6	35	600	10	300	0.7	7	0.7	30	10
	6~12个月	0.4/kg体重	2.0~4.0/kg体重	600	10	200	0.4	4	0.4	30	10
	初生~6个月	0.5/kg体重	2.0~4.0/kg体重	400	10	200	0.4	4	0.4	31	10

*1国际单位维生素A = 0.3 μg视黄醇；1 μg胡萝卜素 = 0.167 μg视黄醇 = 0.167 μg视黄醇当量。

平衡膳食是达到合理营养的手段,合理营养需要通过平衡膳食的各个具体措施来实现。平衡膳食就是为人体提供足够数量的热能和适当比例的各类营养素,以保持人体新陈代谢的供需平衡,并通过合理的原料选择和烹调、合理编制食谱和膳食制度,使膳食感官性状良好、品种多样化,并符合食品营养卫生标准,以适合人体的心理和生理需求,达到合理营养的目的。平衡膳食的具体措施包括食品原料的选择、膳食的调配和食谱的编制、合理的食品烹调加工等几个方面。根据食物营养素的特点,现代平衡膳食的组成必须包括以下四个方面的食物。

(1) 谷类、薯类和杂粮。谷类、薯类和杂粮统称为粮食,是我国传统的主食。南方以稻米为主,北方以小麦和杂粮为主。粮食是供给碳水化合物的主要来源,碳水化合物是供给热能的热源质。粮食中也含有蛋白质,虽含量不高,但因食用量大,所以也是蛋白质的主要来源,约占人体所需蛋白质的半数。还含有维生素 B 族和无机盐。一个人每天吃多少粮食,应根据热能需要来决定,它与年龄、劳动强度等均有关,也受副食供应量的影响。因此,粮食的消耗应与体力的消耗相适应。从事中等体力劳动的成年人,每天需要粮食 500~600 g,占膳食总重的 51%。

(2) 动物肉类和豆类。猪肉、牛肉、羊肉、兔肉、脏器、鸡肉、鸭肉、鹅肉、水产类、蛋类、奶类及黄豆和豆制品等主要供给蛋白质,而且是生理价值高的优质蛋白质,以弥补主食中蛋白质供应不足。从事中等体力劳动的成年人,每天应供给 50~100 g 瘦肉、50 g 鸡蛋和 50 g 黄豆或相应的豆制品。这些肉、蛋、奶、豆制品也可以互相替换,但必须保持蛋白质的数量和质量。动物肉类和蛋、奶、豆类在膳食中的比重应为 6%。

黄豆及其制品所含蛋白质的数量和质量常被人们忽视,不把它们看成是与肉、蛋、奶不相上下的食品,因而膳食中即使存在着蛋白质供给不足的现象,也想不到或者不愿意用黄豆及其制品来补充,这是一个很大的损失。须知许多外国人把黄豆看成是"植物肉",它完全可以代替一部分肉、蛋、奶等食物。特别是在中小城市和广大农村应积极推广豆类食品,以使经济不太富裕的人们也能获得充足的蛋白质。这也说明,经济问题会影响膳食的种类,但并不影响膳食的均衡分配和充足营养的取得。

(3) 蔬菜类和水果类。蔬菜类和水果类中以蔬菜为主,尤其是新鲜蔬菜。水果是辅助食品,之所以是辅助食品,不是指它所含营养素的数量、质量及种类,而是因其来源和价格因素,以致还不能每餐或天天成为我国大众餐桌上的食品。

在一个营养平衡的膳食里,新鲜蔬菜是必不可少的,否则就不能满足人体所需的维生素、食物纤维和无机盐,而且也不易维持体液的酸碱平衡。从事中等体力劳动的成年人,每天最好能吃 400~500 g 新鲜蔬菜。由于维生素含量的差异最好多食几个品种的蔬菜。为了减少烹调时维生素 C 的损失(不当的烹调 VC 可损失殆尽),可吃一些适于生吃的蔬菜,如西红柿、黄瓜、萝卜等,用凉拌的方法则更好。如果有条件,可每一天补充 1~2 个水果。蔬果类在膳食中所占的比重应为 41%。

(4) 油脂类。油脂类主要是烹调用油。烹调油在膳食中一是增加食物的香味,二是补充部分热能并供给必需脂肪酸,还可以促进脂溶性维生素的吸收。一般烹调用油以多用植物油为好,当然也要照顾各种脂肪酸的比例。烹调用油每天每人约需 25 g,占膳食总量的 2%。

根据以上所述,有人建议收入较好之家一日膳食举例:

早餐:

大米粥或烤面包涂奶油或葱油饼;

牛奶或豆浆;

煎蛋、肉松、橘子、香蕉。

中餐:

大米饭或馒头等面食；
肉(鱼、牛、猪、鸡、鸭、肝)两种；
绿叶菜及新鲜水果各一种。
晚餐：
大米饭或面食；
肉、蛋或鱼两种；
蔬菜和水果各一种；
牛奶或可可、咖啡一杯。

7.3 食品的色香味化学

随着科学技术的发展和人民生活水平的不断提高，不仅要求有足够数量的食品，而且食品的质量也需要精益求精。关于食品质量的要求，除了必须符合卫生标准和具有较高的营养价值外，食品的色、香、味也是评价食品质量的一个重要方面。

在现代人的生活中，对食品色、香、味的要求越来越高。食品的色、香、味不仅能使人们在感官上享受到真正的愉快，而且还直接影响着食品的消化吸收。正像巴甫洛夫指出的食欲即"消化液"。没有食欲，就不可能有消化液的分泌。从而食品的消化吸收就会缓慢甚至受到阻碍。倘若食品的颜色悦目，香气诱人，滋味可口，那么只要见到或嗅到这种食品，甚至只要想到他们，就会引起条件反射，消化器官就会分泌出大量的消化液，帮助人体对食品的消化吸收。巴甫洛夫把这种在食用前所引起的消化液的分泌，称为"反射相"分泌；当食品与消化器官接触后引起的消化液分泌，称为"化学相"分泌。只有当两者相结合时，才能产生旺盛的食欲。所以，力求把食品的色、香、味搞得更加好些，这并不是什么过分的奢侈，而是益于人体生理上的必需，是为了提高人体对食品的消化率。

不仅如此，人们通过对食品色、香、味的反映和变化，可直接用感官鉴定食品的新鲜度、成熟度、加工精度、品种特征及其发生变化的情况。它比用理化鉴定既节省又方便。即使现代检测技术已广泛应用于食品质量的鉴定，仍不可能完全代替这种又快又省的感官鉴定。但要使食品质量的感官鉴定建立在正确和科学的基础上，必须具备有关食品色、香、味化学方面的基本知识。因此，研究食品色、香、味化学对提高食品质量有着多方面的实际意义。

一、食品的颜色及其变化

1. 物质的颜色与结构的关系

食品的色泽是人们评价食品感官质量的一个重要因素。食品呈现的各种颜色，主要来源于食品中固有的天然色素和人工着色两种。人工着色，可用天然的动植物色素或合成染料。食品中固有的天然色素，一般是指在新鲜原料中眼睛能看到的有色物质，或者本来无色而能经过化学反应而呈现颜色的物质。

自然光是由不同波长的射线组成的，肉眼能见到的光，其波长在 400～800 nm 之间。在此区域内的光，叫做可见光。不同的物质能吸收不同波长的光，如果物质吸收的光，其波长在可见区域以外，那么这种物质是无色的。如果物质吸收的是可见区域以内的某些波长的光，那么这种物质就会有不同的颜色，其颜色是由未被吸收的光波所反映出来的颜色(即被吸收光波颜色的互补色)。例如一种物质选择吸收的光，其波长为 510 nm，这是绿色光谱，那么人们能看到它的颜色是紫色,紫色是绿色的互补色。

不同波长的光相应的颜色及肉眼所能见到的颜色见表7.18。

表7.18 不同波长光的颜色及其互补色

物质吸收的光的波长/mm	物质吸收光的颜色	互补色
400	紫	黄绿
425	蓝青	黄
450	青	橙黄
490	青绿	红
510	绿	紫
530	黄绿	紫
550	黄	蓝青
590	橙黄	青
640	红	青绿
730	紫	绿

2. 食品中的天然色素

天然色素按来源不同可分为:植物色素,如蔬菜的绿色(叶绿素),胡萝卜的橙红色(胡萝卜素),草莓、苹果的红色(花青素)等;动物色素,如牛肉、猪肉的红色色素(血红素),虾、蟹的表皮颜色(类胡萝卜素)等;微生物色素,如红曲色素等。按化学结构不同可分为:

① 四吡咯衍生物(或卟啉类衍生物),如叶绿素、血红素和胆素。

② 异戊二烯衍生物,如类胡萝卜素。

③ 多酚类衍生物,如花青素、花黄素(黄酮素)、儿茶素、单宁等。

④ 酮类衍生物,如红曲色素、姜黄素等。

⑤ 醌类衍生物,如虫胶色素,胭脂虫红等。

3. 食品的人工着色

在食品加工过程中,为求制品色彩的艳丽或保持原有的色泽,借以改善食品的感官性状,增进人们的食欲,并提高其食用价值,常常添加适当的食用色素。食用色素可分为天然色素和合成色素两大类。

我国对食品的着色,过去传统均使用天然色素,随着染料工业的发展,人工合成色素也逐渐用于食品。由于人工合成色素一般较天然色素色彩鲜艳、坚牢度大、性质稳定、着色力强、可任意调色,且合成色素成本低,使用方便,故天然色素的使用逐渐减少,而合成色素的使用一度增加,然而合成色素多属于煤焦油染料,其本身不仅无营养价值,且大多数对人体有害。合成色素的毒性是由于其化学性质能直接危害人体健康,或因为在代谢过程中产生有害物质。此外,在合成过程中还可能被砷、铅以及有害化合物污染。因此,近年来对食用合成色素进行了更严密的化学分析、毒理试验和其他生物试验。与此同时,食用天然色素不仅安全性较好,而且许多还具有一定的营养或药理作用,因此,再次被人们所重视,对食用天然色素的研制和应用日益增多。

人工合成色素按化学结构,可分为偶氮化合物与非偶氮化合物两类。

偶氮化合物可分为油溶性色素与水溶性色素。油溶性色素不溶于水,进入人体后不易排出体外,因此它们的毒性都比较大,现在各国基本上不再用它们作为食品的着色剂。

水溶性色素，一般认为磺酸基愈多，排出体外愈快，毒性也愈低。目前，我国允许使用的有苋菜红、胭脂红、柠檬黄、靛蓝等品种。

在天然色素方面规定允许使用的有虫胶色素、姜黄素、叶绿素铜钠盐、辣椒红素、红曲色素、甜菜红、β-胡萝卜素等。

近年来，随着科学技术的发展，用人工合成大量像胡萝卜素和核黄素等食用天然色素，这在色素的供应及其质量的控制方面都比直接从动植物组织中提取色素更有利。可以预计，随着对一些食用天然色素的化学结构和性质等方面的进一步了解，将会有更多的食用天然色素合成出来。此外，积极开展利用微生物生产色素（如核黄素、红曲色素等）的工作，也是一个重要的途径。

4. 食品在加工和贮藏中颜色的变化

褐变是食品比较普遍的一种变色现象，尤其是天然食品作为原料进行加工，贮藏或受到机械损伤后，易使原来的色泽变暗或变色褐色，这种现象称为褐变。许多加工食品要利用褐变，如生产酱肉、咖啡、红茶、啤酒以及烘烤面包和糕点的金黄色，这些都是人们所希望的褐变。但是，另外许多食品发生褐变现象，并不受人们的欢迎，褐变使食品的风味和营养价值受到影响，甚至会产生毒性作用。

褐变反应的机制通常是在氧化酶催化下多酚类的氧化。

酶引起的褐变多发生在较浅色的水果和蔬菜中，例如苹果、香蕉和土豆等，当它们的组织被碰伤、切开、削皮、遭受病害或处在不正常的环境下，很容易发生褐变。这是因为它们的组织暴露在空气中，在酶的催化下使多酚类氧化为邻醌，再进一步氧化聚合而形成褐色素或称黑色素（或类黑精）。

为防止食品酶促褐变，需消除酚类、多酚氧化酶和氧三者中任何一个因素。要除去食品中的多酚类不仅困难，而且也不现实。比较有效的是抑制多酚酶的活性，其次是防止与氧接触。抑制多酚酶的方法很多，但真正能用于食品方面的抑制剂和方法却很少。因为它们往往会引起食品风味的改变，或有害于食品的卫生，或受到经济条件的限制等等。

目前常用的方法有加热处理、加化学制剂抑制酶的活性、调节 pH 值、驱氧、酚酶基质的甲基化等。

另外，也有不需要酶催化的褐变反应，如焦糖化、抗坏血酸的氧化、迈拉德(Mailard)反应等。

二、食品的滋味及呈味物质

食品的味是多种多样的，但都是由于食品中可溶性成分溶于唾液或食品的溶液刺激舌表面的味蕾，再经过味神经纤维达到大脑的味觉中枢，经过大脑的分析，才能产生味觉。

世界各国对味觉的分类并不一致。如日本分为五味，即咸、酸、甜、苦、辣。在欧美各国分为六味，即甜、酸、咸、苦、辣、金属味。我国分成酸、咸、甜、苦、辣五味，再加上鲜味和涩味，共为七味。在生理学上只有酸、甜、苦、咸四种基本味，而辣味、涩味是由于刺激触觉神经末梢产生的，它们与四种基本味有所不同，但就食品的调味而言，它们应看成是两种独立的味。鲜味与其他味相配合，能使食品的整个风味更美，应该说鲜味在食品调味方面也是独立的一种味。

1. 酸味的酸味剂

酸味是由于舌粘膜受到 H^+ 刺激而引起的感觉。因此，凡是在溶液中能解离出 H^+ 的化合物都具有酸味。

当酸味物质的稀溶液与口中舌粘膜接触时,才会感到有酸味。但由于舌粘膜能中和 H^+,使酸味感逐渐消失。如果酸味物质较多,或还有未解离的酸存在时,酸继续解离出 H^+,能使酸味感维持持久。因此,酸味感除了与氢离子浓度有关外,还与滴定酸度有关。缓冲作用大的物质,其滴定度高,即使有微量的 H^+ 存在,也会感到有酸味,所以酸味感并不与 H^+ 浓度或 pH 值成正比。

酸味物质的阴离子,也影响酸味强度。尽管在相同的 pH 值下,由于酸味物质种类不同,酸味强度也不同,在相同的 pH 值下,酸味强度的顺序为:醋酸 > 甲酸 > 乳酸 > 草酸 > 盐酸。

酸味物质的阴离子还能对食品的风味有影响,多数有机酸具有爽快的酸味,而多数无机酸(如盐酸)却具有苦涩味,会使食品风味变劣,这主要是由于阴离子的影响。

大多数食品的 pH 值在 5~6.5 时,则无酸味感觉,若 pH 值在 3.0 以下时,则酸味感强烈,难以适口。表 7.19 列出了若干食品的 pH 值。

表 7.19 若干食品及有关物质的 pH 值

名 称	pH 值	名 称	pH 值
0.1 mol·L^{-1} HCl	1.0	马铃薯	4.1~4.5
胃液	1~3	食醋	2.4~3.4
柠檬	2.2~2.4	南瓜	4.8~5.2
苹果	2.9~3.3	胡萝卜	4.9~5.2
橘子	3~4	菠菜	5.1~5.7
草莓	3.2~3.6	卷心菜	5.2~5.4
樱桃	3.2~4.1	面粉	6.0~6.5
葡萄	3.5~4.5	白面包	5~6
果酱	3.5~4.0	米饭	6.7
桃子	3.4~4.6	牛乳	6.4~6.8
啤酒	4~5	人乳	6.6~7.6
蒸馏水	6.8~7.0	海水	8.0~8.4

酸味剂是食品的重要调味料,并具有防腐的作用。无机酸虽有酸味,但其酸味不适口。常用的酸味剂有柠檬酸、苹果酸、乳酸、酒石酸、醋酸、磷酸等。

2. 甜味和甜味剂

食品的甜味不但可以满足人们的爱好,同时也能改进食品的可口性和食品的某些食用性质,并且可供给人体热能。

甜味的高低称为甜度,甜度是甜味剂的重要指标,但甜度的强弱不能定量地、绝对地用物理或化学方法来测定。测定甜度还只能凭人们的味觉来判断,这样不可避免地带有主观性。因此,要有专门的品尝小组从事这项工作,直到现在仍没有一定的标准来表示甜度的绝对值。一般是选择蔗糖为标准(因蔗糖为非还原糖,其水溶液较为稳定),其他糖和甜味剂的甜度,则是与蔗糖比较的相对甜度。以蔗糖的标准甜度为100,乳糖则为16~27,木糖为40~70,葡萄糖为74,果糖为114~175,木糖醇为100~140,糖精为20 000~70 000,1,4,6-三氯代蔗糖为500 000,环己氨基磺酸为3 000~8 000。

食品中的甜味物质分为天然的和合成的两大类。天然食品的甜味,一般由各种糖组成(如蜂蜜、水果、蔬菜等)。糖类是最有代表性的天然甜味物质。从化学结构上讲,糖属于碳水化合物,但并不是所有碳水化合物都具有甜味,甚至有的还具有苦味。

关于甜味与化学结构关系的理化报导较多。1969年,沙伦伯格(Shallenberger)等在总结前人理论的基础上,又提出甜味与化学结构之间关系的AH-B生甜团学说。下面所列的化合物都是具有甜味的物质,从它们的结构来看,似乎看不出它们之间有哪些共同之处。沙伦伯格认为,在这些化合物中,都有氢供给基(AH)和氢接受基(B)存在,它们之间的距离为0.25~0.4 nm。

β-D-果糖　　　　　环己烷氨基磺酸　　　　　糖精

人们的甜味接受体也有这两个基团存在,它们像下面的图示那样彼此形成氢键,而甜味的强弱与这种氢键的强度有关。

甜味物质 [A—H----B] [味觉感受器]
　　　　 [B----H—A] 0.3 nm

沙伦伯格理论不能解释具有相同B-HA结构的糖或构型相同的D-氨基酸,它们的甜度为什么可相差数千倍。克伊尔(Kier)进行了补充,他们指出在糖、氨基酸等甜味物质中,距离-A 0.35 nm和距离-B 0.55 nm的地方,均有疏水性基团存在,它能增强甜度。这是因为甜味物质的疏水基能与味接受膜的疏水性部位相结合,使甜味物质易于被味接受膜所吸附。例如,在D-氨基酸中,缬氨酸、亮氨酸、色氨酸和苯丙氨酸都具有特别强的甜味。

新的研究资料表明,糖由糖原异生作用转变的脂肪比蛋白质多。因此,营养学家认为,当人们的热能摄取超过消耗时,多吃糖是有害健康的。西方人嗜食糖果、甜点心、甜饮料和冰淇淋等,因此摄入的精糖(蔗糖、葡萄糖、麦芽糖)量相当大,摄入过量的精糖直接危害牙齿(龋齿),其次是热能摄取过多引起肥胖、高血压和冠心病。但由于精糖摄入过量,会引起糖尿病问题,国际糖尿病学会和国际营养科学联合会认为目前还未有足够证据证明。

为了满足口感需要,而又不摄入过多能量,人们相继研究开发了一系列甜度高热量低的甜味剂,如人工合成糖精(邻苯甲酰磺酰亚胺钠盐)、甜蜜素(环己基氨基磺酸钠)、甜精(又称天苯甜,天门冬氨酸和苯丙氨酸与甲醇结合的二肽甲酯)、安赛蜜(又称阿斯萨夫凡-K糖,一种氧硫杂环吖嗪酮类化合物)等;从植物中提取的甜菊甙、甘草甜、紫苏糖等;以天然原料为基础制备的木糖醇、麦芽糖醇、山梨糖醇、果葡糖浆、三氯蔗糖等和近年来新开发研究的功能性甜味剂,如功能性低聚糖等。

3. 苦味

单纯的苦味是不可口的,但苦味在调味和生理上却有其重要作用。巴甫洛夫曾阐述过应用苦味的意义。他指出,消化道活动发生障碍的人,他的味觉就会出现衰退和减弱的现象,为了能恢复有力的、正常的味觉,需要对味觉感受器加以强烈的刺激。在这方面,强烈的、不可口的味(包括苦味的涩味)是最容易达到的目的。

苦味物质就其化学结构来看,一般都会有下列几个原子团:—NO_2、N$\equiv$、—SH、—S—、—S—S—、=C=S、—SO_3H 等。无机盐类的 Ca^{2+}、Mg^{2+}、NH_4^+ 等离子也能产生苦味。在苦味分子中,首先必须有分子内氢键存在,即分子中存在有氢原子供给基和氢原子接受基,它们相互间的距离在 0.15 nm 以内。

许多食品是有苦味的,如茶叶、咖啡、可可、啤酒、苦瓜等。苦味不仅在生理上能对味觉感受器起强有力的刺激作用,而且从味觉本身来说,如调配得当,却能起着丰富和改进食品风味的作用。

4. 辣味

辣味可刺激舌与口腔的味觉神经,同时会刺激鼻腔,从而产生刺激的感觉,这属于机械刺激现象。适当的辣味有增进食欲,促进消化液分泌的功效,并在消化器内具有杀菌作用。所以辣味在调味中,广泛地被应用着。

花椒、胡椒、辣椒和姜等为代表性辣味物质。辣味质都具有酰胺基、酮基、异腈基、—S—、—NCS 等官能团,这些都是强疏水性的化合物。

食品中辣味物质除有辣味外,还伴随有挥发性的香味,故特称此类物质为香辛料。香辛料的辣味成分,多是邻甲氧基酚的衍生物。

5. 咸味

咸味在食物调味中颇为重要。咸味是中性盐所显示的味,只有氯化钠才产生纯粹的咸味。用其他物质模拟这种咸物是不容易的,其他盐如溴化钾、碘化铵,它们除有咸味外,还带有苦味,属于非单纯的咸味。

一般盐的阳离子和阴离子的相对原子质量越大,越具有增加苦味的倾向。

盐类的味,由解离后的离子所决定。阳离子和阴离子都影响味的形成。阳离子易被味接收部分的蛋白质的羧基或磷酸基吸附而呈现咸味,因此,咸味与盐解离出的阳离子有关。而阴离子影响咸味的强弱,并能产生副味。咸味的强弱与味神经对阴离子感应的相对大小和有机阴离子的碳链长短有关。在相同浓度时,各种盐感应的大小顺序是:

氯化钠 > 甲酸钠 > 丙酸钠 > 酪酸钠

这说明有机阴离子的碳链越长,感应越小。

苹果酸钠盐及葡萄糖酸钠,亦有像食盐一样的咸味,可用做无盐酱油的咸味料,供肾脏病等患者作为限制摄取食盐的调味料。

6. 涩味

当口腔粘膜蛋白质凝固时,会引起收敛的感觉,此时感到的滋味便是涩味。因此,涩味不是作用于味蕾而产生,而是由于刺激到触觉的神经末梢而产生的。

食品中的涩味,主要是由单宁、铁等金属、明矾、醛类、酚类等物质所引起的。

7. 鲜味

食品中的肉类、贝类、鱼类、味精、酱油等都具有特殊的鲜美滋味,通常简称为鲜味。一般具有鲜味的物质有琥珀酸、氨基酸、肽、核甙酸等。谷氨酸钠是味精的主要成分。

三、食品中的香味物质

食品的香气由多种挥发性的香味物质所组成,香味物质是指在食品中能产生香味,而且具有已经确定化学结构的化合物。

大多数食品中,均含有多种香味物质,其中某一种组分往往不能单独地表现出食品的整个香气(香辛料除外)。

1. 香气与化学结构

关于气味与分子性质及分子结构的关系方面的理论也很多,归纳起来有以下几点:

① 化合物的气味决定于分子结构,官能团部分决定气味的品种,分子的其余部分决定气味的类型。有气味的物质一般在分子中都具有某些原子或原子团,又称为发香团,发香原子在周期表中从Ⅳ族至Ⅶ族,其中 P、As、Sb、S、F 是发恶臭的原子。发香团主要有—OH、—C_6H_5、—COOH、—NO_2、—CHO、—$CONH_2$、—COOR 等基团。

② 在同系列的化合物中,低级化合物的气味则决定于分子的形状和大小。美国学者 Amoore 从有机化合物中挑出 20 余种与樟脑气味相同的化合物,包括脂肪族和芳香族化合物,它们结构式没有共同之处,但这些化合物的形状和大小都一样。

③ 决定气味本质的因素有:偶极矩、空间位阻(立体因素)、氧化性能等。有人提出有气味的化合物折射率大都在 1.5 左右,拉曼光谱吸收波长大都在 140～350 nm,红外吸收波长大都在 750～1 400 nm。

④ 决定气味强度的因素有:蒸气压、溶解度、扩散性、吸附性、表面张力等。例如,有气味的物质都具有挥发性,因为有气味的物质只有具有挥发性,才能达到鼻粘膜,才能感觉到气味。又如,有气味的物质,一般既能溶于脂(才能通过感受细胞的脂),同时也能溶于水(才能透过嗅觉感受器的粘膜层)。这样,相对分子质量太小的,则脂溶性就小,如果相对分子质量太大,则蒸气压也大,这样的化合物都无气味。所以,有人提出相对分子质量在 50～300 的有机化合物才有气味。

⑤ 气味与分子中的电性存在着一定的关系。如在苯环上引入吸电子基,如—CHO、—NO_2、—CN 等,一般产生相似的气味。如:

当 R = —CHO、—NO_2、—CN 或 —$\overset{O}{\overset{\|}{C}}$—$CH_3$ 时,有苦杏仁气味;

当 R = —CHO、—NO_2 或 —CN 时,有大茴香气味;

当 R = —CHO、—NO_2 或 —CN 时,有洋茉莉气味。

2. 食品中香味形成的途径

食品中香味形成的途径大体上分为:生物合成、直接酶的作用、间接酶的作用以及高温分解作用。表 7.20 列出了香味形成的途径。

表 7.20 食品中香味形成机制的类型

类 型	说 明	举 例
生物合成	直接由生物合成形成的香味成分	以萜烯类或酯类化合物为母体的香味物质,如薄荷、柑橘、甜瓜、香蕉等
直接酶作用	酶对香味前体物质作用形成香味成分	蒜酶对亚砜作用形成洋葱香味
氧化作用(间接酶作用)	酶促生成氧化剂对香味前体物质氧化生成香味成分	羰基及酸类化合物存在使香味加重,如红茶
高温分解作用	加热或烘烤处理使前体物质成为香味成分	由于存在吡嗪(如咖啡、巧克力)、呋喃(如面包)等而使香味明显化

3. 香味物质的稳定作用

食品中香味物质由于受到氧化、聚合或与食品中的其他成分互相反应以及蒸发等原因,而受到损失。如果是由于蒸发所造成的损失,可通过适当的稳定作用来抑制或防止。这种稳定作用是指在一定条件下使食品中香味物质的挥发性降低,这也是一种使香味物质挥发性减弱的工艺方法。但是这种稳定作用必须是可逆的。如果这种稳定作用在人们食用时还是不可逆的,那么这种稳定作用只会造成食品中香味物质的损失,就毫无实际意义了。

香味物质的稳定作用对食物的贮藏和长途运输很重要——尤其对脱水产品来说更为重要。因为在脱水过程中,香味物质易于损失,使脱水产品不能保持其原有的香味。例如,在制备速溶咖啡时,往往存在这样的问题。

香味物质的稳定程度是由食物本身的结构和所含香味物质的性质所决定的。增强食品香味物质的稳定作用可以通过形成包含化合物和物理附着作用等途径实现。

7.4 食品添加剂

一、食品添加剂的定义与分类

食品是人类生存的物质基础,它提供给人类生活所需要的各种营养素和能量。人们每天必须摄取一定数量的各种食品,以维持自己的生命和身体健康,保证正常生长、发育和从事各项活动。但是,食品和饲料有着本质的区别,对于食品除了要求其营养丰富外,还要求其色、香、味俱佳,并且具有一定的货架寿命。而纯天然食品是很难达到这一要求的,因而食品添加剂在现代食品工业中是必不可少的。在食品生产中,使用食品添加剂可以改善食品品质,使其达到色、香、味俱佳,延长食品保存期,增强食品营养成分,便于食品加工,改进生产工艺和提高生产率。因此,食品添加剂已成为现代食品工业的重要支柱。尤其是随着科技的进步和经济的发展,人们的物质和文化生活水平显著提高,生活节奏也明显加快,食文化又增添了新内容和新形势,食品添加剂也就起着越来越重要的作用。

1. 食品添加剂的定义

目前各国对食品添加剂规定的范围尚不一致,其定义也各不相同。1956 年,联合国食品与农业组织(FAO)和世界卫生组织(WHO)将食品添加剂定义如下:"有意识的一般以小量加入食品中,以改善食品的外观、风味、组织结构或贮存性质的非营养物质"。该定义将营养添加剂排除在食品添加剂之外;欧洲经济共同体亦然。1965 年,美国食品和药物管理局(FDA)对食品添加剂定义为:"有明确的或合理的预定目标,无论直接使用或间接使用的,能变为食品的一种成分或影响食品特征的物质,统称食品添加剂"。按此定义,食品添加剂的范围有所拓宽,将间接转入食品的物质列入了食品添加剂。日本《食品卫生法》给食品添加剂做了如下定义:"在食品制造过程中,或者为了食品加工或贮存的目的,通过添加、混合、浸润及其他方法而在食品中使用的物质"。显见,这里的食品添加剂是指能使食品品质保持稳定,强化营养、赋予香和味,维持令人喜爱的色调,防止由微生物引起的劣化,延长保存期,防止油脂氧化,提高生产效率和操作性能等为目的而使用的物质。

按《中华人民共和国食品卫生法(试行)》第四十三条和《中华人民共和国食品添加剂卫生管理办法》第二条、《中华人民共和国食品营养强化剂卫生管理办法》第二条,我国将食品添加剂和营养强化剂分别定义为:

食品添加剂:指为改善食品品质和色、香、味,以及为防腐和加工工艺的需要而加入食品中的化学合成或者天然物质。

食品强化剂:指为增强营养成分而加入食品中的天然的或人工合成的属于天然营养素范围的食品添加剂。

按定义,营养强化剂亦即食品添加剂,其功能起营养强化作用。

2. 食品添加剂的分类

进入 20 世纪以来,随着工业的发展,食品和食品添加剂工业迅速发展起来,食品添加剂的品种显著增多,目前国内外使用的食品添加剂的总数达 14 000 种以上,其中直接使用于食品的有 4 000 余种,间接使用的 10 000 余种;常用的有 600 余种。

食品添加剂按其来源,可分为天然的和化学合成的两大类。天然食品添加剂是指利用动植物或微生物的代谢产物等为原料,经提取所获得的天然物质;化学合成的食品添加剂是指采用化学手段,使元素或化合物通过氧化、还原、缩合、聚合、成盐等合成反应而得到的物质。目前使用的大多属于化学合成食品添加剂。

按用途,各国对食品添加剂的分类大同小异。美国联邦规则(Code of Fedral Regulation, April 1, 1981)将食品添加剂分为 16 大类:(1)着色剂;(2)防腐剂;(3)被膜剂、薄膜和有关物质;(4)特殊用途食品和营养添加剂;(5)抗结剂;(6)香料及其他有关物质;(7)用于其他用途的添加剂;(8)多用途的添加剂;(9)再制食品添加剂;(10)特殊用途添加剂;(11)暂定许可使用的或调查保留中的添加剂;(12)以前许可使用的食品原料;(13)GRAS(公认为安全的品种);(14)禁止使用于食品的物质;(15)由食品表面侵入食品而禁止使用的间接添加剂;(16)由环境保护厅确认的食品中残留的农药及确认的食品中可以残留的添加剂。

在日本《食品卫生法规》(1985)食品添加剂使用标准中,将食品添加剂分为 30 类:(1)防腐剂;(2)杀菌剂;(3)防霉剂;(4)抗氧化剂;(5)漂白剂;(6)面粉改良剂;(7)增稠剂;(8)赋香剂;(9)防虫剂;(10)发色剂;(11)色调稳定剂;(12)着色剂;(13)调味剂;(14)酸味剂;(15)甜味剂;(16)乳化剂及乳化稳定剂;(17)消泡剂;(18)保水剂、乳化稳定剂;(19)溶剂及溶剂品质保持剂;(20)疏松剂;(21)口香糖基础剂;(22)被膜剂;(23)营养剂;(24)抽提剂;(25)制造食品用助剂;(26)过滤助剂;(27)酿造用剂;(28)品质改良剂;(29)豆腐凝固剂;(30)合成酒。

我国的《食品添加剂使用卫生标准》(GB 2760－86 及 1988、1989 年两次增补品种)计有食品添加剂 907 种(其中香料 691 种),分为 22 类:(1)防腐剂;(2)抗氧化剂;(3)发色剂;(4)漂白剂;(5)酸味剂;(6)凝固剂;(7)疏松剂;(8)增稠剂;(9)消泡剂;(10)甜味剂;(11)着色剂;(12)乳化剂;(13)品质改良剂;(14)抗结剂;(15)增味剂;(16)酶制剂;(17)被膜剂;(18)发泡剂;(19)保鲜剂;(20)香料;(21)营养强化剂;(22)其他添加剂。我国的《食品添加剂分类和代码》[(GB 12493-90),适用于食品添加剂的信息处理和情报交换工作]将食品添加剂分为 21 类,不包括香料。其分类为:(1)酸度调节剂;(2)抗结剂;(3)消泡剂;(4)抗氧剂;(5)漂白剂;(6)膨松剂;(7)胶姆糖基础剂;(8)着色剂;(9)护色剂;(10)乳化剂;(11)酶制剂;(12)增味剂;(13)面粉处理剂;(14)被膜剂;(15)水分保持剂;(16)营养强化剂;(17)防腐剂;(18)稳定和凝固剂;(19)甜味剂;(20)增稠剂;(21)其他。

一般按最终用途食品添加剂的简单分类如表 7.21 所示。

表 7.21 按最终用途食品添加剂的分类

分 类	实 例
营养强化剂	维生素
乳化剂和稳定剂	硬脂酸单甘酯、山梨糖脂、卵磷脂
增稠剂	羧甲基纤维素钠、海藻酸钠
防腐剂	苯甲酸(钠)、山梨酸(钾)、丙酸(钙)
抗氧化剂	抗坏血酸、叔丁基羟基甲苯
调味剂	谷氨酸钠、糖精、柠檬酸
色素	胡萝卜素
香料	麦芽酚
漂白剂	亚硫酸钠、二氧化硫
膨松剂	碳酸钠
被膜剂	油酸钠、醋酸乙烯树脂
面粉改良剂	过氧化苯甲酰、溴酸钾
品质改良剂	磷酸盐

二、食品添加剂的管理与卫生标准

人们食用的食品品种越来越多,追求色、香、味、形,感官质量越来越高,随食品进入人体的添加剂的数量和种类也越来越多,因此食品添加剂的安全使用极为重要。理想的食品添加剂应是对人身有益无害的物质,但多数食品添加剂是化学合成物质,往往有一定的毒性,所以在选用时要非常小心。

选用食品添加剂时首先要充分了解我国政府制订的有关食品添加剂的卫生法规,并严格遵循。此外还要注意下列事项:

① 食品添加剂对食品的营养素不应有破坏作用,也不得影响食品的质量和风味。

② 食品添加剂不得用于掩盖食品腐败变质等缺陷。

③ 选用的食品添加剂应符合相应的质量指标,用于食品后不得分解产生有毒物质。

④ 食品添加剂加于食品中后能被分析鉴定出来。

⑤ 还要考虑选用的食品添加剂价格低廉,使用方便,安全,易于贮存、运输和处理等。

当前有些人主张只能食用天然食品,反对使用食品添加剂,尤其是化学合成的食品添加剂,认为凡是化学法生产的物质都是有害的,这种认识是片面的。事实也说明,目前大部分使用的化学合成添加剂是天然物质所不能代替的。有些食品添加剂虽然能用天然物质代替,但其效果及成本却难以同化学合成的添加剂相抗衡。因此不能单纯地认为化学合成的食品添加剂对人体有害而采取一概否定的态度。例如防腐防霉问题,不少霉菌对人体的危害十分严重,但只要加入少量防腐剂,就能有效地抑制食品中产生有毒霉菌,大大延长食品的保存期。实际上,按国家有关标准和要求使用食品添加剂,是利大于弊的。

对于食品添加剂,一般有如下要求:

① 必须经过严格的毒理鉴定,保证在规定使用量范围内对人体无毒。

② 有严格的质量标准,其有害物质不得超过允许限量。

③ 进入人体后,能参与人体的正常代谢,或能够经过正常解毒过程而排出体外,或不被吸收而排出体外。

④ 用量少,效果明显,能真正提高食品的商品质量和内在质量。

⑤ 使用安全方便。

一种新的食品添加剂,一般要求进行四个阶段的实验。

第一阶段 急性毒性试验。

将添加剂一次或多次给予试验动物,观察短时间内的毒性反应。试验动物一般用雌雄两种大鼠或小鼠,试验结果用半致死量(LD_{50})表示。试验方法可采用霍恩氏法、寇氏法或概率单位法。必要时还需进行 7 d 喂养试验,观察中毒表现、中毒性质、持续时间、死亡率、病理解剖等。最小有作用剂量小于人的可能摄入量 10 倍者,不再继续下一阶段试验。如大于 10 倍者,可进行下一阶段试验。

第二阶段 蓄积毒性和致突变试验。

蓄积毒性试验是用两种性别的大鼠或小鼠,连续给药 20 d,观察有无剂量与其反应的关系,以判断蓄积性的强弱。若蓄积系数(K)小于 3,则放弃,不再继续试验;K 大于或等于 3,则可进入以下的试验;或 $1/20LD_{50}$ 无死亡,则可进入以下试验,如有死亡,则予以放弃。

致突变试验是为了对受试物判断其有无致癌作用的可能性进行筛选。可用细菌诱变试验、微核试验(或骨髓细胞染色体畸变分析试验)、显性致死试验(睾丸生殖细胞染色体畸变分析试验或精子畸形试验中任选一项)及 DNA 修复合成试验。以上任三项,如均为阳性一般应予以放弃。如两项为阳性、蓄积性又强,则予以放弃;如为弱蓄积性,可根据受试动物的重要性和可能摄入量等综合权衡利弊再作决定。如其中仅一项试验为阳性,再选择两项其他致突变试验。如果此二项均为阳性,则放弃;如有一项为阳性,且为强蓄积性,也予以放弃,如为弱蓄积性,可进行下一阶段试验。

第三阶段 亚慢性毒性和代谢试验。

亚慢性毒性是用不同剂量受试物喂养 90 d,进行喂养繁殖试验、喂养致畸试验和传统致畸试验(用两种性别的大鼠或小鼠)。前三天试验可用同一批动物进行。任何一种致畸试验结果已能作出明确评价时,不必做另一种致畸试验。否则再进行另一种致畸试验。

以上试验中任何一项的最敏感指标的最大作用剂量:小于或等于人的可能摄入量的 100 倍者,表示毒性较强,应放弃;大于 100 倍而小于 300 倍者,可进行下一阶段试验;大于或等于 300 倍者,则不必再进行下一阶段试验,即可评价。

第四阶段 慢性毒性(包括致癌试验)试验。

用两种性别的大鼠或小鼠喂养两年,慢性毒性和致癌试验可结合在同一个动物试验中进行。以判断长期接触受试验物是否呈现毒性作用,尤其是进行性或不可逆的毒性作用以及致癌作用,为能否用于食品提供依据。

如果慢性毒性试验所得的最大无作用剂量,小于或等于人的可能摄入量的 50 倍,表示毒性较强,应予以放弃;大于 50 倍而小于 100 倍,需由有关专家共同评议;大于或等于 100 倍,可考虑允许用于食品,并制定日许量。如在任何一个剂量发现有致癌作用,且有剂量与效应关系,则需由有关专家共同评议,以作出评价。

根据动物实验结果,即可制订食品添加剂的使用标准。

食品添加剂使用标准是提供安全使用食品添加剂的定量指标,包括允许使用的食品添加剂的品种、使用目的(用途)、使用范围(对象食品)以及最大使用量(或残留量),有的还注明使用方法。最大使用量通常以 $g·kg^{-1}$ 为单位。

制订使用标准,要以食品添加剂使用情况的实际调查与毒理学评价为依据,对某一种或某一组食品添加剂来说,其制订标准的一般程序如下:

①根据动物毒性试验确定最大无作用剂量或无作用剂量(MNL)。

②将动物实验所得的数据用于人体时,由于存在个体和种系差异,故应定出一个合理的安全系数。一般安全系数的确定,可根据动物毒性试验的剂量缩小若干倍来确定。一般安全系数定为 100 倍。

③从动物毒性试验的结果确定试验物人体每日允许摄入量。以体重为基础来表示的人体每日允许摄入量,即指每日能够从食物中摄取的量,此量根据现有已知的事实,即使终身持续摄取,也不会显示出危害性。每日允许摄入量以 $mg·kg^{-1}$ 体重为单位。

④将每日允许摄入量(ADI)乘以平均体重,即可求得每人每日允许摄入总量(A)。

⑤有了该物质每日允许摄入总量(A)之后,还要根据人群的膳食调查,搞清膳食中含有该物质的各种食品的每日摄食量(C),然后即可分别算出其中每种食品含有该物质的最高允许量(D)。

⑥根据该物质在食品中的最高允许量(D)制订出该种添加剂在每种食品中的最大使用量(E)。在某种情况下,二者可以吻合,但为了人体安全起见,原则上总是希望食品中的最大使用量标准低于最高允许量,具体要按照其毒性及使用等实际情况确定。

三、食品添加剂的发展趋势

目前我国食品工业产值仅次于纺织和机械工业,占全国第三位,预计将以更大势头上升,因此必然对食品添加剂提出更高的要求,食品添加剂的发展反过来又推动食品工业的发展。

随着城市人口的增加,消费者食品观念的改变,生活节奏的加快,传统食品的科学加工,方便食品和饮料迅速发展,全国方便食品现已达 $6.6×10^4$ t,全国饮料产量现已达 $3.15×10^6$ t,并呈逐年增长趋势。全国人口结构的变化,各种老年人和儿童的营养食品应运而生,现全国 20 多个省、市、自治区已有 500 多家食品厂生产营养食品。全国人民生活水平不断提高和旅游业的兴起,各类风味食品相继上市,满足了各层次消费者的食品需求。不言而喻,这些都与我国食品添加剂的大力开发有着密切的联系。方便食品、营养食品、保健食品已成为主要发展方向。今后食品发展大趋势是讲营养、讲口味、讲卫生、翻花样,糖果、饼干、饮料等都要推出新产品。实现产品多样化、系列化生产也极为重要。

目前世界各国都在致力于开发新型食品添加剂和新的食品添加剂制备技术。为了加速我国食品添加剂的发展,我国化工部门已把食品添加剂列为重点发展的精细化工产品,并专门成立了食品添加剂研究中心,我国食品添加剂的科研、生产、应用将进入世界先进行列,我国食品添加剂也将呈现供销两旺的繁荣景象。

7.5 食品中的致癌物质

癌症是引起人类死亡的重要原因之一。致癌的因素很多,例如放射线、紫外线、化学物质等。而化学物质是最普遍也是最危险的致癌因素,故引起了世人的极大关注。目前被怀疑有致癌作用的物质有数百种之多,有定论的约有30多种。下面介绍食品中危害较大的致癌物质:黄曲霉素、亚硝胺和苯并[a]芘。

一、黄曲霉素

黄曲霉(AFS)是一类结构类似的微生物毒素混合物,自1960年发现后,现已研究和鉴定过的有12种,其中以黄曲霉素 B_1(AFB$_1$)最常见、毒性最大,其结构简式如上。动物试验表明它是一种剧性致肝癌毒素。对人的危害,直接证据还不多,但从国内外一些地区肝癌多发病因调查结果来看,黄曲霉素摄入量与肝癌发生之间有相关性。黄曲霉素还能由食品转移到母乳中。

黄曲霉素主要污染粮油及其制品,在发霉花生、玉米、谷类、豆类等中的含量较高。黄曲霉素能在潮湿和8~46℃的温度范围内繁殖,最适宜的温度是25~30℃、相对湿度是80%~85%。我国南方和东南亚国家是繁殖的适宜环境。

我国对黄曲霉素 B_1 的最高允许限量如表7.22所示。

表7.22 中国规定食品中黄曲霉素 B_1 最高允许量(质量比)

食 品	$w/(\mu g \cdot kg^{-1})$
玉米、花生油、花生及其制品	20
大米、食用油类(花生油除外)	10
其他粮食、豆类、发酵食品	5
婴儿食品	不得检出

对于气候比较潮湿温暖的我国南方居民来说,具有黄曲霉毒素意识是极为重要的。不能食用霉变的花生和大米。由于黄曲霉素不溶于水,怕高温,300℃即分解,所以膨化和炒、炸等加工方法均有利于破坏黄曲霉素。

二、亚硝胺

亚硝基化合物(主要是亚硝胺)已是一类公认的致癌物质,危害极大,受到人们的极度关注。

一些食物中亚硝胺的含量如表 7.23 所示。

表 7.23 某些食物中亚硝胺的含量(质量比)

食 品	亚 硝 胺	
	名 称	$w/(\mu g \cdot kg^{-1})$
咸鳕鱼	二甲基胺	$>1 \times 10^5$
加拿大香肠	二甲基亚硝胺	10~20
熏猪肉	吡咯烷亚硝胺	25~40
火腿	二甲基亚硝胺	3
香港咸黄鱼	二甲基亚硝胺	10~60

自然界和新鲜食物中的亚硝胺含量极微。陈旧食物或复制加工食品中的亚硝胺主要是由仲胺(或叔胺、季铵盐)在酸性条件下与亚硝酸反应而成。胺类和亚硝酸盐是两个前提物。亚硝酸盐又可从环境中的 NO_x 和硝酸盐转化而来。亚硝化反应除与反应浓度有关外,在酸性条件下比较容易发生。有些物质如硫脲、卤素离子、SCN^- 等能促进亚硝化反应。值得注意的是,正常人的唾液和尿中都含有 SCN^-,特别是吸烟者,他们的尿中 SCN^- 的含量比正常人高3倍左右,唾液中约高8倍,从这一点看,吸烟具有更大的危险性。

最近查明,唾液还是人体将硝酸盐转化为亚硝酸盐的主要渠道。含有大量硝酸盐的白菜、萝卜等蔬菜,在口内经唾液腺分泌液和酶的催化,很容易还原为亚硝酸盐。另外,胃酸的条件很适合亚硝化反应的发生,可见,人体内是具备产生亚硝胺的条件的。正因为如此,尽管亚硝胺在环境中的含量并不大,仍应引起人们十分的关注。

另一方面,也有一些物质可以抑制亚硝化反应的进行。例如,抗坏血酸及其衍生物,就有明显的抑制作用。同时,亚硝胺化合物在日光下曝晒很容易分解。

蔬菜中硝酸盐含量较高的有菠菜、芹菜、大白菜、洋白菜、萝卜、菜花等。这些硝酸盐在某些还原菌作用下可被还原为亚硝酸盐。蔬菜在腐烂时最容易形成亚硝酸盐。在湿度大、气温高、含盐质量分数低于12%条件下腌制咸菜,在腌制后短时间内,细菌大量繁殖,可加速亚硝酸盐的生成。用含硝酸盐较多的井水煮粥,其中亚硝酸盐的浓度可显著提高。

用硝酸盐和亚硝酸盐作发色剂腌制火腿、香肠、熏猪肉、咸牛肉、熏鱼等食品,或有些国家用亚硝酸盐作肉、鱼、乳酪的防腐剂时,其中亚硝胺的含量会相对较高。

此外,在发酵食品中,诸如酱油、醋、酒、啤酒和酸菜等,都可检出有亚硝胺存在。其中啤酒与酸菜中的含量较高,不过我国酱油和啤酒中亚硝胺含量均较低(一般为 5 $\mu g \cdot kg^{-1}$)。

防止亚硝酸的根本办法,还是要控制环境中的 NO_x 和硝酸盐以及胺的含量。

三、苯并[a]芘

多环芳烃(简称 PAH)包括并环和稠环两类化合物。其中具有强致癌性的物质为数颇多,起码有 10 多种已定论具有强致癌作用。食品加工贮存过程中以苯并[a]芘的污染最为严重,它通过皮肤、呼吸和消化道均能引起癌症。

苯并[a]芘是由五个苯环构成的多环芳烃,其分子式为 $C_{20}H_{12}$,结构简式为

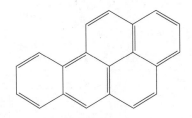

  苯并[a]芘在常温下是固体,微溶于水,可溶于环己烷、苯及丙酮等。它除来自煤焦油外,汽油、煤油、重油、煤、木柴、垃圾、香烟等的不完全燃烧,以及蛋白质、脂肪和碳水化合物等在不适当的高温加热时都可能产生。在烟熏、焙烤或粮食的烘干过程中,食品中脂肪在高温下热解或胆固醇在受热作用下均可生产多环芳烃。许多食品在烟熏过程中还可产生的苯并[a]芘污染。分析表明,熏红肠中含苯并[a]芘为 $0.18 \sim 10.5\ \mu g \cdot kg^{-1}$,熏鱼为 $1.0 \sim 78\ \mu g \cdot kg^{-1}$,熏火腿为 $0.8 \sim 10.3\ \mu g \cdot kg^{-1}$。据研究,熏制温度、时间和熏制方式均可影响食品中苯并[a]芘的含量。热烟比冷烟(320℃以下)产生的苯并[a]芘多,对食品的污染也严重;长时间近火熏制污染更为严重,苯并[a]芘可高达 $50\ \mu g \cdot kg^{-1}$;直接烘烤,苯并[a]芘的含量比间接烘烤为高。各种含苯并[a]芘的废气(如煤烟、汽车排放气等)、废水、废渣污染环境,也是造成食品污染的重要原因之一。排入大气的苯并[a]芘,除散落在植物表面造成直接污染外,也通过水源和土壤被植物根系吸收,造成间接污染。

  目前我国尚未制定食品中苯并[a]芘的含量标准,有人认为 40 a 内摄入的苯并[a]芘总量达 $8 \times 10^4\ \mu g$(即 80 mg)以上就可能致癌,因此人体每天进食苯并[a]芘的量不能超过 $5\ \mu g$,如果每天每人进食的食物为 1 kg,食物中苯并[a]芘的含量应在 $5\ \mu g \cdot kg^{-1}$以下。

思考题与习题

  1.人体所需的营养素有哪几大类?各有什么作用?
  2.人体所必需的微量元素有哪几种?如果缺乏,会产生什么后果?
  3.试说明食品添加剂的功与过。
  4.食品的色、香、味有什么重要作用?
  5.通过计算说明 1 g 蔗糖能为人体提供多少热量,一个中等体力劳动的人每天需要摄入多少克蔗糖才能满足需要?如果一个人只靠这些蔗糖来提供所需的能量是否可行?说明你的饮食观点。
  6.有的文章报道"菠菜不能与豆腐同时吃",你如何认为?说明你的观点。
  7.有人认为"空腹不易喝牛奶",此观点有无道理?为什么?

第八章 生命与化学

生命的灿烂在于生命的奇妙,生命的辉煌来自生命的复杂。生命存在于地球可能不是宇宙间的唯一,但是,至今尚未确定第二个存在生命的星球。据《圣经》记载,天、地、水、气、动物、植物、微生物以及被称为万物之灵的人,都是上帝于几天之内发明创造的。但当历史的时钟指向 20 世纪 70 年代时,有一批寻求科学真理的勇士们向上帝提出了挑战。他们使番茄和马铃薯成了一家,创造出既像马铃薯又像番茄的新植物;使蜘蛛与细菌攀亲,创造出能"吐"蜘蛛丝的细菌;使鲫鱼长出了鲤鱼的"胡子";居然能使"亚当"不要"夏娃"就能子孙满堂……

尽管至今还不知道生命物质最初是如何形成的,但有一点是肯定的,那就是今天存在于地球上的所有生命,从细菌到高级动物——人,都是几十亿年前地球表面液态水圈中简单的生物分子演化而来的。构成地球上所有生命的各种生物高分子都是相同或相似的,而组成生物高分子的各种单体分子的种类,如氨基酸、核苷酸、各种单糖、脂类以及它们的衍生物基本上是相同的。在生命演化的初期,这些生命分子组成了最简单的能独立生存的生命——原核细胞。今天地球上种类繁多的生命都是从几十亿年前的这些单细胞生命经过无数次突变演化而来的。但从根本上说,生命的进化与化学的进化同步,生命是化学物质的一种超级组成形式,生命过程就是一种超级的化学过程。

生物化学是关于生命的化学,它是化学与生命科学发展到一定阶段的产物。生物化学反应是在活细胞中进行的,反应可被有序严密地调节控制。利用生命中的这些反应特点与工程技术相结合,由此而产生了生物工程或生物技术,它对传统工业产生了巨大的冲击。许多化工产品已能通过重组 DNA 细菌来转化,维生素 B_{12}、蛋氨酸等精细化工产品也能通过生物合成的方法生产,另外由纤维等直接发酵生产乙醇、酶固定化法处理含氰化物的废水等技术也已达到应用水平,而且,生物学家正在寻求对细胞进行固定化。固定化细胞不仅有利于多酶系统的应用,还能在使用过程中不断增殖。如今,在常温常压下进行反应的生物反应器正在逐步代替传统的化学反应器。据估计,在近几年内,将有 20% 的化工过程可能被生物反应器取代,那时,设备的费用将节省 80%,能源的消耗将降低 50%,化学工业的效益将大大提高。跨入 21 世纪,人类面临的人口、粮食、能源、环境等问题的威胁将更加严重。科学家们认为,解决这些问题的主要途径是生物技术的应用与开发。

8.1 组成生命的基石——元素

对于地球上已知的大约 200 万种生物来说,无论它们个体的大小、形态、结构和生理功能如何,它们的生命活动都有共同的物质基础。这些物质主要是指组成生物体的化学元素和化合物。

到目前为止,人类发现的元素总数已达 112 种,而自然界中实际存在的元素只有 92 种,在生物体中能维持生命活动的必需元素称为生命元素,目前认为有 27 种,除硼(B)外,皆为人体的必需元素。元素在生物体中的作用见表 8.1。

表 8.1 各元素在生物体中的功能和毒性简介

原子序数	元素	符号	功 能	毒 性	其 他 说 明
1	氢	H*	有的微生物能代谢分子氢		水及一切有机物分子的组分
2	氦	He	未知		在高压工作中代替氮与氧混合成"空气",以供呼吸
3	锂	Li	未知	轻度有毒	用于噪郁症患者的药物
4	铍	Be	未知	剧毒	工业烟气的铍污染
5	硼	B	对于绿色团藻及高级植物是必需的	对植物有中等毒性,对哺乳类轻度有毒	与钛钨一起制备轻度抗热合金,也用于抗热玻璃的制造
6	碳	C*	一切有机分子和生命起源的碳酸盐的合成	CO 对植物微有毒性,但对哺乳类有剧毒,CN^-对一切有机体有剧毒	矿物燃料的 CO_2 和 CO 污染空气,CN^- 在近矿区地带污染河水
7	氮	N*	合成蛋白质、核酸等;在氮循环中对某些微生物有重要活性	相对无害	从农业土地上沥取出的氮肥和污水中的含氮化合物严重污染水
8	氧	O*	生物体中的水和绝大多数有机分子均含有氧原子;大部分机体呼吸所必需	高的氧分压能导致抽风痉挛,O_3 有高毒性	
9	氟	F	必需元素,2.5×10^{-6} 含于膳食中可达到最佳的生长;能坚固哺乳类的牙齿;在一些软体动物中以 CaF_2 形式存在	中等毒性	"过磷酸钙"肥料中的氟化物有污染
10	氖	Ne	未知		
11	钠	Na*	对哺乳类的神经功能很重要;血浆的主要成分之一	不是太过量时相对无害	植物和水生动物的耐食盐性是它们重要的生活条件之一
12	镁	Mg*	对一切生物都必需;叶绿素的成分	哺乳类静脉注入时有中等毒性	
13	铝	Al	能使琥珀酸脱氢活化	对大部分植物有中等毒性;对哺乳类微有毒,对老年人可能有害	由于 $Al(OH)_3$ 的难溶性,除在酸性介质中外,相对地难于扩散开

续表

原子序数	元素	符号	功 能	毒 性	其 他 说 明
14	硅	Si	对小鸡和鼠的生长及骨架发育是必需的；对于硅藻、一些原生动物、海绵及某些植物中的结构 SiO_2 的生成是有用的	没有化学毒性，但大量硅酸盐或石英粉尘对哺乳类的肺有毒	建筑工业中的石棉粉尘是影响健康的问题之一
15	磷	P*	是骨骼、牙、一些甲壳、DNA、RNA、ATP、磷脂、代谢中间体的主要成分；在一些低等生物中有无机的多磷酸盐	无机磷酸盐相对无害；黄磷和 PH_3 对哺乳类有剧毒；杀虫剂的磷酸酯是神经毒物	从农业土地上施用的化肥中沥出；存在于去垢剂及其他污水源中
16	硫	S*	对大部分蛋白质是必需元素；在海鞘消化液中有 H_2SO_4；在有些细菌的光合作用中 H_2S 取代了 H_2O；H_2S 和 S_8 能被微生物氧化	单质硫、硫的氢化物及氧化物都有较大毒性	煤烟中的 SO_2 是大气重要的污染物之一，是形成酸雨的主要因素
17	氯	Cl*	对高等植物和哺乳类必需	Cl^- 相对无害；氧化剂型 Cl_2、ClO^-、ClO_3^- 等有剧毒	氯离子与氢离子形成胃酸可促进铁在体内的吸收、淀粉酶的激活以及抑制胃中微生物的生长
18	氩	Ar	未知		
19	钾	K*	对一切生物必需（可能蓝藻除外）；原生质的主要阳离子，在神经作用中很重要	哺乳类静脉注入有中等毒性，其他无害	可能从农业土地沥出肥料时是个污染问题
20	钙	Ca*	一切生物必需；细胞壁、骨骼和某些甲壳的结构成分；在电化学作用和配位上是重要的	相对无害	石灰石的碱性可能造成其他元素的缺乏病
21	钪	Sc	未知	差不多无毒	航天工业材料，种子发芽剂
22	钛	Ti	未知	相对无害	因为 TiO_2 不溶，所以 Ti 不能被生物体利用

续表

原子序数	元素	符号	功 能	毒 性	其他说明
23	钒	V	对海鞘类、鸡、鼠类必需；缺少时生长不正常，不能发育，幼仔不成活，牙及骨骼代谢不良；可能在哺乳类中阻抑固醇的合成；对牙病有益	静脉注入时对哺乳类有高毒性	工业烟尘中有钒可造成污染，可能诱发肺部疾病
24	铬	Cr	必需元素；作为葡萄糖限量因子；它联系到胰岛素的生理作用，因此联系到糖代谢糖尿病	Cr(Ⅵ)剧毒，Cr(Ⅲ)中等毒	因为工业用量与正常生物水平对比过高，所以是潜在的污物；但因它的溶解度低，一般说难以发挥作用
25	锰	Mn	一切生物的必需元素；能活化不少酶；如缺乏，易导致哺乳类繁育能力差，生长的鸡雏骨骼长不好	中等毒	锰的缺乏可引起神经衰弱综合症，影响智力发育及糖代谢
26	铁	Fe	对一切生物必需；是血色素的主要成分，因此是呼吸、光合等重大生命过程不可缺少的物质	轻度毒性	丰度很高的元素(占地壳5%)；在高 pH 时不能被利用
27	钴	Co	对包括哺乳类在内的许多生物是必需的，能活化一些酶	对植物高度有毒，哺乳动物静脉注入时有中等毒	钴-60 用于癌症放射性治疗
28	镍	Ni	必需的微量元素；用缺镍的膳食饲养小鸡或鼠时出现肝功能及形态损伤	对大多数植物剧毒，对哺乳类中等毒性	局部地区的空气和水的污染物
29	铜	Cu	一切生物必需；氧化还原酶和输氧色素的成分	对多数植物剧毒，对无脊椎动物高度毒性，对哺乳类中等毒性	工业烟尘有污染，农业应用也可能带来污染
30	锌	Zn	一切生物所必需，用于酶的组成	轻度至中等有毒	工业烟尘污染可引起肺疾；锌的应用加剧了镉污染
33	砷	As	未知	对植物中等毒性，对哺乳动物剧毒	在有的地方有严重污染，污染源包括煤的开采及燃烧、硫酸的杂质、农药、除草剂

续表

原子序数	元素	符号	功能	毒性	其他说明
34	硒	Se	对哺乳类及某些高等植物必需	对植物中等有毒,对哺乳类高度有毒	黄芪属(疯草)能在含高量硒的土壤中浓集硒,此类地区牧群能因此中毒;绵羊在缺硒土地上放牧患白肌病;克山病与人的缺硒有关
35	溴	Br	可能为哺乳动物所必需	Br_2 等氧化剂形式有剧毒,其他无毒	高浓度溴可造成皮肤重度灼伤;长期吸入溴,有蓄积性,除表面粘膜刺激症状外,还伴有神经衰弱综合症
42	钼	Mo	对一切生物必需(可能绿藻除外);在联系到固氮及硝酸根还原的酶中有用	中等毒	工业烟尘污染可能联系到肺疾
48	镉	Cd	未知	对一切生物有中等毒性;在哺乳类中是积累毒性,引起肾脏破坏,联系到人的高血压	曾在日本引起严重污染,工业用镉时是个要考虑的污染问题
50	锡	Sn	膳食中质量分数为 $(1\sim2)\times10^{-6}$;对大白鼠生长是必需的;生理功能未知	有机锡化合物用于微生物和真菌的抑菌剂	三烷基锡、四烷基锡及三苯基锡易引起脑部疾病
53	碘	I	在许多生物中必需;甲状腺素在代谢及生长调节、两栖类变态等上是重要的	基本无毒	有些海藻可在 1.5×10^{-9} $mol\cdot L^{-1}$ 浓度下浓集碘
80	汞	Hg	未知	对真菌及绿色植物剧毒。如果是可溶性的或汞蒸气,对哺乳类也剧毒,并是积累性的	使用有机汞杀菌剂及工业用汞产生严重的汞污染问题
82	铅	Pb	未知	对大部分植物有剧毒,对哺乳类是积累性中毒,可造成贫血、不孕、早产及精神异常等疾病	世界性的空气污染物,来自汽油中四乙基铅的燃烧;矿业的地方污染物;铅油漆颜料的中毒
88-92	镭及锕系			可能在生物体中浓集,由于放射性产生毒害	能源中核燃料的应用可能产生污染

注:* 为宏量元素;元素符号下面画有横线者为微量元素。

宏量元素占人体总质量的 99.95% 以上,微量元素在人体中的含量一般低于 0.01%。其中,在所有细胞中都存在的元素有:C、H、O、N、P、S、Cl、Na、K、Mg、Ca、Mn、Fe、Co、Cu 和 Zn。在某些细胞中存在的元素有:B、F、Si、V、Cr、Se、Mo、Sn、I、Ni 和 Br。可以说,把生物体中所有的元素都撤走的话,生物体也就不存在了。因此说元素是组成生命的基石。

一、组成高分子结构的主要元素

在 27 种生命元素中,有 6 种对生命活动起着特别重要的作用,它们是 C、H、O、N、P 和 S。生物高分子主要是由这 6 种元素构成的,如糖类主要由 C、H、O 三种元素构成;蛋白质中主要含 C、H、O、N 和 S 元素;核酸则由 C、H、O、N、P 等元素构成。这些元素有如下特点:

(1) 均存在于环境中。生物是在地球上产生的,并同环境变化一起,沿着生态系的稳定性,有选择地取舍环境中的物质而进化发展,所以构成生物高分子的元素都是环境中存在的,且丰度较高。

(2) 均是轻元素。构成生物高分子的元素在元素周期表处于前 20 位元素中,这样就使构成的生物体有较轻的质量。

(3) 能形成很强的共价键环境。C、H、O、N 具有能形成共价键的共同性质,它们能相互作用生成大量不同形式的共价键化合物,因为共价结合的强度与所结合原子的相对原子质量成反比,所以这四种元素能形成很强的共价键。这样就使生物分子在长期进化过程中能保持相对稳定。

(4) 具有彼此相互结合的能力。在有机分子中,由于围绕每个单键结合的碳原子的电子对具有四面体构型,借 C—C 键可形成许多不同的三维空间结构,因此可形成线性、分枝状或环状的骨架。碳原子可以和氧、氢、氮和硫形成共价结合,并把不同种类的功能基团引入有机物分子结构中来。

(5) 形成的生物分子具有流动性。碳、氢、氧形成的许多有机分子在生理温度(0 ~ 40℃)下具有流动性,如 CO_2 常温下为气体,SiO_2 在常温下为固体,所以硅虽与碳很相似,且在自然界中硅的丰度要大于碳,但从流动性来看,硅并不能构成生命的骨架。

二、细胞膜与离子泵

细胞是人体和其他生物体的基本结构单元。体内所有的生理功能和生化反应,都在细胞及其产物(如细胞间隙中的胶原蛋白和蛋白聚糖)的物质基础上进行的。100 多年前,光学显微镜的发明促成了细胞的发现。此后对细胞结构和功能的研究,经历了细胞水平、亚细胞水平和分子水平等具有时代特征的研究层次,从细胞这个小小的单位揭示出众多生命现象的机制。可以认为,离开了对构成细胞的各种细胞器的分子组成和功能的认识,要阐明物种进化、生物遗传、个体新陈代谢和各种生命活动以及生长、发育、衰老等生物学现象,将是不可能的。细胞内进行着错综复杂的化学变化,以完成生长、发育、繁殖、运动等各种生命活动。细胞分原核细胞和真核细胞,动植物和人体由真核细胞构成。从电子显微镜下观察细胞的基本结构可分为三部分:细胞膜、细胞核和细胞质。细胞被细胞膜包围着,由膜来调节细胞内外物质的流通。

无机盐在细胞中存在的量虽不多,但为生命所必需,许多无机盐在细胞中以游离状态存在,这些离子提供了各种生理进程所必需的离子平衡。例如,K^+ 是细胞内部体液中最重要的阳离子,其浓度为 $0.1 \sim 0.5\ mol \cdot L^{-1}$。在核糖上合成蛋白质是最关键的生命过程,只有高浓度的 K^+ 才能使核糖体获得最大的活性。

细胞膜也叫质膜,是细胞的屏障,将细胞内容物与细胞周围环境分隔开,它能选择性地将各种物质输入细胞内,并将细胞产生的各种废物排出,细胞通过细胞膜与周围环境进行有选择性的物质交换而维持生命活动,细胞膜是一种具有特殊结构和功能的半透性膜,保持了细胞内物质成分的稳定,其主要的化学成分是磷脂、蛋白质和糖类等物质,并由它们构成镶嵌模型结构,见图 8.1。

图 8.1 生物的流动镶嵌模型示意图

理论上讲,由于膜是脂质性的,只有脂溶性的非极性分子才是可通透的。但事实上,一个进行着新陈代谢的活细胞,有着各式各样的理化性质各异的物质(离子、极性和非极性的小分子及蛋白质等大分子,以及团块性固形物或液滴)不断地通过细胞膜,大多数物质进出细胞都与膜上镶嵌着的特定蛋白质有关。

细胞膜的选择性通透使细胞内部的离子组成与细胞外部不同,如细胞内含 K^+、Mg^{2+}、磷酸盐较多,而 Na^+、Ca^{2+}、Cl^- 在细胞外的浓度比细胞内大。离子的选择性输送是由不同的蛋白质携带某一离子运动完成的,这是一种逆浓度梯度的,耗能主动运输过程,正如水从低处输送到高处需要"泵"一样,离子的主动输送需要离子泵,一个最重要的离子泵是存在于动植物细胞膜上的"钠钾泵"。

"钠钾泵"是一种嵌在膜中的具有 ATP(三磷酸腺苷)酶活性的特殊蛋白质,故又称 $Na^+ - K^+ - ATP$ 酶。该酶在细胞膜内外分别被 Na^+ 和 K^+ 所激活,催化 ATP 水解,为 Na^+ 运出膜外和 K^+ 运进膜内提供能量。

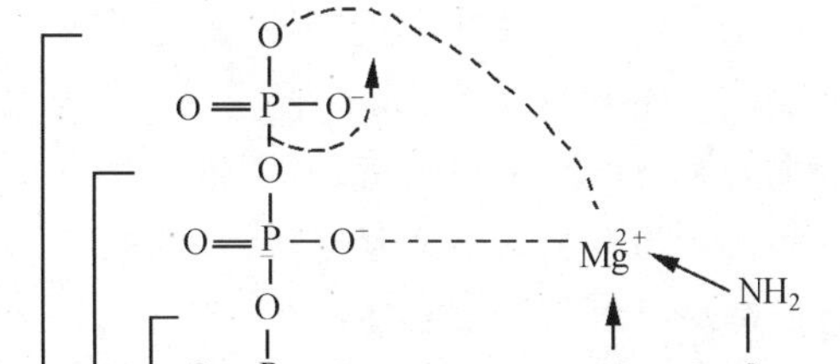

三磷酸腺苷 ATP(也称腺三磷)是机体内完成缓慢利用能量要求的重要物质,它是生命体系中的能量携带者。ATP(图 8.2)由一个腺嘌呤分子(结构中有三价氮,类似氨分子中的 N,有碱性)、一个核糖分子(有五元环结构的糖类)、还有三个磷酸根结合形成的,它可以离解而带有四个负电荷,并且与 Mg^{2+}、Ca^{2+} 等结合(图中两个 N 与两个 O 和 Mg^{2+}

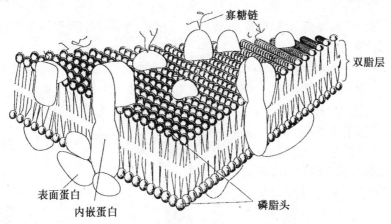

图 8.2 ATP、ADP 及 AMP

形成配合物结构)。ATP 分子一端的磷酸(图中最上面的那个)水解后转变为二磷酸腺苷 ADP,即

$$\text{ATP}^{4-} + \text{H}_2\text{O} \xrightarrow{\text{ATP酶}} \text{ADP}^{3-} + \text{HPO}_4^{2-} + \text{H}^+ + \text{能量}$$

这一反应的 $\Delta_r G_m^{\ominus}$ 约为 -30 kJ·mol^{-1},所以是自发的,反应需要特定的生物催化剂——酶的催化才能迅速进行。当然,逆反应是非自发的。在食物氧化时,反应逆向进行,ADP 吸收的能量转变为含有高能的 ATP 分子,储备起来,根据生命功能的需要,ATP 又或快或慢地变为 ADP,释放出能量。

在有 Na$^+$ 离子存在的条件下,ATP 的末端磷酸基被转交给了 ATP 酶。ATP 酶的酸化引起其构象变化,而把 Na$^+$ 运出膜外。随之,在有 K$^+$ 存在时 ATP 酶又脱磷酸化,恢复到原来的构象,与此同时把 K$^+$ 离子运进膜内时,ATP 又脱磷酸化,恢复到原来的构象,见图 8.3。

"钠钾泵"的存在对生物体来说具有很重要的生理意义,如细胞从胞外吸收氨基酸、葡萄糖等养料的过程是通过"钠钾泵"造成的 Na$^+$ 离子浓度梯度来推动的。首先,葡萄糖和其运输蛋白与 Na$^+$ 偶合后进入细胞,葡萄糖随即被释放到胞内,进入细胞内的 Na$^+$ 又通过"钠钾泵"被运出细胞。

三、与酶的辅因子有关的元素

生物体内大多数化学变化是由生物催化剂——酶催化完成的,而绝大多数酶催化的化学反应需要有辅因子参与,金属离子即是辅因子的一种。在这些需要金属离子的酶反应中,如果没有金属离子存在,则酶活力很低,甚至失去催化活性。在酶中常见的金属离子有 Mg^{2+}、Mn^{2+}、Cu^{2+}、Zn^{2+} 等,除 Mg^{2+} 外都为第一过渡系的微量元素,由于在这些元素的电子层内都有空轨道,因此它们都是电子对的接受体。

1. 镁

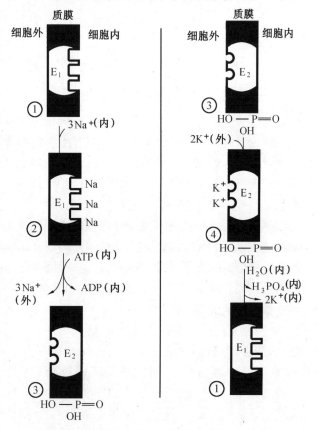

图 8.3 Na$^+$、K$^+$ 离子的双向主动运输示意图

Mg^{2+} 离子有稳定某些酶的结构,使酶活性增强的作用。前述的 ATP 酶的激活剂就是 Mg^{2+}。Mg^{2+} 是叶绿素的重要组分,故植物生长要不断从土壤中吸收镁。在当代,由于世界人口增加,耕地面积减少,人们为了提高产量,拼命施用化肥,从而造成土壤中镁的缺乏,影响到人类食物中的镁含量。缺镁会使骨骼过早老化,使人体四肢无力、肌肉痉挛、神经功能混乱。

2. 锌

锌被称为生命的"火花",在生物体内 Zn^{2+} 参与多种代谢过程,如糖类、脂类、蛋白质及核酸的合成与降解,这些都与含锌酶有关,在含 Zn^{2+} 酶中最著名的是羧肽酶 A(用 CPA 表示),它存在于哺乳动物胰脏中,能催化蛋白质 C 末端氨基酸的水解。

$$\underset{(\text{N端})}{NH_2-CH}-\underset{R_3}{\overset{|}{CH}}-\underset{O}{\overset{\|}{C}}-NH-\underset{}{\overset{R_2}{\overset{|}{CH}}}-\underset{O}{\overset{\|}{C}}-NH-\underset{(\text{C端})}{\overset{R_1}{\overset{|}{CH}}-COOH}$$

（N端）　　　　　　　　　（水解部位）　　　　CPA作用部位（C端）

3. 铜

Cu^{2+}是生物体的必需微量元素,普遍存在于动、植物及微生物体内。Cu^{2+}存在于300多种蛋白质和酶中,其中的酪氨酸酶(又称多酚氧化酶)是与生物体色素形成有关的一种酶,高等动物的皮肤、毛发、眼睛中的黑色素就是由酪氨酸酶催化酪氨酸氧化为醌类物质,再经一系列变化产生的。土豆、苹果、茄子也含有酪氨酸和其他酚类,当它们受到机械性损伤(如削皮、切开或感染)或受到异常的环境变化(如受冻、受热等)时,细胞组织被破坏,氧大量侵入,在酪氨酸酶的作用下,形成醌积累,再进一步聚合而形成黑色素,从而发生褐变现象,在食品中,称酶促褐变。因此,了解食品变色原理,寻找能抑制食品变色的方法对提高食品质量具有重要意义。

4. 锰

Mn^{2+}是生物体必需的微量元素之一,锰的生理作用与能量代谢有关,即维持与呼吸有关的酶的活性。据测定,骨骼肌中含锰量最高,这是由于人体的力量来自肌肉,而肌肉的力量又必须以能量代谢为基础的缘故。锰还参与造血作用,动物胚胎、肝脏中含 Mn^{2+} 量较多,很可能和它们的造血作用有关。给贫血动物以小计量锰盐或含锰蛋白,可使血红蛋白、中幼红细胞、成熟红细胞及血液总量增多,锰参与造血过程可改善机体对铜的利用,促进对铁的吸收、利用及红细胞的成熟和释放。

5. 钴

钴是维生素B12的重要组成部分,能促进碱性磷酸酯酶的活性增加。钴对蛋白质、脂肪、糖类代谢都具有重要的作用,并可扩张血管,降低血压,是一种独特的营养物质,列为人体必需的微量元素。钴通过形成维生素B12而发挥其生物学作用及生理功能。首先钴能刺激红细胞生成素的生成,促进胃肠道内铁的吸收,还能加速贮存铁,使之进入骨骼。钴还有驱脂作用,可防止脂肪在肝内沉积。钴能防治甲状腺肿瘤。人体缺钴时影响维生素B12形成,红细胞的生长发育受干扰,可发生巨细胞性贫血、急性白血病、骨髓疾病等。钴过量可引起红细胞过多症,还可引起胃肠功能紊乱、耳聋、心肌缺血。

8.2 DNA与遗传、进化及生命起源

一、核酸的组成与一级结构

核酸是遗传信息的承担者,核酸分子是由许多核苷酸通过磷酯键相连接的长链,就像蛋白质是由氨基酸通过肽键连接而成的一样。而每一个核苷酸又是由碱基、戊糖和磷酸三部分组成的。根据戊糖的结构不同,核酸分为两大类:即含核糖的核糖核酸(RNA)和含脱氧核糖的脱氧核糖核酸(DNA)。虽然碱基种类较多,但DNA和RNA都分别各含四种碱基。在

DNA 分子中的碱基除胸腺嘧啶外,其余三种在 RNA 分子中也含有(表 8.2)。DNA 主要存在于细胞核中,是染色体的主要成分,而 RNA 主要存在于核外细胞质中。

表 8.2　两类核酸的基本化学组成

核　酸	DNA				RNA			
核苷酸 (基本单元)	腺嘌呤 脱氧核 苷酸	鸟嘌呤 脱氧核 苷酸	胞嘧啶 脱氧核 苷酸	胸腺嘧啶 脱氧核 苷酸	腺嘌呤 核苷酸	鸟嘌呤 核苷酸	胞嘧啶 核苷酸	尿嘧啶 核苷酸
碱基	腺嘌呤 (A)	鸟嘌呤 (G)	胞嘧啶 (C)	胸腺嘧啶 (T)	腺嘌呤 (A)	鸟嘌呤 (G)	胞嘧啶 (C)	尿嘧啶 (U)
戊糖	$D-2-$脱氧核糖				$D-$核糖			
酸	磷酸				磷酸			

核糖与碱基的分子式为

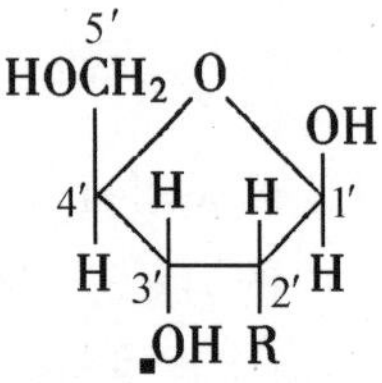

（当 R 为 OH 时,为核糖；当 R 为 H 时,为脱氧核糖）

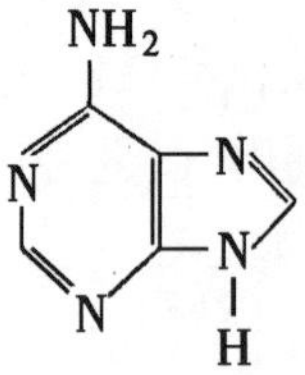

腺嘌呤 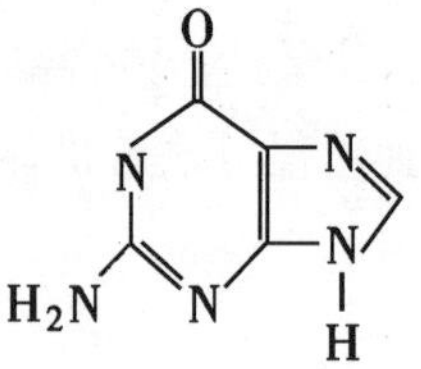　　　　　鸟嘌呤 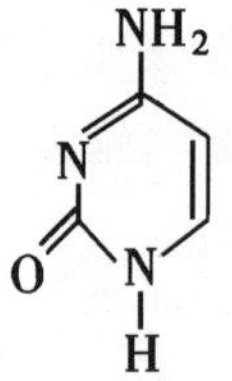　　　　　胞嘧啶 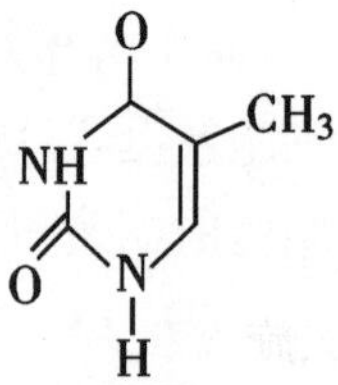　　　　胸腺嘧啶 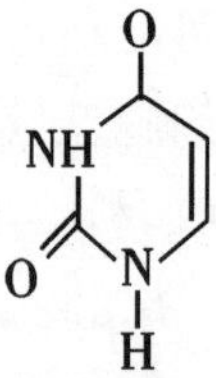　　　　尿嘧啶

了解了最基本的戊糖和碱基之后,再来看核苷酸的结构。核苷酸是 DNA 和 RNA 的重复单元,它也分为两大类:核糖核苷酸和脱氧核糖核苷酸,其中的磷酸基可以在 $3'-$位或 $5'-$位,例如,$5'-$腺嘌呤核苷酸(AMP)和 $3'-$胞嘧啶脱氧核苷酸($3'-$dCMP),其结构式可表示为

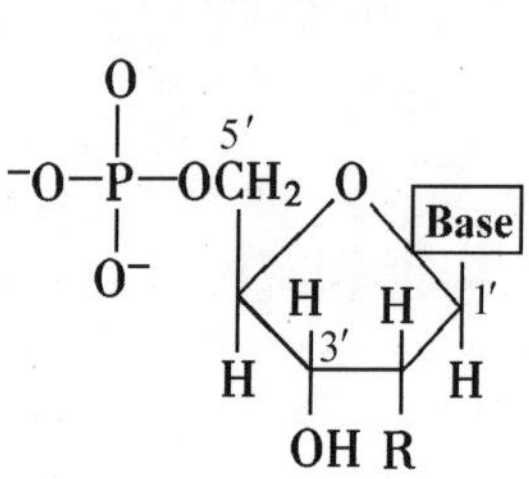

（当 R 为 OH 时,为核糖核酸；当 R 为 H 时,为脱氧核糖核酸）

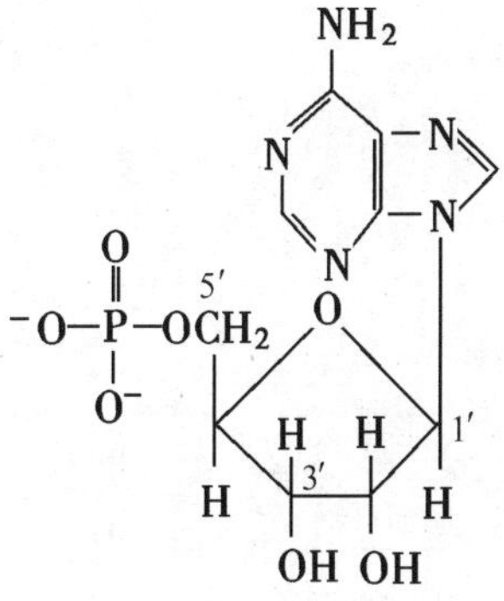

核酸的一级结构是指组成核酸的诸核苷酸之间连键的性质以及核苷酸排列的顺序。DNA 的一级结构是由数量极其庞大的 4 种脱氧核糖核苷酸通过 $3',5'$-磷酸二酯键彼此连接起来的直线型或环型分子,如图 8.4 所示。图中右侧为 DNA 的缩写表示法,A、G、T、C 为碱基,P 代表磷酸残基。RNA 的一级结构与 DNA 相似。

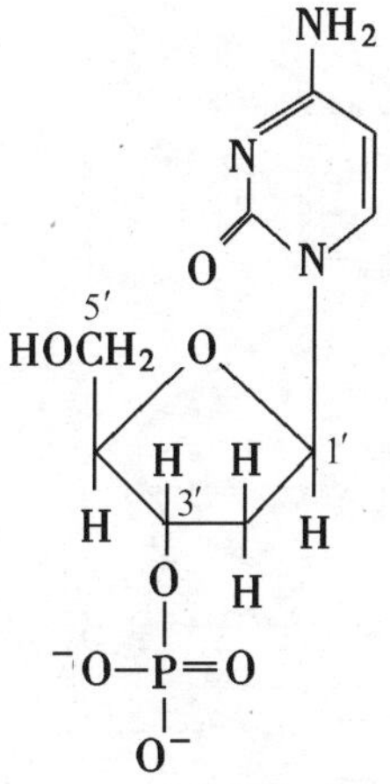

二、核酸的二级结构——DNA 双螺旋

1953 年,Watson 和 Crick 提出了著名的 DNA 分子的双螺旋结构模型,揭示了遗传信息是如何储存在 DNA 分子中,以及遗传性状何以在世代间得以保持。这对生物学的发展具有重大意义。

核酸的二级结构是指多聚核苷酸链内或链之间通过氢键、碱基堆积(疏水作用)等弱的分子间力折叠卷曲而成的构象。DNA 的二级结构是一种双螺旋结构,称为 Watson-Crick 双螺旋(图 8.5)。根据此模型,DNA 以双股核苷酸链形式存在,在双链之间存在着根据其碱基性质严格的两两配对关系:即一条链上的碱基 A 与另一条链上的碱基 T 之间通过两个氢键配对,同时,G 与 C 之间通过三个氢键配对(图 8.6)。这种碱基之间相互匹配的关系称为碱基互补。DNA 的两条链为反方向的(图 8.7),都呈右手螺旋。链之间的螺旋形成凹槽,一条较深,一条较浅。碱基层叠于螺旋内侧,其平面与螺旋的纵轴垂直,此称为碱基堆积。碱基之间的堆积距离为 0.34 nm。磷酸基与脱氧核糖在双螺旋的外侧,构成双螺旋的骨架。双螺旋的直径为 2 nm,沿中心轴每旋转一周有 10 个核苷酸,其距离(即螺距)为 3.4 nm。

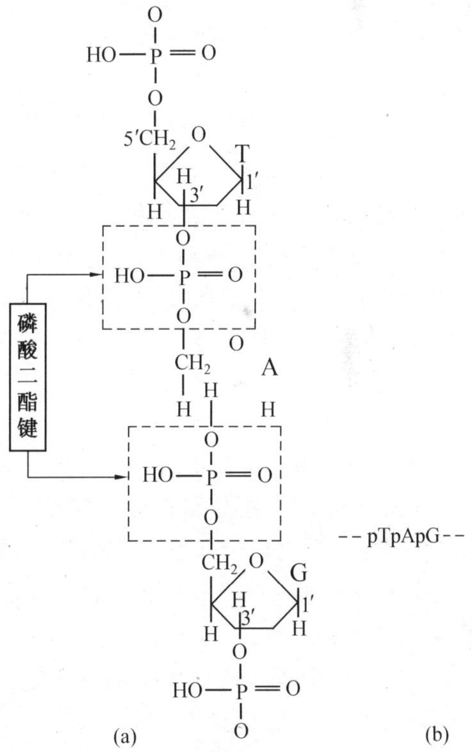

图 8.4 DNA 分子中多核苷酸链的一个小片段 (a)及缩写符号(b)

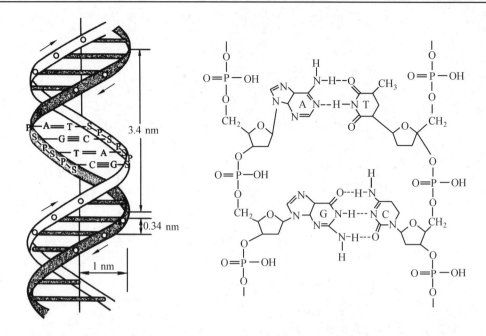

图 8.5　DNA 的双螺旋结构模型　　图 8.6　DNA 分子中的碱基 A – T、G – C 配对

DNA 双螺旋结构在生理状态下是很稳定的。维持这种稳定性的主要力量是碱基堆积力。嘌呤与嘧啶碱基形状扁平,呈疏水性,分布于双螺旋结构内侧。大量碱基层层堆积,两个相邻碱基的平面十分贴近,于是使双螺旋结构内部形成一个强大的疏水区,与介质中的水分子隔开。其次,大量存在于 DNA 分子中的其他弱键在维持双螺旋结构的稳定上也起一定作用。这些弱键包括碱基对之间的氢键,磷酸基团上的负电荷与介质中的阳离子之间形成的离子键和范德华力等。

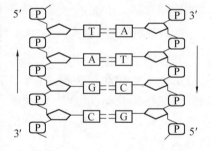

DNA 分子的双螺旋结构模型对于生命科学具有划时代的贡献,它为以分子水平揭示生命现象的本质奠定了基础。为此,Watson 和 Crick 两人荣获了 1962 年的诺贝尔化学奖。

图 8.7　DNA 分子中多核苷酸链之间的方向

与 DNA 不同,RNA 分子一般以单链形式存在(有些病毒 RNA 例外)。因此,一个 RNA 分子不一定有互补的碱基对。

三、DNA 的复制与遗传及进化

现代生物学研究成果充分证明 DNA 是生物遗传的主要物质基础。生物机体的遗传信息以密码的形式储存在 DNA 分子上,表现为特定的核苷酸排列顺序,并通过 DNA 的复制由亲代传递给子代。所谓复制,就是以原来 DNA 分子为模板合成出相同分子的过程。DNA 双螺旋结构两条链之间的碱基彼此互补,其双螺旋的稳定由互补碱基对之间的氢键和碱基对层间的堆积力维系。DNA 双螺旋中两股链中碱基互补的特点,逻辑地预示了 DNA 复制过程是将 DNA 分子中的两股链分离开,然后以每一股链为模板(亲本),通过碱基互补原则合成相应的互补链(复本),形成两个完全相同的 DNA 分子。因为复制得到的每对链中只有一个是亲链,即保留了一半亲链,将这种复制方式称为 DNA 的半保留复制。后来证明,半保留复制是生物体遗传信息传递的最佳方式。图 8.8 是 DNA 分子的半保留复制示意图。

DNA 的复制实际上是一个非常复杂的酶促反应,其中有解链酶、引物酶、DNA 聚合酶等参与。解链酶的作用就是打开 DNA 双链之间的氢键,而 DNA 聚合酶可将游离的四种脱氧单核苷酸合成 DNA。但酶对 DNA 复制过程中的作用特别复杂,有兴趣的同学可参阅相关生理学类图书,在此不作解释。

DNA 是染色体的主要成分之一。所谓染色体实际上是存在于细胞核内的由 DNA 和蛋白质组成的纤丝状物质,因其遇到碱性染料可显色,所以称为染色体。真核类染色体中 DNA 约占 30%,蛋白质占 60% ~ 70%,还有少量 RNA。同一机体的几乎所有细胞在它们的核中都含有相同的染色体。原核生物(如细菌和蓝藻等)每个细胞只含有一个染色体,真核生物(如人、动物和植物等)每个细胞则含有多个染色体。大部分有

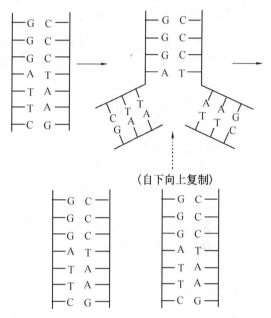

图 8.8 DNA 分子半保留复制示意图

性生物拥有 5 ~ 50 对染色体,各种生物染色体的数目是恒定的,例如,人类每个体细胞内有 23 对染色体,马有 32 对,狗有 39 对,大豆有 20 对。同样的染色体有 2 套,每一套由一个亲体遗传而得。在细胞增殖周期的一定阶段整个染色体组都将发生精确的复制,随后以染色体为单位把复制的基因组分配到两个子代细胞中去。染色体 DNA 的复制与细胞分裂之间存在密切的关系。一旦复制完成,即可发生细胞分裂。细胞分裂结束后,又可开始新的一轮 DNA 复制。由于 DNA 的半保留复制过程极为可靠,发生错误的可能性仅为 $\dfrac{1}{1 \times 10^{12}}$,这就保证了物种的稳定性和延续性。

尽管发生错误(即突变)的概率十分小,但还是存在。而且在 DNA 复制过程中出现的随机突变是不可逆的,因为细胞不能识别这样的错误。若在 DNA 链上的某一点 T 替代了 C,对于细胞来说,这个外来的 T 本身并没有什么特别之处,所以细胞不会采取措施来处理这个误置的核苷酸。当细胞再次分裂时,它将在这个新的位置上复制这个 T,好像它原来就在那里一样。这样的突变发生在基因的重要位置,或者在基因中有许多突变,可能会导致有机体性状的改变。基因突变能导致遗传的变异,而变异又为进化提供了"原料",是进化的基础。通常,一个基因突变,在遗传物质结构上是难以觉察到的。但如果一个突变引起了表型的变化,如红花变白花、细菌光滑变粗糙、叶型由圆变长等,这类突变就属于"可见突变";有些突变对机体生命活动影响很大,往往会造成机体死亡,这类突变称为"致死突变";还有一些突变使生物体只能在某些条件下可以存活,而在另一些条件下不能存活。有利的突变可以帮助有机体生存,一旦它们存在于机体的生殖细胞中时,它们就能够传递给后代,以保证生物体的进化。

如果 DNA 的复制是绝对可靠没有任何错误的话，那么生物体的突变就只能靠外界因素才能引起，生物的进化和生物界的面貌也就不是今天的样子了，当然也就不可能有人类了。

四、基因的表达与生命起源及进化

染色体中的 DNA 分子用来储存产生和维持一般有机体的生命所需要的信息，诸如在什么地方（手、臂、眼、脸、腿、翅、叶、花等）形成什么样的结构，什么样的酶应该被制造出来以控制像呼吸和消化这样的功能等，这些信息完全取决于 DNA 分子两条链上的碱基的排列顺序，犹如用汉字表达的信息编码在电文的数字串上一样。在后代的生长发育过程中，遗传信息自 DNA 转录给 RNA，然后翻译成特异的蛋白质，蛋白质的种类最终是由 DNA 链上碱基的排列顺序决定的。现代遗传学家认为，基因是 DNA 分子上具有遗传效应的特定核苷酸序列的总称，是具有遗传效应的 DNA 分子片段。一个 DNA 分子可以含有多达几千个基因。

参与人类基因组计划的美国、中国等六国科学家 2001 年共同宣布，经过初步测定和分析，人的 46 条染色体共有 32 亿个碱基对，包含了大约 3～4 万个蛋白编码基因。

多年从事人类基因应用研究的余国良博士认为，从塞莱拉公司发表的人类基因组研究报告看，其主要发现有以下四方面：第一，人类遗传基因数量比原先估计的少很多。目前研究表明，人类基因组中约有 3～4 万个蛋白编码基因，仅是果蝇基因数目的 2 倍，但人的性状要比果蝇复杂得多。塞莱拉公司的首席执行官文特尔说，这表明人类并不是完全由编码蛋白质基因所控制，基因组的环境因素在人类生长和发育中也发挥着重要作用。第二，人类基因组中，基因分布不均匀，部分区域基因密集，部分区域则基因"贫瘠"。第三，35.3%的基因包含重复的序列。说明那些原来被认为是"垃圾"的 DNA 也起重要作用，应该被进一步研究。第四，人类 99.9% 的基因密码是相同的，差异不到 0.1%。这些差异是由"单一核苷酸多样性"（SNP）产生的，它构成了不同个体的遗传基础，个体的多样性被认为是产生遗传疾病的原因。

关于人类基因数量，国际人类基因组科研小组发表在《自然》杂志的结论与塞莱拉公司发表在《科学》杂志的结论并不相同。塞莱拉公司认为，人类有 2.6～3.8 万个基因；国际科研小组认为人类有 3～4 万个基因。这并非推翻了以前的"人类有 10 万个基因"的说法。首先，两家科研小组采用不同的基因组测序与分析方法。塞莱拉公司采用"霰弹法"作为其核心分析方法，从 5 个人身上提取基因信息，先把人类基因组随机分成一定长度（以碱基对数量分）的片段，让计算机读取这些基因片段的碱基对排序，然后再将这些小片段"拼回去"来验证。他们将整个基因组的序列检测了 8 次。而国际科研小组则采用"区域克隆法"进行人类基因组的测序，分析了 10 个人的基因信息。"区域克隆法"是对特定染色体按一定程度逐步细分成小段——基因片段，供计算机读取其中碱基对的排序，然后以特定逻辑方式组装回去。这两种方式得到的 DNA 序列结果应该是一致的。第二，关于人类基因组所含基因数目的差别，由于目前计算机预测编码蛋白质基因的准确率只有 60%～70%，此外，由于各科研小组对测序等问题的理解有所不同等因素，造成了研究结果的差异。

需要指出的是，两家机构公布的数据都在误差范围内，均有极高的科学价值。脱氧核糖核酸（DNA）是遗传物质，它通过核糖核酸（RNA）传递遗传信息，RNA 是以 DNA 一条链为模板"转录"合成而来。据估计，98% 的 DNA 起结构上的调控作用，只有 2% 的 DNA 带有制造蛋白质的指令。现在两大科研小组的数据是从 DNA 水平上得出的；而"人类有 10 万多个基因"则是从 RNA 水平上得出的结论。所以，这些数据不能推翻"人类有 10 万个基因"的说法。

从目前的研究结果分析,人类离真正完全揭示人体的奥秘还有相当的一段距离,但在不久的将来会完全揭开人体这本天书,从基因这一分子角度预测人类的遗传疾病。图 8.9 是人类基因工程蓝图。

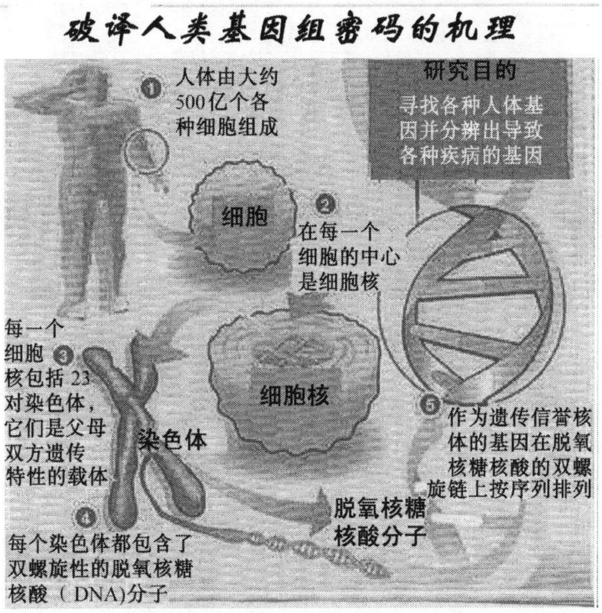

破译人类基因组密码的机理

① 人体由大约 500 亿个各种细胞组成
② 在每一个细胞的中心是细胞核
③ 每一个细胞核包括 23 对染色体,它们是父母双方遗传特性的载体
④ 每个染色体都包含了双螺旋性的脱氧核糖核酸(DNA)分子
⑤ 作为遗传信誉核体的基因在脱氧核糖核酸的双螺旋链上按序列排列

研究目的:寻找各种人体基因并分辨出导致各种疾病的基因

图 8.9 人类基因工程蓝图

蕴藏于 DNA 的遗传信息传递给 RNA 分子,然后再传递给蛋白质,蛋白质是遗传信息的体现者或产物,这就是基因表达的基本步骤。与 DNA 的复制类似,RNA 分子也可以与 DNA 分子互补配对,只是以尿嘧啶替换胸腺嘧啶来与腺嘌呤配对。这样以 DNA 为模板,就可以合成出与 DNA 序列完全一样的 RNA 分子,这种 RNA 分子也就具有从 DNA 来的遗传信息,称为信使 RNA(即 mRNA)。这是基因表达最关键的一步。

蛋白质的结构与核酸的结构没有相似之处,那它是怎样接受遗传信息的呢? 人们研究发现,在核酸中核苷酸序列与蛋白质中的氨基酸序列之间,存在着以三个一定顺序的核苷酸决定一个氨基酸的对应关系,这就是遗传的三联体密码或密码子。核酸是由 4 种含不同碱基的核苷酸构成的多核苷酸,而蛋白质是由 20 种氨基酸构成的多肽。核酸密码问题就是 mRNA 分子中的 4 种核苷酸决定蛋白质上的 20 种氨基酸。如果 2 种碱基配合决定一种氨基酸,只有 $16(4^2)$ 个配合,不够决定 20 种氨基酸。因此,至少要有 3 个碱基的组成(4^3)才能决定 20 种氨基酸。3 个碱基的组合有 64 个。这就是以 4 个碱基为字母(即 U、C、A、G 4 个碱基字母),组成 3 个字母的"字",共组成 64 个"字"。如果每个"字"说明一种氨基酸,64 个"字"就应该说明 64 种氨基酸。但氨基酸只有 20 种,因此应该有几个不同的"字"都可以说明同一种氨基酸。3 个碱基组合在一起的编码方式,称为三联体密码或密码子。这个三联体密码的想法,1959 年终于被 M.Nirenberg 和 S.Ochoa 等人用实验证实了。1965 年人类完全确定了编码 20 种天然氨基酸的 60 多组密码子,编出了遗传密码字典(表 8.3)。从表中可以看出,除甲硫氨酸和色氨酸各是由一种密码子编码外,大多数氨基酸可由两种以上的密码子来决定，例如，亮氨酸 UUA、UUG、CUU、CUC、CUA、CUG 6 个。这种现象称为密码的"兼并"。此外，还有三种密码子 UAA、UAG 和 UGA，它们不编码任何氨基酸，而起着终止密码的作用。其中，UGA 还起到起始密码的作用。

表 8.3　遗传密码字典

5′-磷酸末端的碱基	中间的碱基				3′-OH 基末端的碱基
	U	C	A	G	
U	苯丙氨酸	丝氨酸	酪氨酸	半胱氨酸	U
	苯丙氨酸	丝氨酸	酪氨酸	半胱氨酸	C
	亮氨酸	丝氨酸	终止信号	终止信号	A
	亮氨酸	丝氨酸	终止信号	色氨酸	G
C	亮氨酸	脯氨酸	组氨酸	精氨酸	U
	亮氨酸	脯氨酸	组氨酸	精氨酸	C
	亮氨酸	脯氨酸	谷酰胺	精氨酸	A
	亮氨酸	脯氨酸	谷酰胺	精氨酸	G
A	异亮氨酸	苏氨酸	天冬酰胺	丝氨酸	U
	异亮氨酸	苏氨酸	天冬酰胺	丝氨酸	C
	异亮氨酸	苏氨酸	赖氨酸	精氨酸	A
	甲硫氨酸和甲酰甲硫氨酸	苏氨酸	赖氨酸	精氨酸	G
G	缬氨酸	丙氨酸	天冬氨酸	甘氨酸	U
	缬氨酸	丙氨酸	天冬氨酸	甘氨酸	C
	缬氨酸	丙氨酸	谷氨酸	甘氨酸	A
	缬氨酸	丙氨酸	谷氨酸	甘氨酸	G

　　遗传信息由 DNA 到 RNA、再到蛋白质的过程是分子生物学的核心，这个规律在生物学上被称为"中心法则"，如图 8.10 所示。由于 DNA 和 RNA 都是由四种核苷酸组成，好像是同一种文字的两种写法，因此从 DNA 到 RNA 的过程称为基因的转录。而从 RNA 到蛋白质过程，由于两者分别由不同种类字母(核苷酸与氨基酸)构成，好像是从一种语言翻译成另一种语言，因此称为翻译或转译。由上述基因表达的过程可以看出，蛋白质一级结构中的氨基酸顺序是由 DNA 上的基因决定的。以前认为，从 DNA 到 RNA、再到蛋白质的过程是单方向的，不可逆的。后来在某些病毒中发现了反向转录酶(或逆转录酶)，能以 RNA 分子为模板合成 DNA 分子，再以 DNA 为模板合成新的病毒 RNA。经过多年的研究，遗传信息由 DNA 到 RNA、再到蛋白质的过程已基本清楚。现在的问题是，这一过程是怎样得到调节控制的。这不但是细胞发育分化的基础，也和生物体与各种环境因素的相互作用有密切关系。这种调节主要发生在转录阶段，通过某些特定蛋白(称为调节蛋白)与 DNA 的结合，从而控制 mRNA 的合成。

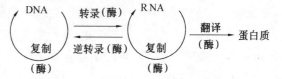

图 8.10　"中心法则"示意图

　　先有鸡还是先有蛋的问题迷茫了人类数千年。但随着人类对自身存在的世界认识的不断深入,越来越多的"鸡与蛋"的现象被揭示出来,蛋白质与核酸之间就存在着这种现象。既然蛋白质的合成依赖于核酸的编码,而核酸的合成又是在蛋白质酶的催化下进行的,因此,在生命起源问题上长期存在着先有核酸还是先有蛋白质的疑问:假设没有为蛋白质酶编码的核酸,酶怎么会出现?而没有装配并复制核酸的酶,核酸又怎么会出现?

20世纪80年代初,Cech和Altman在研究中意外发现了某些RNA具有转换酶和水解酶的活性,可以把DNA的转录产物加工成为成熟的mRNA。这种作为催化剂的RNA不像一般的蛋白质,它可在自身分子上起作用。这一发现改变了生物催化剂的传统概念,为此Cech和Altman两人共同获得了1989年的诺贝尔化学奖。1993年又有人发现一种小分子RNA能够像调控蛋白那样调节真核基因的表达。RNA既能携带遗传信息,又利于酶和调控基因表达功能的发现,说明RNA或某些类似于RNA的分子在生命起源过程中首先出现,为DNA、蛋白质和酶都是RNA分子进化产物的假设,提供了有力证据。

RNA具有催化能力,而至今却未发现DNA有催化能力。因此认为在生命演化过程中第一个复制的核酸是既有催化能力又有遗传功能的RNA分子。另一方面,DNA的前体——脱氧核糖核酸是由RNA前体——核糖核酸还原而成的。因此推测最早的生命体系中或许只有RNA或类似于RNA的分子,经过长期的进化出现了DNA,由于DNA较RNA稳定,故贮存遗传信息的任务就由RNA转交给了DNA。当然,生命起源及进化的问题仍是人类努力探索的课题。

8.3 关于生命的化学——生物化学

生物化学是用化学的理论和方法来研究生命现象,阐明生命现象化学本质的一门科学。它的研究对象是生物机体,包括病毒、微生物、动植物和人体。研究的主要内容包括:生物分子的化学组成、结构和性质以及它们在体内的分布,生物分子在生物机体中的运动规律(新陈代谢过程),生物分子的结构、功能与各种生命现象(如生长、发育、遗传、变异等)之间的关系。

一、新陈代谢

新陈代谢是生命最基本的特征之一,它是生物体与环境进行物质交换和能量交换的过程。对于生命而言,由一个细胞发展成为一个高度复杂而有序的生物个体,并不违背热力学规律,而是热力学规律的补充和完善。在这一过程中,环境对生物体显得特别重要,生物个体的高度有序性是以环境的高度混乱为代价的。生物体内复杂的代谢过程常常反映为种种生命现象,如呼吸作用主要是糖类物质在氧的参与下进行分解并放出能量;生长主要是核酸、蛋白质等物质合成的结果;运动时肌肉收缩所需要的能量来自于以ATP形式贮存的化学能;植物的光合作用是将光能转变为化学能(合成糖类)的过程。

在代谢过程中,动物和植物、高等生物和低等生物之间也在不断地相互联系,一个有趣的例子是生物界的氮循环,如图8.11所示,植物从土壤中的硝酸盐取得氮,并将它们还原成氨和氨基酸;然后,这些氨基酸就为动物所利用,而且以尿素或氨的形式释放回土壤,重新被土壤细菌氧化成硝酸盐。只有当游离氮被"固定"成为含氮化合物后,才能被生物吸收利用,氮成为活细胞的一部分并进入生态系统中的食物链。氮循环是生态系统物质循环的重要组成部分。目前除闪电氧化外,能直接利用大气中分子氮的只有固氮菌。生物固氮是当前生物工程在农业革命中的重大课题。

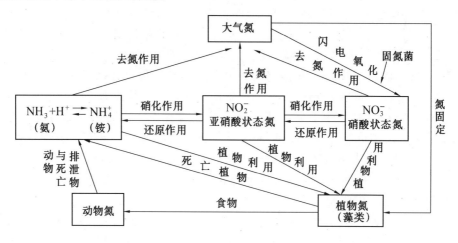

图 8.11 自然界的氮循环

1. 代谢的类型

目前,人们更多地使用同化作用和异化作用,也就是用合成代谢和分解代谢来表达代谢类型。这是机体矛盾对立和统一的一个典型例子。

(1)同化作用。同化作用是细胞内酶催化反应系统的一个侧面。它包括产生细胞组分的各种生物合成反应,即细胞将各种从内、外环境中所取得的低相对分子质量前体同化为各种生物高分子,这一过程需要能量。

(2)异化作用。异化作用是细胞内酶催化反应的另一个侧面。它包括细胞内生物分子的降解反应,即由生物高分子经酶促反应降解为低相对分子质量化合物,从而使营养物质代谢,这一过程产生能量。同化作用和异化作用在机体内相互联系,如图 8.12 所示。

在整个生命过程中,同化和异化,合成和分解,这两对矛盾始终存在着。在幼年时,同化、合成是矛盾的主要方面,生命机体进行生长、发育;在成年时,同化和异化,合成和分解处于平衡状态;而在老年时,异化分解处于支配地位,生命机体逐渐衰老,终至死亡。这样就完成了生命机体循环的一个过程。

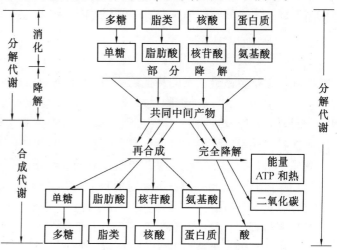

图 8.12 生化系统的两大侧面——合成与分解

2. 代谢特点

曾有人把细胞内代谢和车辆工厂类比,认为它们很相似。车辆工厂可利用旧的车辆或新的原料,经过加工改造制成新的车辆。细胞能使大量的食物蛋白质、核酸、糖和脂肪(全在细胞外降解)作为氨基酸、核苷酸、糖和脂肪等的来源,用以合成细胞需要的蛋白质、核酸、糖和脂肪。为了能从原料制造成车辆，工厂需要能源，能量供应的形式，大多以电的形式供给。电是由发电厂生产的，它将煤转化成电。细胞同时是车辆工厂和发电厂，它既能使用上述同样的原料合成细胞组成成分和产生推动合成所需的能量，也使用这种原料提供的热来维持体温。两者对比，确有些类同之点，但生命机体代谢活动却具有工厂生产流水线所不具备的诸多优点：

（1）严格的细胞内定位关系。生物分子分布于细胞内的一定部位，在这些部位发生一定的代谢关系。

（2）特异的酶促反应。在机体外需要高温才能使某些含碳化合物燃烧完全，需强酸、强碱才能使某些含碳化合物彻底分解，但生命机体却生活在相对低的温度和近乎中性的环境中，所涉及的生化反应基本上是酶促反应，反应条件温和。

（3）共同的代谢关联。生命机体普遍存在糖、脂肪和蛋白质三大营养物质和生物能代谢系统，它们各有特定的代谢途径。这些途径间也存在有共通的、密切的代谢关系，如图8.13所示。具体表现在糖、脂肪和蛋白质及其他有机分子能异化成一定的代谢中间产物，并直接或间接地进入三磷酸循环，再经氧化呼吸链代谢完全。

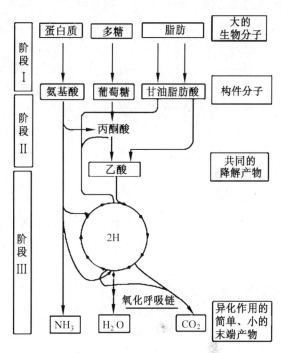

图8.13　糖、脂肪和蛋白质三大分解代谢间的关系

（4）严谨的反应序列。大多数代谢过程是连续的，它有线性序列和分支序列之分，即

$$\text{线性序列} \quad A \xrightarrow[X_1]{E_1} B \xrightarrow[X_2]{E_2} C \xrightarrow[X_3]{E_3} D \dashrightarrow P$$

$$\text{分支序列} \quad A \xrightarrow[X_1]{E_1} B \begin{array}{c} \nearrow X_2/E_2 \\ \xrightarrow[X'_2]{E'_2} \\ \searrow X''_2/E''_2 \end{array} \begin{array}{l} C \xrightarrow[X_3]{E_3} D \dashrightarrow P \\ C' \xrightarrow[X'_3]{E'_3} D' \dashrightarrow P \\ C'' \xrightarrow[X''_3]{E''_3} D'' \dashrightarrow P \end{array}$$

式中，E为与特异催化反应有关的酶；X为相应的辅助因子。启动A→B常需消耗大量的能量，因此，它基本上是不可逆的。代谢调控常在这一点上起作用。序列中每一个成员是不可短缺的，它们的序号也不能颠倒。

（5）高效率的调控机构。代谢调控现象在生命中普遍存在，是生物进化过程中逐步形成的一种适应能力。进化程度越高的生物，其代谢调控机构越复杂、越精密。代谢调控可在分子水平、细胞水平和整体水平上进行。其中,酶是最基本的调控物质。

二、生命系统的热力学和动力学

1. 生命系统的热力学

(1) 吉布斯函数是生物化学中最常用的热力学函数。热力学第二定律规定,当体系及环境的熵之和增加时,反应正向自发进行。对于一个正向反应

$$\Delta S_{体系} + \Delta S_{环境} > 0$$

值得注意的是,生命体系是一个高度复杂而有序的体系,生命过程是一个不断增加自己负熵的过程。生命过程所以能进行,是因为这种体系的熵减少被周围环境的熵增加所补偿。

利用熵作为指标来确定一个生化过程能否正向进行有一定困难,因为化学反应的熵变不易测量,但利用吉布斯函数可更好地解决这个问题。

$$\Delta_r G_m = \Delta_r H_m - T \Delta_r S_m$$

当 $\Delta_r G_m < 0$ 时,反应能正向进行;当 $\Delta_r G_m = 0$ 时,体系处于平衡状态;而当 $\Delta_r G_m > 0$ 时,反应则逆向进行。

热力学定律规定:一复杂反应总的 $\Delta_r G_m$ 等于各个步骤 $\Delta_r G_{m_i}$ 的总和 $\sum \Delta_r G_{m_i}$。若 $\sum \Delta_r G_{m_i}$ 为负值时,则该代谢过程就能自发进行。

(2) 放能与吸能偶联——高能化合物。根据自然现象,所有的物质运动过程可分为两大类:一类是能自发进行的,如水从山上流下;另一类是消耗能量才能推动的,如拉车上坡。可由第一类过程中产生的能量来推动第二类过程,也就是放能过程与吸能过程偶联。例如,用水轮机拉吊车上坡。这些宏观过程在分子水平上也适用。了解了生命机体在分子水平上放与吸能反应的偶联,就能了解生命活动的具体过程。

由于生命系统基本上处于恒温恒压下,它不能直接利用生物反应所释放的热来推动需要能量的生命过程。这些生命过程,如生物合成、肌肉收缩、神经传导和主动运输等,往往是通过化学连接或偶联于氧化反应获得能量的。这种偶联过程,能动性地通过某一中间产物或通过某一载体而得以实现。最广泛且最基本的方式是通过高能化合物。

(3) 氧化与还原偶联——吸收链。在生命机体中,氧化总是与还原偶联在一起的。一方面还原剂失去电子,它本身被氧化。另一方面,氧化剂得到电子,它本身被还原。氧化还原反应是电子从还原剂转移到氧化剂的过程,它往往是可逆的。

代谢物被脱氢酶激活,经过一系列氢体传递作用,最后将质子和电子传递给激活的氧原子,从而形成水的全过程叫氧化呼吸链,它是在细胞内线粒体膜上发生的。

呼吸链的氧化过程与 ATP 的磷酸化过程总是偶联在一起,即呼吸链在电子传递过程中产生的能量,通过呼吸链上的特定部位放出,激活了线粒体内膜上的 ATP 酶,从而使 ADP 磷酸化为 ATP。这种氧化磷酸化过程是生物体内 ATP 的主要生成方式。

2. 生命系统的动力学

生命系统的动力学机理主要体现在生物催化剂——酶催化生物体内化学反应的动力学上,酶作为生物催化剂与非酶催化剂相比较有以下特征,即催化效率高,具有高度专一性和可被多种方式调节。由于酶的化学本质是蛋白质,故酶也容易失活。图 8.14 表明了酶的作用原理。

酶的活性中心由酶分子中在三维结构上比较靠近的几个氨基酸残基组成,它们的功能

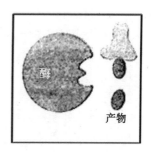

图 8.14 酶的作用原理

是结合底物和催化反应。酶活力,又叫酶活性,是指酶催化一定化学反应的能力,酶活性的大小可用一定条件下它所催化的某一化学反应的反应速率来表示,酶促反应动力学就是研究酶促反应速率以及影响此速率的各种因素的科学,它包括底物浓度、酶浓度、温度、pH 值、激活剂以及抑制剂对酶促反应速率的影响,而酶与底物之间的相互作用是研究酶促反应的核心问题。1913 年,Michaelis 和 Menten 提出了酶的中间络合物理论,即酶分子(E)的表面与底物(S)形成不稳定的中间络合物(ES),这种中间络合物较原来底物需较少的活化能就可以继续进行反应,然后分解生成产物(P),并释放出原来的酶。

$$E + S \underset{k_2}{\overset{k_1}{\rightleftharpoons}} ES \xrightarrow{k_3} E + P$$

根据这一理论提出的米氏方程为

$$v_0 = \frac{v[S]}{Km + [S]}$$

其中,Km 是米氏常数,它是酶的特性常数;v 为最大反应速率。米氏方程表明底物浓度$[S]$与反应初始速率 v_0 之间的关系是一条双曲线。

8.4 生物工程

人类基因组计划的完成,不仅会为人类提供全部的遗传信息,而且对于征服人的多种疑难病症具有重要意义。但要达到这一目的,离不开生物工程技术——基因工程。

生物工程是指运用生命科学、化学和工程学相结合的手段,利用生物体或生命系统以及生物化学反应原理来生产人类有用产品的科学体系,它是传统生物技术的更高发展阶段。在此阶段人们开始能动地对生物分子进行人工创造设计、定向改造生物形态、加工生物材料和利用生命过程。

生物工程包括遗传操作技术(重点为生物大分子结构、转基因、DNA 重组、细胞融合)、生物加工技术及支撑这些研究的基础设施,前者(即所谓基因工程和细胞工程)是生物工程的核心和关键;后者(即所谓发酵工程和酶工程)是生物工程产业化的基础和支撑。

基因工程也称重组 DNA 技术,它采用了类似工程技术的方法,在离体条件下将不同种属或不同个体的遗传物质输入生物体内,使外源基因与内源基因进行重新组合,从而使受体生物表达新的性状,达到用经典的遗传学手段不容易或不可能达到的目的,这种完全按照人的意愿,由重新组装基因到新生物产生的生物技术,就是"基因工程",也称为"遗传工程"。如将这项技术应用到工农医各方面,发展的前景是不可限量的。不久的将来可望把作物的高产、早熟、抗病和高营养等优越性汇集到一起,或是把固氮基因输入到自身不能固氮的作物中去。应用基因工程技术还可使根治遗传病成为可能。

目前所说的基因工程一般是指在基因(即 DNA)水平上进行的重组 DNA 技术。它包括以下几个步骤:

① 用一种"手术刀"——限制性核酸内切酶从一种生物细胞的 DNA 分子上切取所需的遗传基因(也称外源性基因)。

② 选择合适的基因运载体,它经内切酶处理后,与外源性基因结合,形成重组 DNA。

③ 将此重组 DNA 输入一种生物细胞里,由于载体能自我复制,目的基因(即连接在载体上的外源性基因)也随之而扩增。

④ 从大量宿主细胞中筛选出接受了重组 DNA 的细胞。

⑤ 从筛选出的细胞中取出扩增的外源性基因,或从细胞中获得基因产物。

由于外源 DNA 分子在这种细胞中的增殖不是通过有性繁殖,因此这种技术也被称为分子克隆。这个过程(图 8.15)可以使目的基因及载体上其他基因得以转录和翻译。

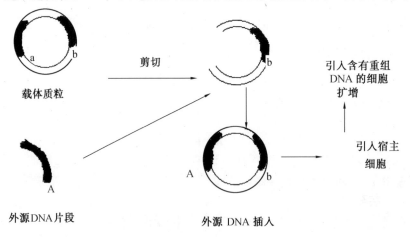

图 8.15 基因工程基本程序示意图

细胞工程是将一种生物细胞中携带的全套遗传信息整个地转入另一种生物细胞,从而改变其细胞的遗传性,创造出新的生物类型的技术。它包括细胞融合、细胞器移植、原生质体融合、染色体工程和细胞与组织培养技术。近年来,最引人注目的是细胞融合技术和细胞与组织培养技术,它们不断取得了优异的成果,广泛地应用于生产。

细胞融合是将两个不同类型的细胞,通过化学的、生物学的或物理学的方法,使它们彼此融合在一起从而产生出兼有两个亲本遗传性状的细胞。这种技术在医学、农业等领域取得了良好的成就,其中,最令人瞩目的研究成果是淋巴细胞杂交瘤技术,即利用淋巴细胞与骨髓细胞进行融合,从中筛选出杂交瘤细胞株。淋巴细胞杂交瘤技术是在 1975 年由英国科学家 Milestein 和 Kohler 发明的。这一技术在免疫学上引起了一场"革命",人们纷纷利用这种技术来制造针对不同抗原高度纯一的单克隆抗体。在临床上,这种单克隆抗体也称为"生物导弹",因为它能引导药物定向和有选择地攻击癌细胞。现在,它已用于治疗、诊断癌症和艾滋病等疑难杂症,用于快速诊断人类、动物和农作物的疾病,成为细胞工程在医学上最重要的成就之一。

细胞培养又分植物细胞培养和动物细胞培养两类。由于植物细胞具有全能性,即植物的体细胞具有母体植株全部遗传信息并发育成为完整个体的潜力,因而每一个植物细胞可以像胚胎细胞那样,经离体培养再生成植株,这就是植物细胞组织培养的主要目的。据1989年的不完全统计,目前世界上通过细胞组织培养再生植株的植物有5 000种以上,植物的根尖、茎尖、叶肉细胞、花粉、胚和胚乳等组织均可以再生成植株。植物细胞培养应用于生产实践已取得了明显效益,其实际应用大体有无性繁殖、消除病害、种子的长期储藏、合成次生代谢产物等几个方面。

高等动物的体细胞与植物细胞不同,在分化过程中逐渐失去了全能性,因此无法通过体细胞培养产生动物个体。目前,动物细胞培养主要用于通过大量的细胞培养获得细胞产品。例如,T淋巴细胞(在一定条件下可直接杀死癌变细胞,抗拒病毒对人体的侵犯)在T细胞生长因子的作用下,可在体外迅速增殖。细胞培养还可用来进行病毒抗原的制作和疫苗的生产,如制作带状疱疹、水痘、传染性肝炎等疫苗。

酶工程是指酶制剂在工业上的大规模生产及应用。已知酶种类约有8 000多种,至少有2 500种有可能被应用。目前国际上工业用酶超过50种,研究用酶超过360种。从产量和销售金额看,工业用的蛋白酶、葡萄糖淀粉酶、α-淀粉酶和葡萄糖异构酶等所占比重最大。国际上酶年产量已达约50 000 t,产值约10亿美元。酶制剂主要应用于洗涤剂、淀粉加工、甜味剂、乳制品、果汁、酿酒、糖果、面包、皮革、造纸及纺织等工业。此外,在精细化工、医药品、香料和生物转化等领域中还有参与氧化、还原、分子重排和特殊化合物合成反应等的反应酶。

为求得大规模生产及应用酶而应运而生的酶工程可以分两大类:即化学酶工程和生物酶工程。

化学酶工程亦称初级酶工程,它主要由酶学和化学工程技术相互结合而形成,通过化学修饰、固定化酶、甚至通过化学合成法等手段,改善酶的性质,以提高催化效率及降低成本。固定化酶是指被结合到特定的惰性载体上并能发挥作用的一类酶,是化学酶工程中具有强大生命力的主干。固定化酶的优点是可以用离心法或过滤法很容易地将酶与反应液分离开来,在生产中十分方便有利;可以反复使用,在某些情况下甚至可以使用上千次以上,可极大地节约成本,且稳定性很好。为了更好地利用生物体中的酶,现在已能把细胞进行固体化,直接利用细胞中的酶,其比固定化酶有更大的优越性,因其在生产过程中,酶不但不减少,而且可以增殖。

生物酶工程是在化学酶工程基础上发展起来的,是以酶学和DNA重组技术为主的现代分子生物学技术相结合的产物。因此它亦可称为高级酶工程。它主要包括以下三方面:

① 用DNA重组技术(即基因工程技术)大量地生产酶。
② 对酶基因进行修饰、产生遗传修饰酶。
③ 设计新的酶基因,合成自然界不曾有过的性能稳定、催化效率高的新酶。

发酵工程是利用微生物(或动植物细胞)的特定性状,通过现代生化工程技术产生有用物质或直接用于工业化生产的技术。主要包括菌种选育、菌体生产、代谢产物的发酵、微生物功能的应用、生化反应器(发酵罐)的设计和产品的分离、提取、精制等技术。在整个生物技术中,发酵工程是一个十分重要的组成部分,基因工程、细胞工程、酶工程的研究成果,均须通过发酵工程,才能转化为生产力,取得经济效益和社会效益。

由上述可见，生物工程是使生物体内的化学反应在体外得以实现，并能形成工业生产规模的一门技术，这是一项造福人类的新技术。随着科学技术的发展，它将推动 21 世纪的化学工业发生革命性的变革。

8.5 参考选读

一、转基因食品不是洪水猛兽

什么是转基因食品？转基因食品能吃吗？随着肯德基"变种鸡"谣言的传播，对转基因食品的疑惑甚至恐慌也在大街小巷中疯狂滋长。2003 年 1 月欧洲议会宣布将取消锢 5 年之久的转基因农产品贸易禁令。欧盟委员会负责消费者事务的委员伯恩表示，解除禁令势在必行，应当让消费者自己选择是否愿意购买转基因食品。欧盟农业部长理事通过了新的转基因产品条例，为取消禁令铺平了道路。

国际科学联合会理事会发表调查报告说，转基因作物可以安全食用。生命是脆弱的，在高科技横行的今天尤其如此，任何人都不会愿意成为某项实验的牺牲品。当年"多利羊"出生所引发的科研、经济、贸易、政治、文化领域的"地震"超乎想像，人们现在对转基因食品的恐慌也许有很大一部分源于此。笔者以为，这种恐慌本身就带有放大镜，萌芽状态的担忧被无限扩大化，这主要是由于对转基因不了解。

转基因是指利用分子生物学手段，将某些生物的基因转移到其他生物物种上，使原物种出现新的性状或产物，以转基因生物为原料加工生产的食品就是转基因食品。美国已有 74% 的大豆和 32% 的玉米采用转基因技术生产，有 2 亿多人每天在吃转基因食品。

实际上，不管对转基因食品这个并不新鲜的"新鲜事物"持何种观点，国人与转基因食品的亲密接触却很难避免。2003 年 2 月，国际绿色和平组织在京沪穗港四城市抽取 73 个常见的食品样品，发送至欧洲基因时代公司检测，正式检测报告显示，13 个样品含有转基因成分。

毋庸讳言，一些食品生产商无视消费者的知情权，无视国家法规关于对列入目录的转基因生物进行标识的规定，造成一些消费者被动地食用了转基因食物，负面影响不容回避。但这同时也说明，转基因已经被广泛应用于食品领域，不同的只是分量的多少而已。

自 1996 年美国开始大规模种植转基因植物以来，转基因食品扩散的速率超乎很多人的想像。据不完全统计，1996 年全球转基因农作物耕种面积为 1.7×10^4 km^2，2000 年增至 4.42×10^5 km^2，2002 年更是达到 5.867×10^5 km^2。其中转基因大豆和玉米的耕种面积，约占总耕种面积的 80%。

据报道，目前中国转基因作物种植面积超过 7×10^4 ha，有 6 种转基因植物已被批准。

事实已经证明，作为一种具有超强生命力的高科技成果，转基因革新与技术在保证农业的稳产高产方面具有十分巨大的潜力，这对于一些面临食品严重短缺的发展中国家来说意义非同一般。换言之，这项技术已成为许多国家解决粮食问题或者说温饱问题的救命稻草，说得夸张点可能是全人类的福音。

转基因食品不是洪水猛兽，其前进步伐不可阻挡，当前要解决的是如何了解它，适应它，直到接受它。人类历史上无数新生事物被广泛接受都经过了相当长的过程，有益有利的东西终会被人们接纳并长久流传。

当然,转基因食品诞生的时间并不是很长,国际上围绕转基因生物发展的争论一直没有停止过,要彻底认识转基因食品也非一朝一夕,对于它可能会带来的危害必须保持警觉。但所谓瑕不掩瑜,这并不意味着我们就要一味片面夸大其缺点,将它拒之于千里之外。若如此,则失去的将会很多。

二、转基因食品的优缺点

优点:① 解决粮食短缺问题;② 减少农药使用,避免环境污染;③ 节省生产成本,降低食物售价;④ 增加食物营养,提高附加价值;⑤ 增加食物种类,提升食物品质;⑥ 促进生产效率,带动相关产业发展。

缺点:① 可能对蝴蝶等昆虫造成伤害;② 可能影响周边的植物的生长;③ 可能使昆虫或病菌在演化中增加抵抗力,或产生新的物种。另外,也有可能会伤害周边的作物。

对于转基因食品的安全性,目前国际上没有统一说法,争论的重点应在转基因食物是否会产生毒素、是否可通过 DNA 蛋白质过敏反应、是否影响抗生素耐性等方面。但至今仍没有定论。

思考题与习题

1. 生物体中的必需元素有哪些?哪些是宏量元素?哪些是微量元素?为什么说生物体中存在大量无机元素是必然的?

2. 地球环境、生物演化与生命元素的存在有何关系?

3. 什么叫细胞膜的主动运输?"钠钾泵"是怎样完成细胞内、外 K^+、Na^+ 离子的双向主动输送的?(结合"钠钾泵"说明)ATP 酶催化 ATP 水解时 Mg^{2+} 起什么作用?

4. 何谓全酶?有哪些金属离子能作为酶的辅因子?为什么?

5. DNA 分子中含有哪几种碱基?试写出它们的结构式。

6. 什么是 DNA 的二级结构?在该二级结构中,组成 DNA 的四种碱基之间在数量上有何规律?

7. 维持 DNA 二级结构稳定的主要因素有哪些?

8. DNA 如何复制?

9. 什么是遗传信息流向的"中心法则"?

10. 放能与吸能反应是如何偶联的?生命机体氧化和还原又是如何偶联的?

11. 酶与一般催化剂有何异同?

12. 简述新陈代谢的特点。

13. 何谓基因工程?它的基本步骤是什么?

14. 何谓细胞工程?单体克隆抗体是如何得到的?

15. 何谓酶工程?在生物技术中有何重要性?

16. 举例说明生物工程在工业、农业和医药业上的应用。

17. 学习本章后,请你谈谈生命与化学有何关系?

18. 谈谈你对转基因食品的看法。

附　录

附录1　一些物质在298.15 K时的标准摩尔生成焓、标准摩尔生成吉布斯函数和标准摩尔熵的数据*

物　　　质	$\dfrac{\Delta_f H_m^{\ominus}}{(kJ \cdot mol^{-1})}$	$\dfrac{\Delta_f G_m^{\ominus}}{(kJ \cdot mol^{-1})}$	$\dfrac{S_m^{\ominus}}{(J \cdot K^{-1} \cdot mol^{-1})}$
Ag(s)	0	0	42.55
AgCl(s)	−127.07	−109.80	96.2
AgI(s)	−61.84	−66.19	115.5
Al(s)	0	0	28.33
$AlCl_3$(s)	−704.2	−628.9	110.66
Al_2O_3(s,α,刚玉)	−1 675.7	−1 582.4	50.92
Br_2(l)	0	0	152.23
Br_2(g)	30.91	3.142	245.35
C(s,金刚石)	1.896 6	2.899 5	2 377
C(s,石墨)	0	0	5.740
CCl_4(l)	−135.44	−65.27	216.40
CO(g)	−110.52	−137.15	197.56
CO_2(g)	−393.50	−394.36	213.64
Ca(s)	0	—	41.42
$CaCO_3$(s,方解石)	−1 206.92	−1 128.84	92.9
CaO(s)	−635.09	−604.04	39.75
$Ca(OH)_2$(s)	−986.09	−898.56	83.39
$CaSO_4$(s)	−1 434.11	−1 321.85	106.7
$CaSO_4 \cdot 2H_2O$(s)	−2 022.63	−1 797.45	194.1
Cl_2(g)	0	0	222.96
Co(s,α)	0	0	30.04
$CoCl_2$(s)	−312.5	−266.9	109.16
Cr(s)	0	0	23.77
Cr_2O_3(s)	−1 139.7	−1 058.1	81.2
Cu(s)	0	0	33.15
$CuCl_2$(s)	−220.1	−175.7	108.07
CuO(s)	−157.3	−129.7	42.63
Cu_2O(s)	−168.6	−146.0	93.14
CuS(s)	−53.1	−53.6	66.5
F_2(g)	0	0	202.67
Fe(s,α)	0	0	27.28
$Fe_{0.947}O$(s,方铁矿)	−266.3	−246.4	57.49
FeO	−272.0	—	—
Fe_2O_3(s,赤铁矿)	−824.2	−742.2	37.40
Fe_3O_4(s,磁铁矿)	−1 118.4	−1 015.5	146.4
$Fe(OH)_2$(s)	−569.0	−486.6	88
H_2(g)	0	0	130.574
H_2CO_3(aq)	−699.65	−623.16	187.4
HCl(g)	−92.307	−95.299	186.80

续附表

物　　质	$\Delta_f H_m^\ominus$ / (kJ·mol^{-1})	$\Delta_f G_m^\ominus$ / (kJ·mol^{-1})	$S_m^\ominus$ / (J·K^{-1}·mol^{-1})
HF(g)	−271.1	−273.2	173.67
HNO$_3$(l)	−174.10	−80.79	155.60
H$_2$O(g)	−241.82	−288.59	188.72
H$_2$O(l)	−285.83	−237.18	69.91
H$_2$O$_2$(l)	−187.78	−120.42	—
H$_2$S(g)	−20.63	−33.56	205.69
Hg(g)	61.317	31.853	174.85
Hg(l)	0	0	76.02
HgO(g,红)	−90.83	−58.555	70.29
I$_2$(l)	62.438	19.359	260.58
I$_2$(s)	0	0	116.14
K(s)	0	0	64.18
KCl(s)	−436.747	−409.15	32.59
Mg(s)	0	0	32.68
MgCl$_2$(s)	−641.32	−591.83	89.62
MgO(s)	−601.70	−569.44	26.94
Mg(OH)$_2$(s)	−924.54	−835.58	63.18
Mn(s,α)	0	0	32.01
MnO(s)	−385.32	−362.92	59.71
N$_2$(g)	0	0	191.50
NH$_3$(g)	−46.11	−16.48	192.34
NH$_3$(aq)	−80.29	−26.6	111.3
N$_2$H$_4$(l)	50.63	149.24	121.21
NH$_4$Cl(s)	−314.43	−202.97	94.6
NO(g)	90.25	86.57	210.65
NO$_2$(g)	33.18	51.30	239.95
Na(s)	0	0	51.21
NaCl(s)	−411.15	−384.15	72.13
Na$_2$O(s)	−414.22	−375.47	75.06
NaOH(s)	−425.609	−379.53	64.455
Ni(s)	0	0	29.87
NiO(s)	−239.7	−211.7	37.99
O$_2$(g)	0	0	205.03
O$_3$(g)	142.7	163.2	238.82
P(s,白)	0	0	41.09
Pb(s)	0	0	64.81
PbCl$_2$(s)	−359.40	−317.90	136.0
PbO(s,黄)	−215.33	−187.90	68.40
S(s,正交)	0	0	31.80
SO$_2$(g)	−296.83	−300.19	248.11
SO$_3$(g)	−395.72	−371.08	256.65
Si(s)	0	0	18.83

续附表

物　质	$\Delta_f H_m^\ominus$ / (kJ·mol⁻¹)	$\Delta_f G_m^\ominus$ / (kJ·mol⁻¹)	$S_m^\ominus$ / (J·K⁻¹·mol⁻¹)
SiO_2(s, α-石英)	-910.94	-856.67	41.84
Sn(s, 白)	0	0	51.55
SnO_2(s)	-580.7	-519.7	52.3
Ti(s)	0	0	30.63
TiO_2(s, 金红石)	-944.7	-889.5	50.33
Zn(s)	0	0	41.63
CH_4(g)	-74.848	-50.794	186.19
C_2H_2(g)	226.75	209.20	200.82
C_2H_4(g)	52.283	68.124	219.83
C_2H_6(g)	-84.667	-32.886	229.49
C_6H_6(g)	82.927	129.658	269.20
C_6H_6(l)	49.036	124.139	173.26
CH_3OH(l)	-239.03	-166.82	127.24
C_2H_5OH(l)	-277.69	-174.89	160.7
C_6H_5COOH(s)	-385.05	-245.27	167.57
$C_{12}H_{22}O_{11}$(s)	-2225.5	-1544.7	360.2

* 本表所列数据，除部分有机化合物的以外，均系根据 Robert C, Weast. CRC Handbook of Chemistry and Physics, 63rd ed, 1982~1983, D-46~100 所列以 kcal·mol⁻¹ 或 cal·K⁻¹·mol⁻¹ 为单位的数据乘以 4 184 而得到的。

附录2　标准电极电势*(298.15 K)

电　对 (氧化态/还原态)	电　极　反　应 (氧化态 + ne^- ⇌ 还原态)	电极电势 / V
Li^+/Li	Li^+(aq) + e^- ⇌ Li(s)	-3.045
K^+/K	K^+(aq) + e^- ⇌ K(s)	-2.924
Ca^{2+}/Ca	Ca^{2+}(aq) + $2e^-$ ⇌ Ca(s)	-2.76
Na^+/Na	Na^{2+}(aq) + e^- ⇌ Na(s)	-2.710 9
Mg^{2+}/Mg	Mg^{2+}(aq) + $2e^-$ ⇌ Mg(s)	-2.375
Al^{3+}/Al	Al^{3+}(aq) + $3e^-$ ⇌ Al(s) (0.1mol·L⁻¹NaOH)	-1.706
Mn^{2+}/Mn	Mn^{2+}(aq) + $2e^-$ ⇌ Mn(s)	-1.029
Zn^{2+}/Zn	Zn^{2+}(aq) + $2e^-$ ⇌ Zn(s)	-0.762 8
Fe^{2+}/Fe	Fe^{2+}(aq) + $2e^-$ ⇌ Fe(s)	-0.440 2
Cd^{2+}/Cd	Cd^{2+}(aq) + $2e^-$ ⇌ Cd(s)	-0.402 6
Co^{2+}/Co	Co^{2+}(aq) + $2e^-$ ⇌ Co(s)	-0.28
Ni^{2+}/Ni	Ni^{2+}(aq) + $2e^-$ ⇌ Ni(s)	-0.23

续附表

电对 (氧化态/还原态)	电极反应 (氧化态 + ne^- ⇌ 还原态)	电极电势 V
Sn^{2+}/Sn	$Sn^{2+}(aq) + 2e^- \rightleftharpoons Sn(s)$	$-0.136\,4$
Pb^{2+}/Pb	$Pb^{2+}(aq) + 2e^- \rightleftharpoons Pb(s)$	$-0.126\,3$
H^+/H_2	$H^+(aq) + e^- \rightleftharpoons \frac{1}{2}H_2(g)$	$-0.000\,0$
$S_4O_6^{2-}/S_2O_3^{2-}$	$S_4O_6^{2-}(aq) + 2e^- \rightleftharpoons 2S_2O_3^{2-}(aq)$	-0.09
S/H_2S	$S(s) + 2H^+(aq) + 2e^- \rightleftharpoons H_2S(aq)$	$+0.141$
Sn^{4+}/Sn^{2+}	$Sn^{4+}(aq) + 2e^- \rightleftharpoons Sn^{2+}(aq)$	$+0.15$
SO_4^{2-}/H_2SO_3	$SO_4^{2-}(aq) + 4H^+(aq) + 2e^- \rightleftharpoons H_2SO_3(aq) + H_2O$	$+0.20$
Hg_2Cl_2/Hg	$Hg_2Cl_2(s) + 2e^- \rightleftharpoons 2Hg(l) + 2Cl^-$	$+0.268\,2$
Cu^{2+}/Cu	$Cu^{2+}(aq) + 2e^- \rightleftharpoons Cu(s)$	$+0.340\,2$
O_2/OH^-	$\frac{1}{2}O_2(g) + H_2O + 2e^- \rightleftharpoons 2OH^-(aq)$	$+0.401$
Cu^+/Cu	$Cu^+(aq) + e^- \rightleftharpoons Cu(s)$	$+0.522$
I_2/I^-	$I_2(s) + 2e^- \rightleftharpoons 2I^-(aq)$	$+0.535$
O_2/H_2O_2	$O_2(g) + 2H^+(aq) + 2e^- \rightleftharpoons H_2O_2(aq)$	$+0.770$
Fe^{3+}/Fe^{2+}	$Fe^{3+}(aq) + e^- \rightleftharpoons Fe^{2+}(aq)$	$+0.682$
Hg_2^{2+}/Hg	$\frac{1}{2}Hg_2^{2+}(aq) + e^- \rightleftharpoons Hg(l)$	$+0.798\,6$
Ag^+/Ag	$Ag^+(aq) + e^- \rightleftharpoons Ag(s)$	$+0.799\,6$
Hg^{2+}/Hg	$Hg^{2+}(aq) + 2e^- \rightleftharpoons Hg(l)$	$+0.851$
NO_3^-/NO	$NO_3^-(aq) + 4H^+(aq) + 3e^- \rightleftharpoons NO(g) + 2H_2O$	$+0.96$
HNO_2/NO	$HNO_2(aq) + H^+(aq) + e^- \rightleftharpoons NO(g) + H_2O$	$+0.99$
Br_2/Br^-	$Br_2(l) + 2e^- \rightleftharpoons 2Br^-(aq)$	$+1.065$
MnO_2/Mn^{2+}	$MnO_2(s) + 4H^+(aq) + 2e^- \rightleftharpoons Mn^{2+}(aq) + 2H_2O$	$+1.208$
O_2/H_2	$O_2(g) + 4H^+(aq) + 4e^- \rightleftharpoons 2H_2$	$+1.229$
$Cr_2O_7^{2-}/Cr^{3+}$	$Cr_2O_7^{2-}(aq) + 14H^+(aq) + 6e^- \rightleftharpoons 2Cr^{3+}(aq) + 7H_2O$	$+1.232$
Cl_2/Cl^-	$Cl_2(g) + 2e^- \rightleftharpoons 2Cl^-(aq)$	$+1.358\,3$
MnO_4^-/Mn^{2+}	$MnO_4^-(aq) + 8H^+(aq) + 5e^- \rightleftharpoons Mn^{2+}(aq) + 4H_2O$	$+1.491$
H_2O_2/H_2O	$H_2O_2(aq) + 2H^+(aq) + 2e^- \rightleftharpoons 2H_2O$	$+1.776$
$S_2O_8^{2-}/SO_4^{2-}$	$S_2O_8^{2-}(aq) + 2e^- \rightleftharpoons 2SO_4^{2-}(aq)$	$+2.0$
F_2/F^-	$F_2(g) + 2e^- \rightleftharpoons 2F^-(aq)$	$+2.87$

* 数据录自 Robert C, Weast. CRC Handbook of Chemistry and Physics, 63rd ed, 1982~1983, D-162~166

附录 3 四位有效数字相对原子质量表 *

(以 $^{12}C = 12$ 为基准)

原子序数	名称		符号	相对原子质量	原子序数	名称		符号	相对原子质量
1	氢	Hybrogen	H	1.008	34	硒	Selenium	Se	78.96 ± 3
2	氦	Helium	He	4.003	35	溴	Bromine	Br	79.90
3	锂	Lithium	Li	6.941 ± 2**	36	氪	Krypton	Kr	83.80
4	铍	Beryllium	Be	9.012	37	铷	Rubidium	Rb	85.47
5	硼	Boron	B	10.81	38	锶	Strontium	Sr	87.72
6	碳	Carbon	C	12.01	39	钇	Yttrium	Y	88.91
7	氮	Nitrogen	N	14.01	40	锆	Zirconium	Zr	91.22
8	氧	Oxygen	O	16.00	41	铌	Niobium	Nb	92.91
9	氟	Fluorine	F	19.00	42	钼	Molybdenum	Mo	95.94
10	氖	Neon	Ne	20.18	43	锝	Tebhnetium	^{99}Tc	98.91**
11	钠	Sodium	Na	22.99	44	钌	Ruthenium	Ru	101.1
12	镁	Magnesium	Mg	24.31	45	铑	Rhodium	Rh	102.9
13	铝	Aluminium	Al	26.98	46	钯	Palladium	Pd	109.4
14	硅	Silicon	Si	28.09	47	银	Silver	Ag	107.9
15	磷	Phosphorus	P	30.97	48	镉	Cadmium	Cd	112.4
16	硫	Sulfur	S	32.07	49	铟	Ihdium	In	114.8
17	氯	Chlorine	Cl	35.45	50	锡	Tin	Sn	118.7
18	氩	Argon	Ar	39.95	51	锑	Antimony	Sb	121.8
19	钾	Potassium	K	39.10	52	碲	Tellurium	Te	127.6
20	钙	Calcium	Ca	40.08	53	碘	Iodine	I	126.9
21	钪	Scandium	Sc	44.96	54	氙	Xenon	Xe	131.3
22	钛	Titanium	Ti	47.88 ± 3	55	铯	Caesium	Cs	132.9
23	钒	Vanadium	V	50.94	56	钡	Barium	Ba	137.3
24	铬	Chromium	Cr	52.00	57	镧	Lanthanum	La	138.9
25	锰	Manganese	Mn	59.94	58	铈	Cerium	Ce	140.1
26	铁	Iron	Fe	55.95	59	镨	Praseodymium	Pr	140.9
27	钴	Cobalt	C	58.93	60	钕	Neodymuim	Nd	144.2
28	镍	Nickel	Ni	58.69	61	钷	Promethium	^{145}Pm	144.9
29	铜	Copper	Cu	63.55	62	钐	Samarium	Sm	150.4
30	锌	Zinc	Zn	65.39 ± 2	63	铕	Europium	Eu	152.0
31	镓	Gallium	Ga	69.72	64	钆	Gadolinium	Gd	157.3
32	锗	Germanium	Ge	72.61 ± 2	65	铽	Terbium	Tb	158.9
33	砷	Arsenic	As	74.92	66	镝	Dysprosium	Dy	162.5

续附表

原子序数	名称		符号	相对原子质量	原子序数	名称		符号	相对原子质量
67	钬	Holmium	Ho	164.9	85	砹	Astatine	^{210}At	210.0
68	铒	Erbium	Er	167.3	86	氡	Radon	^{222}Rn	222.0
69	铥	Thulium	Tm	168.9	87	钫	Francium	^{223}Fr	223.0
70	镱	Ytterbium	Yb	173.0	88	镭	Radium	^{236}Ra	226.0
71	镥	Lutetium	Lu	175.0	89	锕	Actinum	^{227}Ac	232.0
72	铪	Hafnium	Hf	178.5	90	钍	Thorium	Th	232.0
73	钽	Tatnalum	Ta	180.9	91	镤	Protactinium	^{231}Pa	231.0
74	钨	Wolfram	W	183.9	92	铀	Uranium	U	238.0
		(Tungsten)			93	镎	Neptunium	^{237}Np	237.0
75	铼	Rhenium	Re	186.2	94	钚	Plutonium	^{239}Pu	239.1
76	锇	Osmium	Os	190.2	95	镅	Americium	^{243}Am	243.1
77	铱	Iridiumr	Ir	192.2	96	锔	Curium	^{247}Cm	247.1
78	铂	Platinum	Pt	195.1	97	锫	Berkelium	^{247}BK	247.1
79	金	Gold	Au	197.0	98	锎	Californium	^{252}Cf	252.1
80	汞	Mercury	Hg	200.6	99	锿	Einsteinium	^{252}Es	252.1
81	铊	Thallium	Tl	204.4	100	镄	Fermium	^{257}Fm	257.1
82	铅	Lead	Pb	207.2	101	钔	Mendelevium	^{256}Md	256.1
83	铋	Bismuth	Bi	209.0	102	锘	Nobelium	^{295}No	259.1
84	钋	Polonium	^{210}Po	210.0	103	铹	Lawrencium	^{260}Lr	260.1

* 相对原子质量是1985年国际纯粹与应用化学联合会(IUPAC)下属化学教育委员会(CTC)和相对原子量及同位素丰度委员会公布的。

* 除Li、Ti、Zn、Gw、S外,各元素相对原子质量最后一位数的偏差都在±的范围以内。Pc、Pm、Po等20种放射性元素,因衰变情况不同,各种样品的同位素丰度可以有很大的差别,因此只能列出常见同位素的相对原子质量,如^{99}Tc的相对原子质量为98.91。

附录4 大气环境质量标准

污染物名称	取值时间	质量浓度限值/(mg·m^{-3})		
		一级标准	二级标准	三级标准
总悬浮微粒	日平均①	0.15	0.30	0.50
	任何一次②	0.30	1.00	1.50
飘尘	日平均	0.05	0.15	0.25
	任何一次	0.15	0.50	0.70
二氧化硫	年日平均③	0.02	0.06	0.10
	日平均	0.05	0.15	0.25
	任何一次	0.15	0.50	0.70
氮氧化物	日平均	0.05	0.10	0.15
	任何一次	0.10	0.15	0.30
一氧化碳	日平均	4.0	4.00	6.00
	任何一次	10.00	10.00	20.00
光化学氧化剂(O_3)	一小时平均	0.12	0.16	0.20

① "日平均"为任何一日的平均浓度不许超过限值。
② "任何一次"为任何一次采样测定不许超过的浓度限值。不同污染物"任何一次"采样时间见有关规定。
③ "年日平均"为任何一年的日平均值不许超过的限值。

附录5　元素周期表

氧化值（单质的氧化值为0，未列入）：+2, +3, +4, +5, +6

95	原子序数
Am	元素符号
镅▲	元素名称（注▲的为人造元素）
$5f^77s^2$	价层电子构型
243.06+	以 $^{12}C=12$ 为基准的相对原子质量（注+的是半衰期最长同位素相对原子质量）

族/周期	1 IA	2 IIA	3 IIIB	4 IVB	5 VB	6 VIB	7 VIIB	8 VIIIB	9 VIIIB	10 VIIIB	11 IB	12 IIB	13 IIIA	14 IVA	15 VA	16 VIA	17 VIIA	18 VIIIA	电子层
1	1 H 氢 $1s^1$ 1.0079 -1, +1																	2 He 氦 $1s^2$ 4.0026	K
2	3 Li 锂 $2s^1$ 6.941 +1	4 Be 铍 $2s^2$ 9.0122 +2											5 B 硼 $2s^22p^1$ 10.811 +3	6 C 碳 $2s^22p^2$ 12.011 -4, +2, +4	7 N 氮 $2s^22p^3$ 14.007 -3, -2, -1, +1, +2, +3, +4, +5	8 O 氧 $2s^22p^4$ 15.999 -2, -1	9 F 氟 $2s^22p^5$ 18.998 -1	10 Ne 氖 $2s^22p^6$ 20.180	L K
3	11 Na 钠 $3s^1$ 22.990 +1	12 Mg 镁 $3s^2$ 24.305 +2											13 Al 铝 $3s^23p^1$ 26.982 +3	14 Si 硅 $3s^23p^2$ 28.086 -4, +2, +4	15 P 磷 $3s^23p^3$ 30.974 -3, -2, +1, +3, +5	16 S 硫 $3s^23p^4$ 32.066 -2, +2, +4, +6	17 Cl 氯 $3s^23p^5$ 35.453 -1, +1, +3, +5, +7	18 Ar 氩 $3s^23p^6$ 39.948	M L K
4	19 K 钾 $4s^1$ 39.098 +1	20 Ca 钙 $4s^2$ 40.078 +2	21 Sc 钪 $3d^14s^2$ 44.956 +3	22 Ti 钛 $3d^24s^2$ 47.867 -1, 0, +2, +3, +4	23 V 钒 $3d^34s^2$ 50.942 0, ±1, +2, +3, +4, +5	24 Cr 铬 $3d^54s^1$ 51.996 -3, 0, ±1, ±2, +3, +4, +5, +6	25 Mn 锰 $3d^54s^2$ 54.938 -2, 0, ±1, +2, ±3, +4, +5, +6, +7	26 Fe 铁 $3d^64s^2$ 55.845 -2, 0, ±1, +2, +3, +4, +5, +6	27 Co 钴 $3d^74s^2$ 58.933 0, ±1, +2, +3, +4, +5	28 Ni 镍 $3d^84s^2$ 58.693 0, ±1, +2, +3, +4	29 Cu 铜 $3d^{10}4s^1$ 63.546 +1, +2, +3, +4	30 Zn 锌 $3d^{10}4s^2$ 65.39 +1, +2	31 Ga 镓 $4s^24p^1$ 69.723 +1, +3	32 Ge 锗 $4s^24p^2$ 72.61 +2, +4	33 As 砷 $4s^24p^3$ 74.922 -3, +3, +5	34 Se 硒 $4s^24p^4$ 78.96 -2, +2, +4, +6	35 Br 溴 $4s^24p^5$ 79.904 -1, +1, +3, +5, +7	36 Kr 氪 $4s^24p^6$ 83.80 +2, +4	N M L K
5	37 Rb 铷 $5s^1$ 85.468 +1	38 Sr 锶 $5s^2$ 87.62 +2	39 Y 钇 $4d^15s^2$ 88.906 +3	40 Zr 锆 $4d^25s^2$ 91.224 +1, +2, +3, +4	41 Nb 铌 $4d^45s^1$ 92.906 0, ±1, +2, +3, +4, +5	42 Mo 钼 $4d^55s^1$ 95.94 0, ±1, ±2, +3, +4, +5, +6	43 Tc 锝▲ $4d^55s^2$ 97.907+ 0, ±1, +2, +3, +4, +5, +6, +7	44 Ru 钌 $4d^75s^1$ 101.07 0, +1, ±2, +3, +4, +5, +6, +7, +8	45 Rh 铑 $4d^85s^1$ 102.91 0, ±1, +2, +3, +4, +5, +6	46 Pd 钯 $4d^{10}$ 106.42 0, +1, +2, +3, +4	47 Ag 银 $4d^{10}5s$ 107.87 +1, +2, +3	48 Cd 镉 $4d^{10}5s^2$ 112.41 +1, +2	49 In 铟 $5s^25p^1$ 114.82 +1, +3	50 Sn 锡 $5s^25p^2$ 118.71 +2, +4	51 Sb 锑 $5s^25p^3$ 121.76 -3, +3, +5	52 Te 碲 $5s^25p^4$ 127.60 -2, +2, +4, +6	53 I 碘 $5s^25p^5$ 126.90 -1, +1, +3, +5, +7	54 Xe 氙 $5s^25p^6$ 131.29 +2, +4, +6, +8	O N M L K
6	55 Cs 铯 $6s^1$ 132.91 +1	56 Ba 钡 $6s^2$ 137.33 +2	57－71 La－Lu 镧系	72 Hf 铪 $5d^26s^2$ 178.49 +1, +2, +3, +4	73 Ta 钽 $5d^36s^2$ 180.95 0, ±1, +2, +3, +4, +5	74 W 钨 $5d^46s^2$ 183.84 0, ±1, ±2, +3, +4, +5, +6	75 Re 铼 $5d^56s^2$ 186.21 0, ±1, +2, +3, +4, +5, +6, +7	76 Os 锇 $5d^66s^2$ 190.23 0, +1, +2, +3, +4, +5, +6, +7, +8	77 Ir 铱 $5d^76s^2$ 192.22 0, ±1, +2, +3, +4, +5, +6	78 Pt 铂 $5d^96s^1$ 195.08 0, +2, +3, +4, +5, +6	79 Au 金 $5d^{10}6s$ 196.97 +1, +2, +3, +5	80 Hg 汞 $5d^{10}6s^2$ 200.59 +1, +2, +3	81 Tl 铊 $6s^26p^1$ 204.38 +1, +3	82 Pb 铅 $6s^26p^2$ 207.2 +2, +4	83 Bi 铋 $6s^26p^3$ 208.98 -3, +3, +5	84 Po 钋 $6s^26p^4$ 208.98 -2, +2, +3, +4, +6	85 At 砹 $6s^26p^5$ 209.99 ±1, +5, +7	86 Rn 氡 $6s^26p^6$ 222.02 +2	P O N M L K
7	87 Fr 钫▲ $7s^1$ 223.02+ +1	88 Ra 镭 $7s^2$ 226.03+ +2	89－103 Ac－Lr 锕系	104 Rf 𬬻▲ $6d^27s^2$ 261.11+	105 Db 𬭊▲ $6d^37s^2$ 262.11+	106 Sg 𬭳▲ $6d^47s^2$ 263.12+	107 Bh 𬭛▲ $6d^57s^2$ 264.12+	108 Hs 𬭶▲ $6d^67s^2$ 265.13+	109 Mt 鿏▲ $6d^77s^2$ (268)	110 Uun▲ (269)	111 Uuu▲ (272)	112 Uub▲ (277)							Q P O N M L K

★ 镧系	57 La★ 镧 $5d^16s^2$ 138.91 +3	58 Ce 铈 $4f^15d^16s^2$ 140.12 +2, +3, +4	59 Pr 镨 $4f^36s^2$ 140.91 +3, +4	60 Nd 钕 $4f^46s^2$ 144.24 +2, +3, +4	61 Pm 钷▲ $4f^56s^2$ 144.91+ +3	62 Sm 钐 $4f^66s^2$ 150.36 +2, +3	63 Eu 铕 $4f^76s^2$ 151.96 +2, +3	64 Gd 钆 $4f^75d^16s^2$ 157.25 +3	65 Tb 铽 $4f^96s^2$ 158.93 +3, +4	66 Dy 镝 $4f^{10}6s^2$ 162.50 +3, +4	67 Ho 钬 $4f^{11}6s^2$ 164.93 +3	68 Er 铒 $4f^{12}6s^2$ 167.26 +3	69 Tm 铥 $4f^{13}6s^2$ 168.93 +2, +3	70 Yb 镱 $4f^{14}6s^2$ 173.04 +2, +3	71 Lu 镥 $4f^{14}5d^16s^2$ 174.97 +3
★ 锕系	89 Ac★ 锕 $6d^17s^2$ 227.03+ +3	90 Th 钍 $6d^27s^2$ 232.04 +3, +4	91 Pa 镤 $5f^26d^17s^2$ 231.04 +3, +4, +5	92 U 铀 $5f^36d^17s^2$ 238.03 +2, +3, +4, +5, +6	93 Np 镎 $5f^46d^17s^2$ 237.05+ +3, +4, +5, +6, +7	94 Pu 钚 $5f^67s^2$ 244.06+ +3, +4, +5, +6, +7	95 Am 镅▲ $5f^77s^2$ 243.06+ +2, +3, +4, +5, +6	96 Cm 锔▲ $5f^76d^17s^2$ 247.07+ +3, +4	97 Bk 锫▲ $5f^97s^2$ 247.07+ +3, +4	98 Cf 锎▲ $5f^{10}7s^2$ 251.08+ +2, +3, +4	99 Es 锿▲ $5f^{11}7s^2$ 252.08+ +2, +3	100 Fm 镄▲ $5f^{12}7s^2$ 257.10+ +2, +3	101 Md 钔▲ $5f^{13}7s^2$ 258.10+ +2, +3	102 No 锘▲ $5f^{14}7s^2$ 259.10+ +2, +3	103 Lr 铹▲ $5f^{14}6d^17s^2$ 262.11+ +3

根据IUPAC 1995年提供的五位有效数字相对原子质量数据及1997年通过的新元素名称

参 考 文 献

[1] 王明华,周永秋,王彦广,等编著. 化学与现代文明[M]. 杭州:浙江大学出版社,1998.
[2] 唐有祺,王夔主编. 化学与社会[M]. 北京:高等教育出版社,1997.
[3] 哈尔滨工业大学化学教研室编. 普通化学[M]. 哈尔滨:哈尔滨工业大学出版社,1992.
[4] 何培之主编. 工科化学[M]. 北京:中央广播电视大学出版社,1993.
[5] 古国榜主编. 大学化学教程[M]. 北京:化学工业出版社,1999.
[6] Stanley E Manahan 著. 环境化学[M]. 陈甫华,等译. 天津:南开大学出版社,1993.
[7] 朱裕贞,顾达,黑恩成. 现代基础化学(上、下册)[M]. 北京:化学工业出版社,1998.
[8] 彭定一,林少宁编著. 大气污染及其控制[M]. 北京:中国环境科学出版社,1991.
[9] 金时俊编著. 食品添加剂[M]. 上海:华东化工学院出版社,1993.
[10] 黄梅丽,姜汝涛,江小梅. 食品色香味化学[M]. 北京:轻工业出版社,1987.
[11] 周志华. 生活·社会·化学[M]. 南京:南京大学出版社,2000.
[12] 齐立权. 化学与生活[M]. 沈阳:辽宁大学出版社,1998.
[13] 黄元森,张德钧. 化学奥秘[M]. 南京:江苏科技出版社,1999.
[14] 姜淦萍. 平常中包含了深奥——生活化学的故事[M]. 上海:上海科学普及出版社,1996.
[15] 姜淦萍. 纷乱中探出了规律——元素化学的故事[M]. 上海:上海科学普及出版社,1996.
[16] 董爽. 变换多彩——奇妙的化学世界[M]. 天津:天津科技释译出版公司,1997.
[17] 周嘉华,倪莉. 造化之功,再显辉煌的化学[M]. 广州:广州人民出版社,2000.
[18] 中国科学院化学学部,国家自然科学基金委化学科学部. 展望21世纪的化学[M]. 北京:化学工业出版社,2000.
[19] 方梦荣,王宝刚. 化学觅踪集[M]. 天津:新蕾出版社,1989.
[20] 王零森. 特种陶瓷[M]. 长沙:中南工业大学出版社,1994.
[21] 肖超渤,胡运华. 高分子化学[M]. 武汉:武汉大学出版社,1998.
[22] 徐崇泉,强亮生. 工科大学化学[M]. 北京:高等教育出版社,2003.